Nº 123.

LE
THÉATRE
DE
M. DE VOLTAIRE.
NOUVELLE ÉDITION.

Qui contient un Recuëil complet de toutes les Piéces de Théâtre que l'Auteur a données jusqu'ici.

TOME SECOND.

A AMSTERDAM,

Chez FRANÇOIS-CANUT RICHOFF,
près le Comptoir de Cologne.

M. DCC. LXII.

TABLE

Des Ouvrages Dramatiques contenus en ce Volume : avec les Piéces qui sont rélatives à chacun.

Avertissement. Page 2
Epitre Dédicatoire à M. Fakener, Marchand Anglais, depuis Ambassadeur à Constantinople. 3
Epitre à Mademoiselle Gossin, *jeune Actrice, qui a représenté le rôle de* Zayre *avec beaucoup de succès.* 14
Seconde Lettre à M. Fakener, *alors Ambassadeur à Constantinople, tirée d'une seconde édition de* Zayre. 16
ZAYRE, *Tragédie.* 29
Epitre à Madame la Marquise du Chastelet. 105
Discours Préliminaire. 113
ALZIRE OU LES AMÉRICAINS, *Tragédie.* 121
Lettre du Père Tournemine *Jésuite, au Père* Brumoy, *sur la Tragédie de* Mérope. 185
Lettre à M. le Marquis Scipion Maffei, *Auteur de la* Mérope Italienne. 189
Lettre de M. de la Lindelle à M. de Voltaire. 207
Réponse de M. de Voltaire à M. de la Lindelle. 214
MÉROPE, *Tragédie.* 217

ā ij

Avis de l'Editeur. 285
A Sa Majesté le Roi de Prusse. 290
Lettre de M. de Voltaire au Pape Benoît XIV. 298
Réponse du Souverain Pontife Benoît XIV. à M. de Voltaire. 299
Lettre de Remerciment de M. de Voltaire au Pape. 301
LE FANATISME, OU MAHOMET LE PROPHÉTE, Tragédie. 303

Fin de la Table du second Volume.

ZAYRE,

ZAYRE,
TRAGEDIE.

Repréſentée pour la premiére fois le 13.
Août 1732.

AVERTISSEMENT.

CEux qui aiment l'Histoire littéraire seront bien-aises de savoir comment cette Piéce fut faite. Plusieurs Dames avaient reproché à l'Auteur, qu'il n'y avait pas assez d'amour dans ses Tragédies. Il leur répondit, qu'il ne croyait pas que ce fut la véritable place de l'amour; mais que puisqu'il leur fallait absolument des Héros amoureux, il en ferait tout comme un autre. La Piéce fut achevée en dix-huit jours: elle eut un grand succès. On l'appelle à Paris, Tragédie Chrétienne, & on l'a jouée fort souvent à la place de Polyeucte.

EPITRE DEDICATOIRE A MONSIEUR FAKENER,

MARCHAND ANGLOIS,

Depuis Ambassadeur à Constantinople.

Vous êtes Anglais, mon cher ami, & je suis né en France ; mais ceux qui aiment les Arts sont tous concitoyens. Les honnêtes-gens qui pensent ont à-peu-près les mêmes principes, & ne composent qu'une République ; ainsi il n'est pas plus étrange de voir aujourdhui une Tragédie Française dédiée à un Anglais, ou à un Italien, que si un citoyen d'Ephèse, ou d'Athènes, avait autrefois adressé son ouvrage à un Grec d'une autre ville. Je vous offre donc cette Tragédie comme à mon compatriote dans la Littérature, & comme à mon ami intime.

Je jouis en même tems du plaisir de pouvoir dire à ma Nation, de quel œil les Négocians sont regardés chez vous, quelle estime on sait avoir en Angleterre pour

une profession qui fait la grandeur de l'E-
tat, & avec quelle supériorité quelques-uns
d'entre vous représentent leur patrie dans
leur Parlement, & sont au rang des Lé-
gislateurs.

Je sai bien que cette profession est mé-
prisée de nos petits-maîtres; mais vous savez aussi, que nos petits-maîtres & les
vôtres sont l'espêce la plus ridicule, qui
rampe avec orgueil sur la surface de la
Terre.

Une raison encore, qui m'engage à m'entretenir de belles-lettres avec un Anglais
plûtôt qu'avec un autre, c'est votre heureuse liberté de penser; elle en communique à mon esprit; mes idées se trouvent
plus hardies avec vous.

    Quiconque avec moi s'entretient,
    Semble disposer de mon ame :
    S'il sent vivement, il m'enflâme ;
    Et s'il est fort, il me soûtient.
    Un Courtisan paîtri de feinte,
    Fait dans moi tristement passer
    Sa défiance & sa contrainte ;
    Mais un esprit libre, & sans crainte,
    M'enhardit : & me fait penser.
    Mon feu s'échauffe à sa lumière,
    Ainsi qu'un jeune Peintre instruit
    Sous *le Moine* & sous *l'Argilière*,
    De ces Maîtres qui l'ont conduit
    Se rend la touche familière ;
    Il prend malgré lui leur manière,
    Et compose avec leur esprit.
    C'est pourquoi *Virgile* se fit

Un devoir d'admirer *Homère*.
Il le suivit dans sa carrière,
Et son émule il se rendit,
Sans se rendre son plagiaire.

Ne craignez pas qu'en vous envoyant ma piéce, je vous en fasse une longue apologie; je pourrais vous dire, pourquoi je n'ai pas donné à *Zayre* une vocation plus déterminée au Christianisme, avant qu'elle reconnût son pere, & pourquoi elle cache son secret à son amant, &c. Mais les esprits sages, qui aiment à rendre justice, verront bien mes raisons, sans que je les indique; pour les Critiques déterminés, qui sont disposés à ne me pas croire, ce serait peine perduë que de leur dire mes raisons.

Je me vanterai avec vous d'avoir fait seulement une Piéce assez simple, qualité dont on doit faire cas de toutes façons.

 Cette heureuse simplicité
 Fut un des plus dignes partages
 De la savante Antiquité.
 Anglais, que cette nouveauté
 S'introduise dans vos usages.
 Sur votre Théâtre infecté
 D'horreurs, de gibets, de carnages;
 Mettez donc plus de vérité,
 Avec de plus nobles images:
 Addisson l'a déja tenté.
 C'était le Poëte des sages:
 Mais il était trop concerté;
 Et dans son *Caton* si vanté,
 Ses deux filles, en vérité,

Sont d'insipides personnages.
Imitez du grand *Addisson*
Seulement ce qu'il a de bon :
Polissez la rude action
De vos *Melpomènes* sauvages ;
Travaillez pour les connaisseurs
De tous les tems, de tous les âges,
Et répandez dans vos ouvrages
La simplicité de vos mœurs.

Que Messieurs les Poëtes Anglais ne s'imaginent pas que je veuille leur donner *Zayre* pour modèle : je leur prêche la simplicité naturelle, & la douceur des vers ; mais je ne me fais point-du-tout le Saint de mon Sermon. Si *Zayre* a eu quelque succés, je le dois beaucoup moins à la bonté de mon ouvrage, qu'à la prudence que j'ai euë de parler d'amour le plus tendrement qu'il m'a été possible. J'ai flaté en cela le goût de mon auditoire ; on est assez sûr de réussir, quond on parle aux passions plus qu'à leur raison. On veut de l'amour, quelque bon Chrétien que l'on soit ; & je suis très persuadé que bien en prit au grand *Corneille* de ne s'être pas borné dans son *Polyeucte* à faire casser les statuës de *Jupiter* par les Néophytes ; car telle est la corruption du genre humain, que peut-être

De *Polyeucte* la belle ame
Aurait faiblement attendri,
Et les vers Chrétiens qu'il déclame
Seraient tombés dans le décri,
N'eût été l'amour de sa femme

A M. FAKENER.

Pour ce Payen son favori,
Qui méritait bien mieux sa flâme
Que son bon dévot de mari.

Même avanture à-peu-près est arrivée à *Zayre*. Tous ceux, qui vont aux spectacles, m'ont assûré, qui si elle n'avait été que convertie, elle aurait peu intéressé; mais elle est amoureuse de la meilleure foi du monde, & voilà ce qui a fait sa fortune. Cependant il s'en faut bien que j'aye échappé à la censure.

Plus d'un éplucheur intraitable
M'a vetillé, m'a critiqué :
Plus d'un railleur impitoyable
Prétendait que j'avais croqué,
Et peu clairement expliqué
Un Roman très-peu vraisemblable,
Dans ma cervelle fabriqué ;
Que le sujet en est tronqué,
Que la fin n'est pas raisonnable;
Même on m'avait pronostiqué
Ce sifflet tant épouvantable,
Avec quoi le public choqué
Régale un Auteur misérable.
Cher ami, je me suis moqué
De leur censure insupportable.
J'ai mon drame en public risqué,
Et le parterre favorable
Au lieu du sifflet m'a claqué.
Des larmes même ont offusqué
Plus d'un œil, que j'ai remarqué
Pleurer de l'air le plus aimable.
Mais je ne suis point requinqué

Par un succès si désirable :
Car j'ai comme un autre marqué
Tous les *deficit* de ma fable.
Je sai qu'il est indubitable,
Que pour former œuvre parfait,
Il faudrait se donner au Diable,
Et c'est ce que je n'ai pas fait.

Je n'ose me flater que les Anglais fassent à *Zayre* le même honneur qu'ils ont fait à *Brutus*, (*) dont on a joué la Traduction sur le Théatre de Londres. Vous avez ici la réputation de n'être ni assez dévots pour vous soucier beaucoup du vieux *Lusignan*, ni assez tendres pour être touchés de *Zayre*. Vous passez pour aimer mieux une intrigue de conjurés, qu'une intrigue d'amans. On croit qu'à votre Théâtre on bat des mains au mot de patrie, & chez nous à celui d'amour ; cependant la vérité est que vous mettez de l'amour tout comme nous dans vos Tragédies. Si vous n'avez pas la réputation d'être tendres, ce n'est pas que vos Héros de Théatre ne soient amoureux ; mais c'est qu'ils expriment rarement leur passion d'une manière naturelle. Nos amans parlent en amans, & les vôtres ne parlent encore qu'en Poëtes.

Si vous permettez que les Français soient vos maitres en galanterie, il y a bien des choses en récompense que nous pourrions prendre de vous. C'est au Théâtre Anglais

(*) Mr. de *Voltaire* s'est trompé, on a traduit & joué *Zayre* en Angleterre avec beaucoup de succès.

que je dois la hardieſſe que j'ai euë de mettre ſur la Scène les noms de nos Rois & des anciennes familles du Royaume. Il me paraît, que cette nouveauté pourrait être la ſource d'un genre de Tragédie qui nous eſt inconnu juſqu'ici, & dont nous avons beſoin. Il ſe trouvera ſans doute des génies heureux, qui perfectionneront cette idée, dont *Zayre* n'eſt qu'une faible ébauche. Tant que l'on continuëra en France de protéger les Lettres, nous aurons aſſez d'Ecrivains. La Nature forme preſque toujours des hommes en tout genre de talent; il ne s'agit que de les encourager & de les employer. Mais ſi ceux qui ſe diſtinguent un peu n'étaient ſoutenus par quelque récompenſe honorable, & par l'attrait plus flateur de la conſidération, tous les beaux Arts pourraient bien dépérir un jour au milieu des abris élevés pour eux : & ces arbres plantés par *Louis XIV*. dégénéreraient faute de culture : le public aurait toujours du goût, mais les grands Maîtres manqueraient. Un Sculpteur dans ſon Académie verrait des hommes médiocres à côté de lui, & n'éléverait pas ſa penſée juſqu'à *Girardon* & au *Pujet*; un Peintre ſe contenterait de ſe croire ſupérieur à ſon confrere, & ne ſongerait pas à égaler *le Pouſſin*. Puiſſent les ſucceſſeurs de *Louis XIV*. ſuivre toujours l'exemple de ce grand Roi, qui donnait d'un coup d'œil une noble émulation à tous les Artiſtes ! Il encourageait à la fois un *Racine* & un *van Robais*.... Il portait notre Commerce &

notre gloire par-delà les Indes ; il étendait ses graces sur des étrangers étonnés d'être connus & récompensés par notre Cour. Partout où était le mérite, il avait un Protecteur dans *Louis XIV*.

> Car de son astre bienfaisant
> Les influences libérales,
> Du Caire au bord de l'Occident,
> Et sous les glaces Boréales,
> Cherchaient le mérite indigent.
> Avec plaisir ses mains royales
> Répandaient la gloire & l'argent,
> Le tout sans brigue & sans cabales.
> *Guillelmini*, *Viviani*,
> Et le céleste *Cassini*,
> Auprès des Lis venaient se rendre,
> Et quelque forte pension
> Vous aurait pris le grand *Nevvton*,
> Si *Nevvton* avait pû se prendre.
> Ce sont-là les heureux succès
> Qui faisaient la gloire immortelle
> De *Louis* & du nom Français.
> Ce *Louis* était le modèle
> De l'Europe & de vos Anglais.
> On craignit que par ses progrès
> Il n'envahît à tout jamais
> La Monarchie universelle ;
> Mais il l'obtint par ses bienfaits.

Vous n'avez pas chez vous des fondations pareilles aux monumens de la munificence de nos Rois ; mais votre Nation y supplée. Vous n'avez pas besoin des regards du Maître pour honorer & récompenser les grands talens en tout genre. Le Chevalier *Steele* & le Chevalier *van Brouh*, étaient en même tems Auteurs Comiques & Membres du Parlement. La Primatie du Docteur *Tillotson*, l'Ambassade de Mr. *Prior*, la Charge de Mr. *Newton*, le Ministère de Mr. *Addisson*, ne sont que les suites ordinaires de la considération qu'ont chez vous les grands-hommes. Vous les comblez de biens pendant leur vie, vous leur élevez des Mausolées & des statuës après leur mort ; il n'y a pas jusqu'aux Actrices célébres qui n'ayent chez vous leur place dans les Temples à côté des grands Poëtes.

Votre *Ofilds* (*) & sa devancière
Bracegirdle la minaudière,
Pour avoir sû dans leurs beaux jours
Réussir au grand art de plaire,
Ayant achevé leur carrière,
S'en furent, avec le concours
De votre République entière,
Sous un grand poële de velours,
Dans votre Eglise pour toujours,
Loger de superbe manière.
Leur ombre en parait encor fière,
Et s'en vante avec les amours :
Tandis que le divin *Moliere*,
Bien plus digne d'un tel honneur,
A peine obtint le froid bonheur
De dormir dans un cimetière :
Et que l'aimable *le Couvreur*,
A qui j'ai fermé la paupière,
N'a pas eu même la faveur

* Fameuse Actrice mariée à un Seigneur d'Angleterre.

De deux cierges & d'une bière ;
Et que Monſieur de *Laubinière*
Porta la nuit par charité
Ce corps autrefois ſi vanté,
Dans un vieux fiacre empaqueté,
Vers le bord de notre rivière.
Voyez-vous pas à ce récit
L'amour irrité qui gémit,
Qui s'envole en briſant ſes Armes,
Et *Melpomène* toute en larmes,
Qui m'abandonne, & ſe bannit
Des lieux ingrats qu'elle embellit
Si long-tems de ſes nobles charmes.

Tout ſemble ramener les Français à la barbarie dont *Louis XIV.* & le Cardinal de *Richelieu* les ont tirés. Malheur aux Politiques qui ne connaiſſent pas le prix des beaux Arts ! La Terre eſt couverte de Nations auſſi puiſſantes que nous. D'où vient cependant que nous les regardons preſque toutes avec peu d'eſtime ? C'eſt par la raiſon qu'on mépriſe dans la ſociété un homme riche, dont l'eſprit eſt ſans goût & ſans culture. Surtout ne croyez pas, que cet empire de l'eſprit, & cet honneur d'être le modèle des autres Peuples, ſoit une gloire frivole. Elle eſt la marque infaillible de la grandeur d'un Empire : c'eſt toujours ſous les plus grands Princes que les Arts ont fleuri, & leur décadence eſt quelquefois l'époque de celle d'un Etat. L'Hiſtoire eſt pleine de ces exemples ; mais ce ſujet me menerait trop loin. Il faut que je finiſſe cette lettre déja trop longue, en vous

A M. FAKENER.

envoyant un petit ouvrage, qui trouve naturellement sa place à la tête de cette Tragédie. C'est une Epitre en vers à celle qui a joué le rôle de *Zayre* : je lui devais au moins un compliment pour la façon dont elle s'en est acquittée :

    Car le Prophéte de la Mecque
    Dans son Serrail n'a jamais eu
    Si gentille Arabesque ou Grecque ;
    Son œil noir, tendre & bien fendu,
    Sa voix, & sa grace extrinsèque,
    Ont mon ouvrage défendu
    Contre l'auditeur qui rebèque :
    Mais quand le lecteur morfondu
    L'aura dans sa bibliothèque,
    Tout mon honneur sera perdu.

Adieu, mon ami ; cultivez toujours les Lettres & la Philosophie, sans oublier d'envoyer des vaisseaux dans les Echelles du Levant. Je vous embrasse de tout mon cœur.

V.

EPITRE
A MADEMOISELLE
GOSSIN,
JEUNE ACTRICE
Qui a représenté le rôle de ZAYRE *avec beaucoup de succès.*

Jeune GOSSIN, reçoi mon tendre hommage,
Reçoi mes vers au Théatre applaudis,
Protège-les, ZAYRE est ton ouvrage,
Il est à toi, puisque tu l'embellis.
Ce sont tes yeux, ces yeux si pleins de charmes,
Ta voix touchante, & tes sons enchanteurs,
Qui du Critique ont fait tomber les armes.
Ta seule vûë adoucit les censeurs.
L'illusion, cette Reine des cœurs,
Marche à ta suite, inspire les allarmes,
Le sentiment, les regrets, les douleurs,
Et le plaisir de répandre des larmes.
 Le Dieu des vers qu'on allait dédaigner,
Est par ta voix aujourdhui sûr de plaire ;
Le Dieu d'amour, à qui tu fus plus chère,
Est par tes yeux bien plus sûr de régner.
Entre ces Dieux désormais tu vas vivre :
Hélas ! long-tems je les servis tous deux ;
Il en est un que je n'ose plus suivre.
Heureux cent fois le mortel amoureux,
Qui tous les jours peut te voir & t'entendre,

EPITRE A Mlle. GOSSIN.

Que tu reçois avec un souris tendre,
Qui voit son sort écrit dans tes beaux yeux,
Qui pénétré de leurs feux qu'il adore,
A tes genoux oubliant l'Univers,
Parle d'amour, & t'en reparle encore,
Et malheureux qui n'en parle qu'en vers ?

SECONDE LETTRE

AU MEME

Mʀ FAKENER,

Alors Ambassadeur à Constantinople,

Tirée d'une seconde Edition de ZAYRE.

MOn cher ami ; (car votre nouvelle dignité d'Ambassadeur rend seulement notre amitié plus respectable, & ne m'empêche pas de me servir ici d'un titre plus sacré que le titre de Ministre : le nom d'ami est bien au-dessus de celui d'Excellence.)

Je dédie à l'Ambassadeur d'un grand Roi & d'une Nation libre, le même ouvrage que j'ai dédié au simple Citoyen, au Négociant Anglais. (*)

Ceux qui savent combien le Commerce est honoré dans votre patrie, n'ignorent pas aussi qu'un Négociant y est quelquefois un Législateur, un bon Officier, un Ministre public.

Quelques personnes corrompuës par l'in-

(*) Ce que Mr. de *Voltaire* avait prévû dans sa dédicace de *Zayre* est arrivé ; Mr. *Fakener* a été un des meilleurs Ministres, & est devenu un des hommes des plus considérables de l'Angleterre. C'est ainsi que les Auteurs devraient dédier leurs ouvrages, au lieu d'écrire des lettres d'esclaves à des gens dignes de l'être.

digne

digne usage de ne rendre hommage qu'à la grandeur, ont essayé de jetter un ridicule sur la nouveauté d'une dédicace faite à un homme qui n'avait alors que du mérite. On a osé, sur un Théâtre consacré au mauvais goût & à la médisance, insulter à l'Auteur de cette dédicace; & à celui qui l'avait reçuë, on a osé lui reprocher d'être (*) un Négociant. Il ne faut point imputer à notre Nation une grossiéreté si honteuse, dont les peuples les moins civilisés rougiraient. Les Magistrats qui veillent parmi nous sur les mœurs, & qui sont continuellement occupés à reprimer le scandale, furent surpris alors. Mais le mépris & l'horreur du public pour l'Auteur connu de cette indignité, sont une nouvelle preuve de la politesse des Français.

Les vertus qui forment le caractère d'un peuple, sont souvent démenties par les vices d'un particulier. Il y a eu quelques hommes voluptueux à Lacédémone. Il y a eu des esprits légers & bas en Angleterre. Il y a eu dans Athènes des hommes sans goût, impolis & grossiers, & on en trouve dans Paris.

Oublions-les, comme ils sont oubliés du public, & recevez ce second hommage. Je le dois d'autant plus à un Anglais, que cette Tragédie vient d'être embellie à Londres. Elle y a été traduite & jouée avec tant de

---

(*) On joua une mauvaise farce à la Comédie Italienne de Paris, dans laquelle on insultait grossiérement plusieurs personnes de mérite, & entre autres Mr. *Fakener*. Le Sr. *Héraut*, Lieutenant de Police, permit cette indignité, & le public la sifla.

succès ; on a parlé de moi sur votre Théâtre avec tant de politesse & de bonté, que j'en dois ici un remercîment public à votre Nation.

Je ne peux mieux faire, je croi, pour l'honneur des Lettres, que d'apprendre ici à mes compatriotes les singularités de la traduction & de la représentation de *Zayre* sur le Théâtre de Londres.

Monsieur *Hille*, homme de Lettres, qui paraît connaître le Théâtre mieux qu'aucun Auteur Anglais, me fit l'honneur de traduire la Piéce dans le dessein d'introduire sur votre scène quelques nouveautés, & pour la manière d'écrire les Tragédies, & pour celle de les réciter. Je parlerai d'abord de la représentation.

L'art de déclamer était chez vous un peu hors de la nature ; la plûpart de vos Acteurs tragiques s'exprimaient souvent plus en Poëtes saisis d'enthousiasme, qu'en hommes que la passion inspire. Beaucoup de Comédiens avaient encor outré ce défaut ; ils déclamaient des vers ampoulés, avec une fureur & une impétuosité, qui est au beau naturel, ce que des convulsions sont à l'égard d'une démarche noble & aisée.

Cet air d'empressement semblait étranger à votre Nation ; car elle est naturellement sage, & cette sagesse est quelquefois prise pour de la froideur par les étrangers. Vos Prédicateurs ne se permettent jamais un ton de Déclamateur. On rirait chez vous d'un Avocat qui s'échaufferait dans son plaidoyer. Les seuls Comédiens étaient outrés. Nos Acteurs, & sur-tout nos Actrices de Paris avaient ce défaut, il y a quelques années : ce fut Mdlle. *le Couvreur* qui les en corrigea. Voyez ce qu'en dit un Auteur Italien de beaucoup d'esprit & de sens.

» La legiadra *Couvreur* scla non trotta
» Per quella strada dove i suoi compagni
» Van di galoppo tutti quanti in frotta,
» Se auvien ch'ella pianga, o che si lagni
» Senza quegli urli spaventosi loro,
» Ti muove sì che in pianger l'accompagni.

Ce même changement que Mlle. *le Couvreur* avait fait sur notre scène, Mlle. *Cibber* vient de l'introduire sur le Théâtre Anglais, dans le rôle de *Zayre*. Chose étrange, que dans tous les Arts ce ne soit qu'après bien du tems qu'on vienne enfin au naturel & au simple !

Une nouveauté qui va paraître plus singulière aux Français, c'est qu'un Gentilhomme de votre Pays, qui a de la fortune & de la considération, n'a pas dédaigné de jouer sur votre Théâtre le rôle d'*Orosmane*. C'était un spectacle assez intéressant de voir les deux principaux personnages remplis, l'un par un homme de condition, & l'autre par une jeune Actrice de dix-huit ans, qui n'avait pas encor récité un vers en sa vie.

Cet exemple d'un Citoyen, qui a fait usage de son talent pour la déclamation, n'eſt pas le premier parmi vous. Tout ce qu'il y a de ſurprenant en cela, c'eſt que nous nous en étonnions.

Nous devrions faire réflexion, que toutes les choſes de ce monde dépendent de l'uſage & de l'opinion. La Cour de France a danſé ſur le Théâtre avec les Acteurs de l'Opéra ; & on n'a rien trouvé en cela d'étrange, ſi-non que la mode de ces divertiſſemens ait fini. Pourquoi ſera-t'il plus étonnant de réciter que de danſer en public ? Y a-t'il d'autre différence entre ces deux Arts, ſinon que l'un eſt autant au-deſſus de l'autre, que les talens où l'eſprit a quelque part ſont au-deſſus de ceux du corps ? Je le répète encor, & je le dirai toujours, aucun des beaux Arts n'eſt mépriſable, & il n'eſt véritablement honteux que d'attacher de la honte aux talens.

Venons à préſent à la traduction de *Zayre*, & au changement qui vient de ſe faire chez vous dans l'Art Dramatique.

Vous aviez une coûtume à laquelle Mr. *Addiſſon*, le plus ſage de vos Écrivains, s'eſt aſſervi lui-même ; tant l'uſage tient lieu de raiſon & de loi. Cette coûtume peu raiſonnable était de finir chaque Acte par des vers d'un goût différent du reſte de la piéce, & ces vers devaient néceſſairement renfermer une comparaiſon. *Phèdre* en ſortant du Théâtre ſe comparait poëtiquement à une biche, *Caton* à un rocher, *Cléopatre* à des enfans qui pleurent juſqu'à ce qu'ils ſoient endormis.

Le Traducteur de *Zayre* eſt le premier

qui ait ofé maintenir les droits de la Nature contre un goût ſi éloigné d'elle. Il a proſcrit cet uſage ; il a ſenti que la paſſion doit parler un langage vrai, & que le Poëte doit ſe cacher toujours pour ne laiſſer paraître que le Héros.

C'eſt ſur ce principe qu'il a traduit avec naïveté, & ſans aucune enflure, tous les vers ſimples de la Piéce, que l'on gâterait, ſi on vouloit les rendre beaux.

„ On ne peut déſirer ce qu'on ne connaît pas.

„ J'euſſe été près du Gange eſclave des faux Dieux,
„ Chrétienne dans Paris, Muſulmane en ces lieux.

„ Mais Oroſmane m'aime, & j'ai tout oublié.

„ Non, la reconnaiſſance eſt un faible retour,
„ Un tribut offenſant trop peu fait pour l'amour.

„ Je me croirais haï d'être aimé faiblement.

„ Je veux avec excès vous aimer & vous plaire.

„ L'art n'eſt pas fait pour toi, tu n'en as pas beſoin.

„ L'art le plus innocent tient de la perfidie.

Tous les vers qui ſont dans ce goût ſimple & vrai, sont rendus mot-à-mot dans l'Anglais. Il eût été aisé de les orner; mais le Traducteur a jugé autrement que quelques-uns de mes compatriotes. Il a aimé, & il a rendu toute la naïveté de ces vers. En effet, le stile doit être conforme au sujet. *Alzire*, *Brutus*, & *Zayre* demandaient, par exemple, trois sortes de versifications différentes.

Si *Bérénice* se plaignait de *Titus*, & *Ariane* de *Théfée*, dans le style de *Cinna*, *Bérénice* & *Ariane* ne toucheraient point.

Jamais on ne parlera bien d'amour, si on cherche d'autres ornemens que la simplicité & la vérité.

Il n'est pas question ici d'examiner s'il est bien de mettre tant d'amour dans les piéces de Théâtre. Je veux que ce soit une faute, elle est & sera universelle; & je ne sai quel nom donner aux fautes qui font le charme du Genre humain.

Ce qui est certain, c'est que dans ce défaut les Français ont réussi plus que toutes les autres Nations anciennes & modernes mises ensemble. L'amour paraît sur nos Théâtres avec des bienséances, une délicatesse, une vérité, qu'on ne trouve point ailleurs. C'est que de toutes les Nations la Française est celle qui a le plus connu la société.

Le commerce continuel si vif & si poli des deux sexes, a introduit en France une politesse assez ignorée ailleurs.

La société depend des femmes. Tous les

Peuples qui ont le malheur de les enfermer font infociables. Et des mœurs encor auftères parmi vous, des querelles politiques, des guerres de Religion, qui vous avaient rendus farouches, vous ôterent, jufqu'au tems de *Charles II.*, la douceur de la fociété, au milieu même de la liberté. Les Poëtes ne devaient donc favoir ni dans aucun pays, ni même chez les Anglais, la manière dont les honnêtes gens traitent l'amour.

La bonne Comédie fut ignorée jufqu'à *Moliere*, comme l'art d'exprimer fur le Théâtre des fentimens vrais & délicats fut ignoré jufqu'à *Racine*, parce que la fociété ne fut, pour ainfi dire, dans fa perfection que de leur tems. Un Poëte, du fond de fon cabinet, ne peut peindre des mœurs qu'il n'a point vûes; il aura plûtôt fait cent Odes & cent Epitres, qu'une Scène où il faut faire parler la Nature.

Votre *Dryden*, qui d'ailleurs était un très-grand génie, mettait dans la bouche de fes Héros amoureux, ou des hyperboles de Rhétorique, ou des indécences; deux chofes également oppofées à la tendreffe.

Si Mr. *Racine* fait dire à *Titus*:

„ Depuis cinq ans entiers chaque jour je la vois,
„ Et croi toujours la voir pour la premiere fois:

Votre *Dryden* fait dire à *Antoine*:

„ Ciel! comme j'aimai! Témoins les jours & les

» nuits qui fuivaient en danfant fous vos pieds.
» Ma feule affaire était de vous parler de ma paf-
» fion ; un jour venait, & ne voyait rien qu'a-
» mour ; un autre venait, & c'était de l'amour
» encore. Les Soleils étaient las de nous regarder,
» & moi je n'étais point las d'aimer.

Il eft bien difficile d'imaginer, qu'*Antoi-ne* ait en effet tenu de pareils difcours à *Cléopatre*.

Dans la même piéce *Cléopatre* parle ainfi à *Antoine*.

» Venez à moi, venez dans mes bras, mon
» cher foldat ; j'ai été trop long-tems privée de vos
» careffes. Mais quand je vous embrafferai, quand
» vous ferez tout à moi, je vous punirai de vos
» cruautés, en laiffant fur vos levres l'impreffion
» de mes ardens baifers.

Il eft très-vraifemblable que *Cléopatre* parlait fouvent dans ce goût : mais ce n'eft point cette indécence qu'il faut repréfenter devant une audience refpectable.

Quelques-uns de vos compatriotes ont beau dire : C'eft-là la pure Nature ; on doit leur répondre que c'eft précifément cette Nature qu'il faut voiler avec foin.

Ce n'eft pas même connaître le cœur humain, de penfer qu'on doit plaire davantage en préfentant ces images licentieufes. Au contraire, c'eft fermer l'entrée de l'ame aux vrais plaifirs. Si tout eft d'abord à découvert, on est rassasié. Il ne reste plus rien à chercher, rien à désirer, & on arrive tout d'un coup à la langueur en croyant courir à la volupté. Voilà pourquoi la bonne compagnie a des plaisirs que les gens grossiers ne connaissent pas.

Les spectateurs en ce cas font comme les amans, qu'une jouissance trop prompte dégoûte : ce n'est qu'à-travers cent nuages qu'on doit entrevoir ces idées, qui feraient rougir, présentées de trop près. C'est ce voile qui fait le charme des honnêtes-gens ; il n'y a point pour eux de plaisir sans bienséance.

Les Français ont connu cette règle plûtôt que les autres Peuples, non parce qu'*ils font sans génie & sans hardiesse*, comme le dit ridiculement l'inégal & impétueux *Dryden*, mais parce que depuis la Régence d'*Anne* d'Autriche ils ont été le Peuple le plus sociable & le plus poli de la Terre ; & cette politesse n'est point une chose arbitraire, comme ce qu'on appelle civilité ; c'est une loi de la Nature qu'ils ont heureusement cultivée plus que les autres Peuples.

Le Traducteur de *Zayre* a respecté presque partout ces bienséances théatrales, qui vous doivent être communes comme à nous; mais il y a quelques endroits où il s'est livré encor à d'anciens usages.

Par exemple, lorsque dans la Piéce Anglaise *Orosmane* vient annoncer à *Zayre* qu'il croit ne la plus aimer, *Zayre* lui répond en se roulant par terre. Le Sultan n'est point ému de la voir dans cette posture de ridicule & de desespoir, & le moment d'après il est tout étonné que *Zayre* pleure :

Il lui dit cet hémistiche :

» *Zayre, vous pleurez !*

Il aurait dû lui dire auparavant :

» *Zayre, vous vous roulez par terre.*

Aussi ces trois mots, *Zayre, vous pleurez*, qui font un grand effet sur notre Théâtre, n'en ont fait aucun sur le vôtre, parce qu'ils étaient déplacés. Ces expressions familières & naïves tirent toute leur force de la seule manière dont elles sont amenées. *Seigneur, vous changez de visage*, n'est rien par soi-même ; mais le moment où ces paroles si simples sont prononcées dans *Mithridate*, fait frémir.

Ne dire que ce qu'il faut, & de la manière dont il le faut, est, ce me semble, un mérite, dont les Français, si vous m'en exceptez, ont plus approché que les Ecrivains des autres pays. C'est, je croi, sur cet art que notre Nation doit en être cruë. Vous nous apprenez des choses plus grandes & plus utiles. Il serait honteux à nous de ne le pas avouer ; les Français qui ont écrit contre les découvertes du Chevalier *Nevvton* sur la lumière, en rougissent ; ceux qui combattent la gravitation, en rougiront bientôt.

Vous devez vous soumettre aux règles

de notre Théâtre, comme nous devons embrasser votre Philosophie. Nous avons fait d'aussi bonnes expériences sur le cœur humain, que vous sur la Physique. L'art de plaire semble l'art des Français, & l'art de penser paraît le vôtre. Heureux, Monsieur, qui comme vous les réunit ! &c.

ACTEURS.

OROSMANE, Soudan de Jerusalem.

LUSIGNAN, Prince du Sang des Rois de Jérusalem.

ZAYRE,
FATIME, } Esclaves du Soudan.

NERESTAN,
CHATILLON, } Chevaliers Français.

CORASMIN,
MELEDOR, } Officiers du Soudan.

Un Esclave.

Suite.

La Scéne est au Sérail de Jérusalem.

ZAYRE,
TRAGEDIE.

ACTE PREMIER.

SCENE I.
ZAYRE, FATIME.

FATIME.

Je ne m'attendais pas, jeune & belle Zayre,
Aux nouveaux sentimens que ce lieu vous inspire.
Quel espoir si flateur, ou quels heureux destins,
De vos jours ténébreux ont fait des jours sereins ?
La paix de votre cœur augmente avec vos charmes ;
Cet éclat de vos yeux n'est plus terni de larmes ;
Vous ne les tournez plus vers ces heureux climats,
Où ce brave Français devait guider nos pas ;
Vous ne me parlez plus de ces belles contrées,
Où d'un peuple poli les femmes adorées
Reçoivent cet encens que l'on doit à vos yeux ;

Compagnes d'un époux, & Reines en tous lieux,
Libres sans deshonneur, & sages sans contrainte,
Et ne devant jamais leurs vertus à la crainte.
Ne soupirez-vous plus pour cette liberté ?
Le Serrail d'un Soudan, sa triste austérité,
Ce nom d'esclave enfin, n'ont-ils rien qui vous gêne!
Préférez-vous Solyme aux rives de la Seine ?

ZAYRE.

On ne peut désirer ce qu'on ne connaît pas.
Sur les bords du Jourdain le Ciel fixa nos pas.
Au Serrail des Soudans dès l'enfance enfermée,
Chaque jour ma raison s'y voit accoûtumée.
Le reste de la Terre anéanti pour moi,
M'abandonne au Soudan, qui nous tient sous sa loi:
Je ne connais que lui, sa gloire, sa puissance :
Vivre sous Orosmane est ma seule espérance,
Le reste est un vain songe.

FATIME.

                Avez - vous oublié
Ce généreux Français, dont la tendre amitié
Nous promit si souvent de rompre notre chaine ?
Combien nous admirions son audace hautaine !
Quelle gloire il acquit dans ces tristes combats
Perdus par les Chrétiens sous les murs de Damas !
Orosmane vainqueur, admirant son courage,
Le laissa sur sa foi partir de ce rivage.
Nous l'attendons encor ; sa générosité
Devait payer le prix de notre liberté.
N'en aurions-nous conçu qu'une vaine espérance ?

ZAYRE.

Peut-être sa promesse a passé sa puissance.
Depuis plus de deux ans il n'est point revenu.
Un étranger, Fatime, un captif inconnu,
Promet beaucoup, tient peu, permet à son courage
Des sermens indiscrets pour sortir d'esclavage.

TRAGEDIE.

Il devait délivrer dix Chevaliers Chrétiens,
Venir rompre leurs fers, ou reprendre les siens.
J'admirai trop en lui cet inutile zèle.
Il n'y faut plus penser.

FATIME.

     Mais s'il était fidèle,
S'il revenait enfin dégager ses sermens,
Ne voudriez-vous pas?...

ZAYRE.

     Fatime, il n'est plus tems.
Tout est changé...

FATIME.

   Comment? que prétendez-vous dire?

ZAYRE.

Va, c'est trop te céler le destin de Zayre;
Le secret du Soudan doit encor se cacher,
Mais mon cœur dans le tien se plait à s'épancher.
Depuis près de trois mois qu'avec d'autres captives.
On te fit du Jourdain abandonner les rives,
Le Ciel, pour terminer les malheurs de nos jours,
D'une main plus puissante a choisi le secours.
Ce superbe Orosmane....

FATIME.
  Eh bien!

ZAYRE.

     Ce Soudan même,
Ce vainqueur des Chrétiens... chère Fatime....
il m'aime...
Tu rougis... je t'entens... garde-toi de penser
Qu'à briguer ses soupirs je puisse m'abaisser,
Que d'un Maître absolu la superbe tendresse
M'offre l'honneur honteux du rang de sa maîtresse,
Et que j'essuye enfin l'outrage & le danger
Du malheureux éclat d'un amour passager.
Cette fierté qu'en nous soûtient la modestie,

Dans mon cœur à ce point ne s'eſt pas démentie.
Plûtôt que juſques-là j'abaiſſe mon orgueil,
Je verrais ſans pâlir les fers & le cercueil.
Je m'en vai t'étonner; ſon ſuperbe courage
A mes faibles appas préſente un pur hommage;
Parmi tous ces objets à lui plaire empreſſés,
J'ai fixé ſes regards à moi ſeule adreſſés :
Et l'hymen confondant leurs intrigues fatales,
Me ſoumettra bientôt ſon cœur & mes rivales.

FATIME.

Vos appas, vos vertus, ſont dignes de ce prix ;
Mon cœur en eſt flâté, plus qu'il n'en eſt ſurpris :
Que vos félicités, s'il ſe peut, ſoient parfaites,
Je me vois avec joie au rang de vos ſujettes.

ZAYRE.

Sois toûjours mon égale, & goûte mon bonheur;
Avec toi partagé je ſens mieux ſa douceur.

FATIME.

Hélas ! puiſſe le Ciel ſouffrir cette hymenée !
Puiſſe cette grandeur, qui vous eſt deſtinée,
Qu'on nomme ſi ſouvent du faux nom de bonheur,
Ne point laiſſer le trouble au fond de votre cœur !
N'eſt-il point en ſecret de frein qui vous retienne ?
Ne vous ſouvient-il plus que vous fûtes Chrétienne ?

ZAYRE.

Ah ! que dis-tu ? Pourquoi rappeller mes ennuis ?
Chère Fatime, hélas ! ſai-je ce que je ſuis ?
Le Ciel m'a-t'il jamais permis de me connaître ?
Ne m'a-t'il pas caché le ſang qui m'a fait naître ?

FATIME.

Néreſtan qui nâquit non loin de ce ſéjour,
Vous dit que d'un Chrétien vous reçûtes le jour ;
Que dis-je? Cette croix qui ſur vous fut trouvée,
Parure de l'enfance avec ſoin conſervée,
Ce ſigne des Chrétiens que l'art dérobe aux yeux,

Sous

Sous ce brillant éclat d'un travail précieux,
Cette croix, dont cent fois mes soins vous ont parée,
Peut-être entre vos mains est-elle demeurée,
Comme un gage secret de la fidélité
Que vous deviez au Dieu que vous aviez quitté.

ZAYRE.

Je n'ai point d'autre preuve ; & mon cœur qui s'i-
 gnore,
Peut-il admettre un Dieu que mon amant abhorre ?
La coûtume, la loi plia mes premiers ans
A la Religion des heureux Musulmans.
Je le vois trop : les soins qu'on prend de notre en-
 fance,
Forment nos sentimens, nos mœurs, notre créance;
J'eusse été près du Gange esclave des faux Dieux,
Chrétienne dans Paris, Musulmane en ces lieux.
L'instruction fait tout ; & la main de nos pères
Grave en nos faibles cœurs ces premiers caractères,
Que l'exemple & le tems nous viennent retracer,
Et que peut-être en nous Dieu seul peut effacer.
Prisonnière, en ces lieux, tu n'y fus renfermée,
Que lorsque ta raison, par l'âge confirmée,
Pour éclairer ta foi te prêtait son flambeau :
Pour moi des Sarrasins esclave en mon berceau,
La foi de nos Chrétiens me fut trop tard connuë.
Contr'elle cependant, loin d'être prévenuë,
Cette croix, je l'avouë, a souvent malgré moi
Saisi mon cœur surpris de respect & d'effroi :
J'osais l'invoquer même avant qu'en ma pensée,
D'Orosmane en secret l'image fût tracée.
J'honore, je chéris ces charitables Loix,
Dont ici Nérestan me parla tant de fois ;
Ces Loix, qui de la Terre écartant les misères,
Des humains attendris font un peuple de frères ;
Obligés de s'aimer, sans doute, ils sont heureux.

FATIME.

Pourquoi donc aujourdhui vous déclarer contr'eux?
A la Loi Musulmane à jamais asservie,
Vous allez des Chrétiens devenir l'ennemie,
Vous allez épouser leur superbe vainqueur.

ZAYRE.

Eh! qui refuserait le présent de son cœur?
De toute ma faiblesse il faut que je convienne;
Peut-être sans l'amour j'aurais été Chrétienne;
Peut-être qu'à ta Loi j'aurais sacrifié :
Mais Orosmane m'aime, & j'ai tout oublié.
Je ne vois qu'Orosmane, & mon ame enyvrée
Se remplit du bonheur de s'en voir adorée.
Mets-toi devant les yeux sa grace, ses exploits;
Songe à ce bras puissant, vainqueur de tant de Rois,
A cet aimable front que la gloire environne :
Je ne te parle point du Sceptre qu'il me donne :
Non, la reconnaissance est un faible retour,
Un tribut offensant, trop peu fait pour l'amour.
Mon cœur aime Orosmane, & non son Diadême,
Chère Fatime, en lui je n'aime que lui-même.
Peut-être j'en crois trop un penchant si flâteur;
Mais si le Ciel sur lui déployant sa rigueur,
Aux fers que j'ai portés eût condamné sa vie,
Si le Ciel sous mes loix eût rangé la Syrie,
Ou mon amour me trompe, ou Zayre aujourdhui
Pour l'élever à soi descendrait jusqu'à lui.

FATIME.

On marche vers ces lieux; sans doute, c'est lui-même.

ZAYRE.

Mon cœur, qui le prévient, m'annonce ce que j'aime;
Depuis deux jours, Fatime, absent de ce Palais,
Enfin mon tendre amour le rend à mes souhaits.

TRAGEDIE.

SCENE II.

OROSMANE, ZAYRE, FATIME.

OROSMANE.

Vértueuſe Zayre, avant que l'hyménée
Joigne à jamais nos cœurs & notre deſtinée,
J'ai cru, ſur mes projets, ſur vous, ſur mon amour,
Devoir en Muſulman vous parler ſans détour.
Les Soudans qu'à genoux cet Univers contemple,
Leurs uſages, leurs droits, ne ſont point mon exemple;
Je ſai que notre Loi, favorable aux plaiſirs,
Ouvre un champ ſans limite à nos vaſtes déſirs;
Que je puis à mon gré, prodiguant mes tendreſſes,
Recevoir à mes pieds l'encens de mes maîtreſſes;
Et tranquille au Serrail, dictant mes volontés,
Gouverner mon pays du ſein des voluptés;
Mais la molleſſe eſt douce, & ſa ſuite eſt cruelle.
Je vois autour de moi cent Rois vaincus par elle;
Je vois de Mahomet ces lâches ſucceſſeurs,
Ces Califes tremblans dans leurs triſtes grandeurs,
Couchés ſur les débris de l'Autel & du Thrône,
Sous un nom ſans pouvoir languir dans Babylone;
Eux, qui ſeraient encor, ainſi que leurs ayeux,
Maîtres du Monde entier, s'ils l'avaient été d'eux.
Bouillon leur arracha Solyme & la Syrie;
Mais bientôt pour punir une Secte ennemie,
Dieu ſuſcita le bras du puiſſant Saladin;
Mon père, après ſa mort, aſſervit le Jourdain;
Et moi, faible héritier de ſa grandeur nouvelle,
Maître encor incertain d'un Etat qui chancelle,

Je vois ces fiers Chrétiens, de rapine altérés,
Des bords de l'Occident vers nos bords attirés ;
Et lorsque la trompette, & la voix de la guerre,
Du Nil au Pont-Euxin font retentir la Terre,
Je n'irai point en proye à de lâches amours,
Aux langueurs d'un Serrail abandonner mes jours.
J'attefte ici la gloire, & Zayre, & ma flâme,
De ne choisir que vous pour maîtresse & pour
    femme,
De vivre votre ami, votre amant, votre époux,
De partager mon cœur entre la guerre & vous.
Ne croyez pas non plus, que mon honneur confie
La vertu d'une épouse à ces monstres d'Asie,
Du Serrail des Soudans gardes injurieux,
Et des plaisirs d'un Maître esclaves odieux.
Je sai vous estimer autant que je vous aime,
Et sur votre vertu me fier à vous-même.
Après un tel aveu, vous connaissez mon cœur.
Vous sentez qu'en vous seule il a mis son bonheur.
Vous comprenez assez quelle amertume affreuse
Corromprait de mes jours la durée odieuse,
Si vous ne receviez les dons que je vous fais,
Qu'avec ces sentimens que l'on doit aux bienfaits.
Je vous aime, Zayre ; & j'attens de votre ame
Un amour qui réponde à ma brûlante flâme.
Je l'avoûrai, mon cœur ne veut rien qu'ardem-
    ment ;
Je me croirais haï d'être aimé faiblement.
De tous mes sentimens tel est le caractère.
Je veux avec excès vous aimer & vous plaire.
Si d'un égal amour votre cœur est épris,
Je viens vous épouser, mais c'est à ce seul prix ;
Et du nœud de l'hymen l'étreinte dangereuse
Me rend infortuné, s'il ne vous rend heureuse.

TRAGEDIE.

ZAYRE.

Vous, Seigneur, malheureux ! Ah ! si votre grand cœur
A sur mes sentimens pu fonder son bonheur,
S'il dépend en effet de mes flammes secrétes,
Quel mortel fut jamais plus heureux que vous l'êtes !
Ces noms chers & sacrés, & d'amant & d'époux,
Ces noms nous sont communs : & j'ai par-dessus vous
Ce plaisir si flateur à ma tendresse extrême,
De tenir tout, Seigneur, du bienfaiteur que j'aime ;
De voir que ses bontés sont seules mes destins,
D'être l'ouvrage heureux de ses augustes mains,
De révérer, d'aimer un Héros que j'admire.
Oui, si parmi les cœurs soumis à votre empire,
Vos yeux ont discerné les hommages du mien,
Si votre auguste choix...

SCENE III.

OROSMANE, ZAYRE, FATIME, CORASMIN.

CORASMIN.

Cet esclave Chrétien,
Qui sur sa foi, Seigneur, a passé dans la France,
Revient au moment même, & demande audience.

FATIME.

O Ciel !

OROSMANE.

Il peut entrer. Pourquoi ne vient-il pas ?

CORASMIN.

Dans la première enceinte il arrête ses pas.
Seigneur, je n'ai pas cru qu'aux regards de son Maître

Dans ces auguftes lieux un Chrétien pût paraître.

OROSMANE.

Qu'il paraiffe. En tous lieux, fans manquer de refpect,
Chacun peut deformais jouïr de mon afpect.
Je vois avec mépris ces maximes terribles,
Qui font de tant de Rois des Tyrans invifibles.

SCENE IV.

OROSMANE, ZAYRE, FATIME, CORASMIN, NERESTAN.

NERESTAN.

Refpectable ennemi qu'eftiment les Chrétiens,
Je reviens dégager mes fermens & les tiens ;
J'ai fatisfait à tout, c'eft à toi d'y foufcrire ;
Je te fais apporter la rançon de Zayre,
Et celle de Fatime, & de dix Chevaliers,
Dans les murs de Solyme illuftres prifonniers.
Leur liberté par moi trop long-tems retardée,
Quand je reparaîtrais leur dut être accordée ;
Sultan, tien ta parole, ils ne font plus à toi,
Et dès ce moment même ils font libres par moi.
Mais graces à mes foins, quand leur chaîne eft brifée,
A t'en payer le prix ma fortune épuifée,
Je ne le cèle pas, m'ôte l'efpoir heureux
De faire ici pour moi ce que je fais pour eux.
Une pauvreté noble eft tout ce qui me refte,
J'arrache des Chrétiens à leur prifon funefte ;
Je remplis mes fermens, mon honneur, mon devoir,
Il me fuffit : Je viens me mettre en ton pouvoir ;
Je me rens prifonnier, & demeure en ôtage.

TRAGEDIE.

OROSMANE.

Chrétien, je suis content de ton noble courage ;
Mais ton orgueil ici se serait il flaté
D'effacer Orosmane en générosité ?
Repren ta liberté, remporte tes richesses,
A l'or de ces rançons join mes justes largesses.
Au lieu de dix Chrétiens que je dus t'accorder,
Je t'en veux donner cent ; tu les peux demander.
Qu'ils aillent sur tes pas apprendre à ta patrie,
Qu'il est quelques vertus au fond de la Syrie ;
Qu'ils jugent en partant, qui méritait le mieux,
Des Français, ou de moi, l'Empire de ces lieux.
Mais parmi ces Chrétiens que ma bonté délivre,
Lusignan ne fut point reservé pour te suivre :
De ceux qu'on peut te rendre il est seul excepté ;
Son nom serait suspect à mon autorité :
Il est du Sang Français qui régnait à Solyme ;
On sait son droit au Throne ; & ce droit est un crime :
Du destin qui fait tout, tel est l'arrêt cruel :
Si j'eusse été vaincu, je serais criminel.
Lusignan dans les fers finira sa carrière,
Et jamais du Soleil ne verra la lumière.
Je le plains, mais pardonne à la nécessité
Ce reste de vengeance & de sévérité.
Pour Zayre, croi-moi, sans que ton cœur s'offense,
Elle n'est pas d'un prix qui soit en ta puissance ;
Tes Chevaliers Français, & tous leurs Souverains,
S'uniraient vainement pour l'ôter de mes mains.
Tu peux partir.

NERESTAN.

Qu'entens-je ? Elle nâquit Chrétienne.
J'ai pour la délivrer ta parole & la sienne ;
Et quant à Lusignan, ce vieillard malheureux,
Pourrait-il ?...

OROSMANE.

Je t'ai dit, Chrétien, que je le veux.
J'honore ta vertu ; mais cette humeur altière,
Se faisant estimer, commence à me déplaire ;
Sors, & que le Soleil levé sur mes Etats,
Demain près du Jourdain ne te retrouve pas.

Néreſtan ſort.

FATIME.

O Dieu, ſecourez-nous.

OROSMANE.

Et vous, allez, Zayre,
Prenez dans le Serrail un souverain empire,
Commandez en Sultane, & je vais ordonner
La pompe d'un hymen qui vous doit couronner.

SCENE V.
OROSMANE, CORASMIN.

OROSMANE.

Corasmin, que veut donc cet esclave infidelle ?
Il soupirait... ses yeux se sont tournés vers elle.
Les as-tu remarqués ?

CORASMIN.

Que dites-vous, Seigneur ?
De ce soupçon jaloux écoutez-vous l'erreur ?

OROSMANE.

Moi, jaloux ! qu'à ce point ma fierté s'avilisse !
Que j'éprouve l'horreur de ce honteux supplice !
Moi, que je puisse aimer comme l'on sait haïr !
Quiconque est soupçonneux invite à le trahir.
Je vois à l'amour seul ma maîtresse asservie,
Cher Corasmin, je l'aime avec idolâtrie.
Mon amour est plus fort, plus grand que mes bien-
faits.

Je ne suis point jaloux... si je l'étais jamais...
Si mon cœur!... Ah! chassons cette importune idée.
D'un plaisir pur & doux mon ame est possédée.
Va fai tout préparer pour ces momens heureux,
Qui vont joindre ma vie à l'objet de mes vœux.
Je vai donner une heure aux soins de mon Empire:
Et le reste du jour sera tout à Zayre.

Fin du premier Acte.

ACTE II.

SCENE I.
NERESTAN, CHATILLON.

CHATILLON.

O Brave Nérestan, Chevalier généreux,
Vous qui brisez les fers de tant de malheureux :
Vous, Sauveur des Chrétiens qu'un Dieu Sauveur envoye,
Paraissez, montrez-vous, goûtez la douce joye,
De voir nos compagnons pleurans à vos genoux,
Baiser l'heureuse main qui nous délivre tous.
Aux portes du Serrail en foule ils vous demandent ;
Ne privez point leurs yeux du Héros qu'ils attendent,
Et qu'unis à jamais sous notre bienfaiteur....

NERESTAN.
Illustre Châtillon, moderez cet honneur ;
J'ai rempli d'un François le devoir ordinaire ;
J'ai fait ce qu'à ma place on vous aurait vu faire.

CHATILLON.
Sans doute ; & tout Chrêtien, tout digne Chevalier
Pour sa Religion se doit sacrifier ;
Et la félicité des cœurs tels que les nôtres,
Consiste à tout quitter pour le bonheur des autres.
Heureux à qui le Ciel a donné le pouvoir

De remplir comme vous un si noble devoir !
Pour nous, tristes jouets du sort qui nous opprime,
Nous, malheureux Français, esclaves dans Solyme;
Oubliés dans les fers, où longtems sans secours
Le père d'Orosmane abandonna nos jours :
Jamais nos yeux sans vous ne reverraient la France.

NERESTAN.

Dieu s'est servi de moi, Seigneur. Sa Providence
De ce jeune Orosmane a fléchi la rigueur.
Mais quel triste mélange altère ce bonheur !
Que de ce fier Soudan la clémence odieuse
Répand sur ses bienfaits une amertume affreuse !
Dieu me voit & m'entend; il sait si dans mon cœur
J'avais d'autres projets que ceux de sa grandeur.
Je faisais tout pour lui : j'espérais de lui rendre
Une jeune beauté, qu'à l'âge le plus tendre
Le cruel Noradin fit esclave avec moi,
Lorsque les ennemis de notre auguste foi,
Baignant de notre sang la Syrie enyvrée,
Surprirent Lusignan vaincu dans Césarée :
Du Serrail des Sultans sauvé par des Chrétiens,
Remis depuis trois ans dans mes premiers liens,
Renvoyé dans Paris sur ma seule parole,
Seigneur, je me flatais, espérance frivole !
De ramener Zayre à cette heureuse Cour,
Où *Louis* des vertus a fixé le séjour.
Déja même la Reine à mon zéle propice,
Lui tendait de son Thrône une main protectrice;
Enfin lorsqu'elle touche au moment souhaité,
Qui la tirait du sein de sa captivité,
On la retient... Que dis-je... Ah ! Zayre elle-même,
Oubliant les Chrétiens, pour ce Soudan qui l'aime...
N'y pensons plus... Seigneur, un refus plus cruel
Vient m'accabler encor d'un déplaisir mortel;
Des Chrétiens malheureux l'espérance est trahie,

ZAYRE,

CHATILLON.

Je vous offre pour eux ma liberté, ma vie ;
Disposez-en, Seigneur, elle vous appartient.

NERESTAN.

Seigneur, ce Lusignan, qu'à Solyme on retient,
Ce dernier d'une race en Héros si féconde,
Ce guerrier dont la gloire avait rempli le monde,
Ce Héros malheureux de Bouillon descendu,
Aux soupirs des Chrêtiens ne sera point rendu.

CHATILLON.

Seigneur, s'il est ainsi, votre faveur est vaine :
Quel indigne soldat voudrait briser sa chaine,
Alors que dans les fers son Chef est retenu ?
Lusignan, comme à moi, ne vous est pas connu.
Seigneur, remerciez ce Ciel, dont la clémence
A pour votre bonheur placé votre naissance
Longtems après ces jours à jamais détestés,
Après ces jours de sang & de calamités,
Où je vis sous le joug de nos barbares Maîtres,
Tomber ces murs sacrés conquis par nos ancêtres.
Ciel ! si vous aviez vû ce Temple abandonné,
Du Dieu que nous servons le tombeau profané,
Nos pères, nos enfans, nos filles & nos femmes,
Aux pieds de nos Autels expirans dans les flammes,
Et notre dernier Roi courbé du faix des ans,
Massacré sans pitié sur ses fils expirans !
Lusignan, le dernier de cette auguste race,
Dans ces momens affreux ranimant notre audace,
Au milieu des débris des Temples renversés,
Des vainqueurs, des vaincus, & des morts entassés,
Terrible ; & d'une main reprenant cette épée,
Dans le sang infidelle à tout moment trempée,
Et de l'autre à nos yeux montrant avec fierté
De notre sainte foi le signe redouté,
Criant à haute voix, Français, soyez fidèles...

TRAGEDIE. 45

Sans doute en ce moment, le couvrant de ses ailes,
La vertu du Très-Haut, qui nous sauve aujourdhui,
Applaniſſait ſa route, & marchait devant lui ;
Et des triſtes Chrétiens la foule délivrée
Vint porter avec nous ſes pas dans Céſarée.
Là, par nos Chevaliers, d'une commune voix,
Luſignan fut choiſi pour nous donner des loix.
O mon cher Néreſtan ! Dieu qui nous humilie,
N'a pas voulu ſans doute, en cette courte vie,
Nous accorder le prix qu'il doit à la vertu ;
Vainement pour ſon nom nous avons combattu.
Reſſouvenir affreux, dont l'horreur me dévore !
Jéruſalem en cendre, hélas ! fumait encore,
Lorſque dans notre aſyle attaqués & trahis,
Et livrés par un Grec à nos fiers ennemis,
La flamme dont brûla Sion déſeſpérée,
S'étendit en fureur aux murs de Céſarée ;
Ce fut là le dernier de trente ans de revers ;
Là je vis Luſignan chargé d'indignes fers :
Inſenſible à ſa chûte, & grand dans ſes miſéres,
Il n'était attendri que des maux de ſes frères.
Seigneur, depuis ce tems, ce père des Chrétiens,
Reſſerré loin de nous, blanchi dans ſes liens,
Gémit dans un cachot, privé de la lumière,
Oublié de l'Aſie & de l'Europe entière.
Tel eſt ſon ſort affreux ; & qui peut aujourdhui,
Quand il ſouffre pour nous, ſe voit heureux ſans lui?

NERESTAN.

Ce bonheur, il eſt vrai, ſerait d'un cœur barbare.
Que je hais le deſtin qui de lui nous ſépare !
Que vers lui vos diſcours m'ont ſans peine entraîné !
Je connais ſes malheurs ; avec eux je ſuis né.
Sans un trouble nouveau je n'ai pu les entendre ;
Votre priſon, la ſienne, & Céſarée en cendre,
Sont les premiers objets, ſont les premiers revers,

Qui frappèrent mes yeux à peine encor ouverts.
Je fortais du berceau ; ces images fanglantes
Dans vos triftes récits me font encor préfentes.
Au milieu des Chrétiens dans un Temple immolés,
Quelques enfans, Seigneur, avec moi raffemblés,
Arrachés par des mains de carnage fumantes,
Aux bras enfanglantés de nos mères tremblantes,
Nous fûmes tranfportés dans ce Palais des Rois,
Dans ce même Serrail, Seigneur, où je vous vois.
Noradin m'éleva près de cette Zayre,
Qui depuis... pardonnez fi mon cœur en foupire,
Qui depuis égarée en ce funefte lieu,
Pour un Maître Barbare abandonna fon Dieu.

CHATILLON.

Telle eft des Mufulmans la funefte prudence.
De leurs Chrétiens captifs ils féduifent l'enfance ;
Et je bénis le Ciel propice à nos deffeins,
Qui dans vos premiers ans vous fauva de leurs mains.
Mais, Seigneur, après tout, cette Zayre même,
Qui renonce aux Chrétiens pour le Soudan qui l'aime,
De fon crédit au moins nous pourrait fecourir :
Qu'importe de quel bras Dieu daigne fe fervir ?
M'en croirez-vous ? Le jufte, auffi-bien que le fage,
Du crime & du malheur fait tirer avantage.
Vous pourriez de Zayre employer la faveur
A fléchir Orofmane, à toucher fon grand cœur,
A nous rendre un Héros, que lui-même a dû
    plaindre,
Que fans doute il admire, & qui n'eft plus à crain-
    dre.

NERESTAN.

Mais ce même Héros, pour brifer fes liens,
Voudra-t'il qu'on s'abaiffe à ces honteux moyens ?
Et quand il le voudrait, eft-il en ma puiffance
D'obtenir de Zayre un moment d'audience ?

TRAGEDIE.

Croyez-vous qu'Orosmane y daigne consentir ?
Le Serrail à ma voix pourra-t-il se rouvrir ?
Quand je pourrais enfin paraître devant elle,
Que faut-il espérer d'une femme infidelle,
A qui mon seul aspect doit tenir lieu d'affront,
Et qui lira sa honte écrite sur mon front ?
Seigneur, il est bien dur, pour un cœur magnanime,
D'attendre des secours de ceux qu'on mésestime.
Leurs refus sont affreux, leurs bienfaits font rougir.

CHATILLON.

Songez à Lusignan, songez à le servir.

NERESTAN.

Eh bien... Mais quels chemins jusqu'à cette infidelle
Pourront... On vient à nous. Que vois-je ? ô Ciel !
c'est elle.

SCENE II.

ZAYRE, CHATILLON, NERESTAN.

ZAYRE à Nerestan.

C'Est vous, digne Français, à qui je viens parler.
Le Soudan le permet, cessez de vous troubler :
Et rassurant mon cœur, qui tremble à votre approche,
Chassez de vos regards la plainte & le reproche.
Seigneur, nous nous craignons, nous rougissons
   tous deux ;
Je souhaite & je crains de rencontrer vos yeux.
L'un à l'autre attachés depuis notre naissance,
Une affreuse prison renferma notre enfance ;
Le sort nous accabla du poids des mêmes fers,
Que la tendre amitié nous rendait plus légers.
Il me fallut depuis gémir de votre absence ;

Le Ciel porta vos pas aux rives de la France :
Prisonnier dans Solyme, enfin je vous revis ;
Un entretien plus libre alors m'était permis ;
Esclave dans la foule, où j'étais confonduë,
Aux regards du Soudan je vivais inconnuë :
Vous daignâtes bientôt, soit grandeur, soit pitié,
Soit plûtôt digne effet d'une pure amitié,
Revoyant des Français le glorieux Empire,
Y chercher la rançon de la triste Zayre :
Vous l'apportez : le Ciel a trompé vos bienfaits,
Loin de vous dans Solyme il m'arrête à jamais.
Mais quoi que ma fortune ait d'éclat & de charmes,
Je ne puis vous quitter sans répandre des larmes.
Toujours de vos bontés je vai m'entretenir,
Chérir de vos vertus le tendre souvenir,
Comme vous des humains soulager la misère,
Protéger les Chrétiens, leur tenir lieu de mere :
Vous me les rendez chers, & ces infortunés...

NERESTAN.

Vous, les protéger ! vous, qui les abandonnez ?
Vous, qui des Lusignans foulant aux pieds la cendre..

ZAYRE.

Je la viens honorer, Seigneur, je viens vous
  rendre
Le dernier de ce sang, votre amour, votre espoir :
Oui, Lusignan est libre, & vous l'allez revoir.

CHATILLON.

O Ciel ! nous reverrions notre appui, notre pere !

NERESTAN.

Les Chrétiens vous devraient une tête si chère !

ZAYRE.

J'avais sans esperance osé la demander :
Le généreux Soudan veut bien nous l'accorder :
On l'amène en ces lieux.

      NERESTAN.

NERESTAN.
     Que mon ame est émuë !
ZAYRE.
Mes larmes malgré moi me dérobent sa vuë.
Ainsi que ce vieillard j'ai langui dans les fers ;
Qui ne sait compatir aux maux qu'on a soufferts ?
NERESTAN.
Grand Dieu ! que de vertu dans une ame infidelle !

SCENE III.
ZAYRE, LUSIGNAN, CHATILLON, NERESTAN, plusieurs esclaves Chrétiens.

LUSIGNAN.

Du séjour du trépas quelle voix me rappelle ?
Suis-je avec des Chrétiens ?.... guidez mes pas tremblans.
Mes maux m'ont affaibli plus encor que mes ans.
     En s'asseyant.
Suis-je libre en effet ?
ZAYRE.
     Oui, Seigneur ; oui, vous l'êtes.
CHATILLON.
Vous vivez, vous calmez nos douleurs inquiètes.
Tous nos tristes Chrétiens...
LUSIGNAN.
     O jour ! ô douce voix !
Châtillon, c'est donc vous, c'est vous que je revois !
Martyr, ainsi que moi, de la foi de nos pères,
Le Dieu que nous servons finit-il nos miseres ?
En quels lieux sommes-nous ? Aidez mes faibles yeux.

Théâtre, Tome II.   D

CHATILLON.

C'est ici le Palais qu'ont bâti vos ayeux ;
Du fils de Noradin c'est le séjour profane.

ZAYRE.

Le Maître de ces lieux, le puissant Orosmane,
Sait connaître, Seigneur, & chérit la vertu.
Ce généreux Français, qui vous est inconnu,

En montrant Nérestan.

Par la gloire amené des rives de la France,
Venait de dix Chrétiens payer la délivrance :
Le Soudan, comme lui, gouverné par l'honneur,
Croit, en vous délivrant, égaler son grand cœur.

LUSIGNAN.

Des Chevaliers Français tel est le caractère ;
Leur noblesse en tout tems me fut utile & chère.
Trop digne Chevalier, quoi ! vous passez les mers,
Pour soulager nos maux, & pour briser nos fers !
Ah ! parlez, à qui dois-je un service si rare ?

NERESTAN.

Mon nom est Nérestan ; le sort long-tems barbare,
Qui dans les fers ici me mit presqu'en naissant,
Me fit quitter bientôt l'Empire du Croissant.
A la Cour de Louis, guidé par mon courage,
De la guerre sous lui j'ai fait l'apprentissage ;
Ma fortune & mon rang sont un don de ce Roi,
Si grand par sa valeur, & plus grand par sa foi.
Je le suivis, Seigneur, au bord de la Charante,
Lorsque du fier Anglais la valeur menaçante,
Cédant à nos efforts trop long-tems captivés,
Satisfit en tombant aux lis qu'ils ont bravés.
Venez, Prince, & montrez au plus grand des Monarques,
De vos fers glorieux les vénérables marques.
Paris va révérer le Martyr de la Croix,
Et la Cour de Louis est l'asyle des Rois.

TRAGEDIE.
LUSIGNAN.
Hélas ! de cette Cour j'ai vû jadis la gloire.
Quand Philippe à Bovine enchaînait la victoire.
Je combattais, Seigneur, avec Montmorency,
Melun, Destaing, de Nesle, & ce fameux Couci.
Mais à revoir Paris je ne dois plus prétendre :
Vous voyez qu'au tombeau je suis prêt à descendre:
Je vais au Roi des Rois demander aujourdhui
Le prix de tous les maux que j'ai soufferts pour lui.
Vous, généreux témoins de mon heure dernière,
Tandis qu'il en est tems, écoutez ma prière,
Nérestan, Châtillon, & vous... de qui les pleurs
Dans ces momens si chers honorent mes malheurs,
Madame, ayez pitié du plus malheureux père,
Qui jamais ait du Ciel éprouvé la colère,
Qui répand devant vous des larmes que le tems
Ne peut encor tarir dans mes yeux expirans.
Une fille, trois fils, ma superbe espérance,
Me furent arrachés dès leur plus tendre enfance :
O mon cher Châtillon, tu dois t'en souvenir.
CHATILLON.
De vos malheurs encor vous me voyez frémir.
LUSIGNAN.
Prisonnier avec moi dans Césarée en flamme,
Tes yeux virent périr mes deux fils & ma femme.
CHATILLON.
Mon bras chargé de fers ne les put secourir.
LUSIGNAN.
Hélas ! & j'étais père, & je ne pus mourir !
Veillez du haut des Cieux, chers enfans que j'im-
    plore,
Sur mes autres enfans, s'ils sont vivans encore.
Mon dernier fils, ma fille, aux chaînes reservés,
Par de barbares mains pour servir conservés,
Loin d'un père accablé, furent portés ensemble

Dans ce même Serrail où le Ciel nous rassemble.

CHATILLON.
Il est vrai, dans l'horreur de ce péril nouveau,
Je tenais votre fille à peine en son berceau :
Ne pouvant la sauver, Seigneur, j'allais moi-même
Répandre sur son front l'eau sainte du Batême,
Lorsque les Sarrasins de carnage fumans,
Revinrent l'arracher à mes bras tous sanglans.
Votre plus jeune fils, à qui les destinées
Avaient à peine encor accordé quatre années,
Trop capable déja de sentir son malheur,
Fut dans Jérusalem conduit avec sa sœur.

NERESTAN.
De quel ressouvenir mon ame est déchirée !
A cet âge fatal j'étais dans Césarée :
Et tout couvert de sang, & chargé de liens,
Je suivis en ces lieux la foule des Chrétiens.

LUSIGNAN.
Vous... Seigneur !... Ce Serrail éleva votre enfance ?...

En les regardant.

Hélas ! de mes enfans auriez-vous connaissance ?
Ils seraient de votre âge, & peut-être mes yeux...
Quel ornement, Madame, étranger en ces lieux ?
Depuis quand l'avez-vous ?

ZAYRE.
           Depuis que je respire,
Seigneur.... Eh quoi ! D'où vient que votre ame soupire ?

LUSIGNAN.
Ah ! daignez confier à mes tremblantes mains...

ZAYRE.
De quel trouble nouveau tous mes sens sont atteints !
Seigneur, que faites-vous ?

TRAGEDIE.

LUSIGNAN.
                    O Ciel ! ô Providence !
Mes yeux, ne trompez point ma timide espérance ;
Serait-il bien possible ? Oui, c'est elle... Je voi
Ce présent qu'une épouse avait reçu de moi,
Et qui de mes enfans ornait toûjours la tête,
Lorsque de leur naissance on célébrait la fête :
Je revoi... Je succombe à mon saisissement.

ZAYRE.
Qu'entens-je ? & quel soupçon m'agite en ce moment?
Ah! Seigneur !...

LUSIGNAN.
          Dans l'espoir dont j'entrevois les charmes,
Ne m'abandonnez pas, Dieu qui voyez mes larmes,
Dieu mort sur cette croix, & qui revis pour nous,
Parle, achève, ô mon Dieu ! ce sont-là de tes coups.
Quoi ! Madame, en vos mains elle était demeurée ?
Quoi ! tous les deux captifs, & pris dans Césarée ?

ZAYRE.
Oui, Seigneur.

NERESTAN.
      Se peut-il ?

LUSIGNAN
                    Leur parole, leurs traits,
De leur mère en effet sont les vivans portraits.
Oui, grand Dieu, tu le veux, tu permets que je voye;
Dieu, ranime mes sens trop faibles pour ma joye.
Madame... Nérestan... Soûtien-moi, Châtillon...
Nérestan, si je dois nommer encor ce nom,
Avez-vous dans le sein la cicatrice heureuse
Du fer dont à mes yeux une main furieuse...

NERESTAN.
Oui, Seigneur, il est vrai.

LUSIGNAN.
          Dieu juste ! heureux momens!

NERESTAN *se jettant à genoux.*

Ah, Seigneur! ah, Zayre!

LUSIGNAN.

Approchez, mes enfans.

NERESTAN.

Moi, votre fils!

ZAYRE.

Seigneur.

LUSIGNAN.

Heureux jour qui m'éclaire!
Ma fille! mon cher fils! embrassez votre père.

CHATILLON.

Que d'un bonheur si grand mon cœur se sent toucher!

LUSIGNAN.

De vos bras, mes enfans, je ne puis m'arracher.
Je vous revois enfin, chère & triste famille,
Mon fils, digne héritier... Vous... hélas! Vous?
    ma fille!
Dissipez mes soupçons, ôtez-moi cette horreur,
Ce trouble qui m'accable au comble du bonheur.
Toi qui seul as conduit sa fortune & la mienne,
Mon Dieu qui me la rens, me la rens-tu Chré-
    tienne?
Tu pleures, malheureuse, & tu baisses les yeux!
Tu te tais! je t'entens! ô crime! ô justes Cieux!

ZAYRE.

Je ne puis vous tromper : sous les loix d'Orosmane...
Punissez votre fille... Elle était Musulmane.

LUSIGNAN.

Que la foudre en éclats ne tombe que sur moi!
Ah, mon fils! A ces mots j'eusse expiré sans toi.
Mon Dieu, j'ai combattu soixante ans pour ta gloire;
J'ai vu tomber ton Temple, & périr ta mémoire;
Dans un cachot affreux abandonné vingt ans,
Mes larmes t'imploraient pour mes tristes enfans;

TRAGEDIE.

Et lorsque ma famille est par toi réünie,
Quand je trouve une fille, elle est ton ennemie!
Je suis bien malheureux... c'est ton père, c'est moi,
C'est ma seule prison qui t'a ravi ta foi.
Ma fille, tendre objet de mes dernières peines,
Songe au moins, songe au sang qui coule dans tes veines :
C'est le sang de vingt Rois, tous Chretiens comme moi,
C'est le sang des Héros, défenseurs de ma Loi,
C'est le sang des Martyrs.... ô fille encor trop chère,
Connois-tu ton destin, sais-tu quelle est ta mère?
Sais-tu bien qu'à l'instant que son flanc mit au jour
Ce triste & dernier fruit d'un malheureux amour,
Je la vis massacrer par la main forcenée,
Par la main des brigands à qui tu t'es donnée?
Tes frères, ces Martyrs égorgés à mes yeux,
T'ouvrent leurs bras sanglans tendus du haut des Cieux.
Ton Dieu que tu trahis, ton Dieu que tu blasphêmes,
Pour toi, pour l'Univers, est mort en ces lieux mêmes,
En ces lieux où mon bras le servit tant de fois,
En ces lieux où son sang te parle par ma voix.
Voi ces murs, voi ce Temple envahi par tes Maîtres :
Tout annonce le Dieu qu'ont vengé tes ancêtres.
Tourne les yeux, sa tombe est près de ce Palais ;
C'est ici la montagne où lavant nos forfaits,
Il voulut expirer sous les coups de l'impie ;
C'est là que de sa tombe il rappella sa vie.
Tu ne saurais marcher dans cet auguste lieu,
Tu n'y peux faire un pas, sans y trouver ton Dieu :
Et tu n'y peux rester sans renier ton père,

D 4

Ton honneur qui te parle, & ton Dieu qui t'éclaire.
Je te vois dans mes bras, & pleurer & frémir ;
Sur ton front pâlissant Dieu met le repentir :
Je vois la vérité dans ton cœur descenduë ;
Je retrouve ma fille après l'avoir perduë ;
Et je reprens ma gloire & ma félicité,
En dérobant mon sang à l'infidelité.

NERESTAN.

Je revoi donc ma sœur ?... Et son ame...,

ZAYRE.

Ah, mon père ,
Cher auteur de mes jours : parlez, que dois-je faire ?

LUSIGNAN.

M'ôter, par un seul mot, ma honte & mes ennuis,
Dire, Je suis Chrêtienne.

ZAYRE.

Oui... Seigneur... Je le suis.

LUSIGNAN.

Dieu, reçoi son aveu du sein de ton Empire.

SCENE IV.

ZAYRE, LUSIGNAN, CHATILLON, NERESTAN, CORASMIN.

CORASMIN.

Madame, le Soudan m'ordonne de vous dire,
Qu'à l'instant de ces lieux il faut vous retirer,
Et de ces vils Chrétiens surtout vous séparer.
Vous, Français, suivez-moi : de vous je dois répondre.

CHATILLON.

Où sommes-nous, grand Dieu ! Quel coup vient nous confondre !

TRAGEDIE. 57
LUSIGNAN.
Notre courage, amis, doit ici s'animer.
ZAYRE.
Hélas, Seigneur !
LUSIGNAN.
O vous que je n'ose nommer,
Jurez-moi de garder un secret si funeste.
ZAYRE.
Je vous le jure.
LUSIGNAN.
Allez, le Ciel fera le reste.

Fin du second Acte.

ACTE III.

SCENE I.
OROSMANE, CORASMIN.

OROSMANE.

Vous étiez, Corasmin, trompé par vos allarmes ;
Non, Louïs contre moi ne tourne point ses armes ;
Les Français sont lassés de chercher désormais
Des climats que pour eux le destin n'a point faits ;
Ils n'abandonnent point leur fertile patrie,
Pour languir aux deserts de l'aride Arabie,
Et venir arroser, de leur sang odieux,
Ces palmes que pour nous Dieu fait croître en ces lieux.
Ils couvrent de vaisseaux la Mer de la Syrie.
Louïs, des bords de Chypre, épouvante l'Asie ;
Mais j'apprens que ce Roi s'éloigne de nos ports ;
De la féconde Egypte il menace les bords ;
J'en reçois à l'instant la première nouvelle.
Contre les Mamelus son courage l'appelle ;
Il cherche Mélédin, mon secret ennemi ;
Sur leurs divisions mon Throne est affermi.
Je ne crains plus enfin l'Egypte, ni la France.

TRAGEDIE.

Nos communs ennemis cimentent ma puissance ;
Et prodigues d'un sang qu'ils devraient ménager,
Prennent, en s'immolant, le soin de me venger.
Relâche ces Chrétiens ; ami, je les délivre ;
Je veux plaire à leur Maître, & leur permets de vivre :
Je veux que sur la mer on les méne à leur Roi,
Que Louïs me connaisse, & respecte ma foi.
Méne-lui Lusignan ; di-lui que je lui donne
Celui que la naissance allie à sa Couronne,
Celui que par deux fois mon père avait vaincu,
Et qu'il tint enchaîné tandis qu'il a vécu.

CORASMIN.

Son nom cher aux Chrétiens . . .

OROSMANE.

    Son nom n'est point à craindre.

CORASMIN.

Mais, Seigneur, si Louïs . . .

OROSMANE.

    Il n'est plus tems de feindre.
Zayre l'a voulu ; c'est assez : & mon cœur,
En donnant Lusignan, le donne à mon vainqueur.
Louïs est peu pour moi ; je fais tout pour Zayre ;
Nul autre sur mon cœur n'aurait pris cet empire.
Je viens de l'affliger, c'est à moi d'adoucir
Le déplaisir mortel qu'elle a dû ressentir,
Quand, sur les faux avis des desseins de la France,
J'ai fait à ces Chrétiens un peu de violence.
Que dis-je ? Ces momens perdus dans mon Conseil,
Ont de ce grand hymen suspendu l'appareil :
D'une heure encor, ami, mon bonheur se différe :
Mais j'emploirai du moins ce tems à lui complaire.
Zayre ici demande un secret entretien
Avec ce Néreſtan, ce généreux Chrétien . . .

CORASMIN.

Et vous avez, Seigneur, encor cette indulgence ?

OROSMANE.

Ils ont été tous deux esclaves dans l'enfance ;
Ils ont porté mes fers, ils ne se verront plus ;
Zayre enfin de moi n'aura point un refus
Je ne m'en défens point ; je foule aux pieds pour elle
Des rigueurs du Serrail la contrainte cruelle.
J'ai méprisé ces Loix, dont l'âpre austérité
Fait d'une vertu triste une nécessité.
Je ne suis point formé du sang Asiatique ;
Né parmi les rochers au sein de la Taurique,
Des Schytes mes ayeux je garde la fierté,
Leurs mœurs, leurs passions, leur générosité :
Je consens qu'en partant Nérestan la revoye ;
Je veux que tous les cœurs soient heureux de ma
 joye.
Après ce peu d'instans volés à mon amour,
Tous ses momens, ami, sont à moi sans retour.
Va, ce Chrétien attend, & tu peux l'introduire.
Presse son entretien, obéis à Zayre.

❦❦❦❦❦❦❦❦❦❦❦✻❦❦❦❦❦❦❦❦❦

SCENE II.

CORASMIN, NERESTAN.

CORASMIN.

EN ces lieux, un moment, tu peux encor rester,
Zayre à tes regards viendra se présenter.

SCENE III.

NERESTAN *seul.*

EN quel état, ô Ciel ! en quels lieux je la laisse !
O ma Religion ! ô mon père ! ô tendresse !
Mais je la vois.

SCENE IV.

ZAYRE, NERESTAN.

MA sœur, je puis donc vous parler.
Ah ! dans quel tems le Ciel nous voulut rassembler !
Vous ne reverrez plus un trop malheureux père.
ZAYRE.
Dieu, Lusignan !
NERESTAN.
Il touche à son heure dernière.
Sa joye en nous voyant, par de trop grands efforts,
De ses sens affaiblis a rompu les ressorts ;
Et cette émotion, dont son ame est remplie,
A bientôt épuisé les sources de sa vie.
Mais pour comble d'horreurs, à ces derniers momens,
Il doute de sa fille, & de ses sentimens ;
Il meurt dans l'amertume, & son ame incertaine
Demande en soupirant si vous êtes Chrêtienne.
ZAYRE.
Quoi, je suis votre sœur, & vous pouvez penser
Qu'à mon sang, à ma Loi, j'aille ici renoncer ?

NERESTAN.

Ah, ma sœur ! cette Loi n'est pas la vôtre encore,
Le jour qui vous éclaire est pour vous à l'aurore,
Vous n'avez point reçu ce gage précieux,
Qui nous lave du crime, & nous ouvre les Cieux.
Jurez par nos malheurs, & par votre famille,
Par ces Martyrs sacrés, de qui vous êtes fille,
Que vous voulez ici recevoir aujourd'hui
Le sceau du Dieu vivant qui nous attache à lui.

ZAYRE.

Oui, je jure en vos mains, par ce Dieu que j'adore,
Par sa Loi que je cherche, & que mon cœur ignore,
De vivre désormais sous cette sainte Loi....
Mais, mon cher frère..... Hélas ! que veut-elle de moi ?
Que faut-il ?

NERESTAN.

Détester l'Empire de vos Maîtres,
Servir, aimer ce Dieu qu'ont aimé nos ancêtres,
Qui né près de ces murs est mort ici pour nous,
Qui nous a rassemblés, qui m'a conduit vers vous.
Est-ce à moi d'en parler ? moins instruits que fidèle,
Je ne suis qu'un soldat, & je n'ai que du zèle.
Un Pontife sacré viendra jusqu'en ces lieux
Vous apporter la vie, & dessiller vos yeux.
Songez à vos sermens ; & que l'eau du Baptême
Ne vous apporte point la mort & l'anathême.
Obtenez qu'avec lui je puisse revenir ;
Mais à quel titre, ô Ciel ! faut-il donc l'obtenir ?
A qui le demander dans ce Serrail profane ?...
Vous, le sang de vingt Rois, esclave d'Orosmane !
Parente de Louis ! fille de Lusignan !
Vous Chrétienne, & ma sœur, esclave d'un Soudan !
Vous m'entendez.... je n'ose en dire davantage ;
Dieu, nous reserviez-vous à ce dernier outrage !

TRAGEDIE.

ZAYRE.

Ah, cruel! pourſuivez, vous ne connaiſſez pas
Mon ſecret, mes tourmens, mes vœux, mes at-
tentats.
Mon frere, ayez pitié d'une ſœur égarée,
Qui brûle, qui gémit, qui meurt déſeſpérée.
Je ſuis Chrétienne, hélas!... j'attens avec ardeur
Cette eau ſainte, cette eau, qui peut guérir mon cœur.
Non, je ne ſerai point indigne de mon frere,
De mes ayeux, de moi, de mon malheureux pere.
Mais parlez à Zayre, & ne lui cachez rien,
Dites... quelle eſt la Loi de l'Empire Chrétien?...
Quel eſt le châtiment pour une infortunée,
Qui loin de ſes parens aux fers abandonnée,
Trouvant chez un Barbare un généreux appui,
Aurait touché ſon ame, & s'unirait à lui?

NERESTAN.

O Ciel! que dites-vous? Ah! la mort la plus
promte
Devrait...

ZAYRE.

C'en eſt aſſez, frappe, & prévien ta honte.

NERESTAN.

Qui vous, ma ſœur?

ZAYRE.

C'eſt moi que je viens d'accuſer.
Oroſmane m'adore... & j'allois l'épouſer.

NERESTAN.

L'épouſer! eſt-il vrai, ma ſœur? Eſt-ce vous-même?
Vous, la fille des Rois?

ZAYRE.

Frappe, dis-je; je l'aime

NERESTAN.

Opprobre malheureux du ſang dont vous ſortez,
Vous demandez la mort, & vous la méritez:

Et si je n'écoutais que ta honte & ma gloire,
L'honneur de ma maison, mon pere, sa mémoire,
Si la Loi de ton Dieu, que tu ne connais pas,
Si ma Religion ne retenait mon bras,
J'irais dans ce Palais, j'irais au moment même,
Immoler de ce fer un Barbare qui t'aime,
De son indigne flanc le plonger dans le tien,
Et ne l'en retirer que pour percer le mien.
Ciel ! tandis que Louis, l'exemple de la Terre,
Au Nil Epouvanté ne va porter la guerre,
Que pour venir bientôt, frappant des coups plus
    sûrs,
Délivrer ton Dieu même, & lui rendre ces murs :
Zayre, cependant, ma sœur, son alliée ;
Au Tyran d'un Serrail par l'hymen est liée ?
Et je vai donc apprendre à Lusignan trahi,
Qu'un Tartare est le Dieu que sa fille a choisi ?
Dans ce moment affreux, hélas ! ton pere expire,
En demandant à Dieu le salut de Zayre.

        Z A Y R E.

Arrête, mon cher frere ... arrête, connai-moi ;
Peut-être que Zayre est digne encor de toi.
Mon frere, épargne-moi cet horrible langage ;
Ton courroux, ton reproche, est un plus grand
    outrage,
Plus sensible pour moi, plus dur que ce trépas,
Que je te demandais, & que je n'obtiens pas.
L'état où tu me vois accable ton courage ;
Tu souffres, je le voi ; je souffre davantage.
Je voudrais que du Ciel le barbare secours,
De mon sang, dans mon cœur, eût arrêté le cours ;
Le jour qu'empoisonné d'une flamme profane,
Ce pur sang des Chrétiens brûla pour Orosmane,
Le jour que de ta sœur Orosmane charmé ...
Pardonnez-moi, Chrétiens ; qui ne l'aurait aimé ?

TRAGEDIE.

Il faifait tout pour moi ; fon cœur m'avait choifie ;
Je voyais fa fierté pour moi feule adoucie.
C'eft lui qui des Chrétiens a ranimé l'efpoir :
C'eft à lui que je dois le bonheur de te voir :
Pardonne ; ton courroux , mon pere , ma tendreffe ,
Mes fermens , mon devoir , mes remords , ma fai-
    bleffe ,
Me fervent de fupplice , & ta fœur en ce jour
Meurt de fon répentir plus que de fon amour.

NERESTAN.

Je te blâme , & te plains ; croi-moi , la Providence
Ne te laiffera point périr fans innocence :
Je te pardonne , hélas ! ces combats odieux ;
Dieu ne t'a point prêté fon bras victorieux :
Ce bras , qui rend la force aux plus faibles courages,
Soutiendra ce rofeau plié par les orages.
Il ne fouffrira pas qu'à fon culte engagé ,
Entre un Barbare & lui ton cœur foit partagé.
Le Baptême éteindra ces feux dont il foupire ,
Et tu vivras fidelle , ou périras martyre.
Achève donc ici ton ferment commencé ;
Achève , & dans l'horreur dont ton cœur eft preffé ,
Promets au Roi Louis , à l'Europe , à ton pere ,
Au Dieu qui déja parle à ce cœur fi fincère ,
De ne point accomplir cet hymen odieux ,
Avant que le Pontife ait éclairé tes yeux ,
Avant qu'en ma préfence il te faffe Chrétienne ,
Et que Dieu par fes mains t'adopte & te foutienne.
Le promets-tu , Zayre ? ...

ZAYRE.

        Oui , je te le promets ,
Ren-moi Chrétienne & libre ; à tout je me fou-
    mets.
Va , d'un pere expirant , va fermer la paupière ;
Va , je voudrais te fuivre , & mourir la première.

NERESTAN.

Je pars, adieu, ma sœur, adieu : puisque mes vœux
Ne peuvent t'arracher à ce Palais honteux,
Je reviendrai bientôt, par un heureux Baptême,
T'arracher aux Enfers, & te rendre à toi-même.

SCENE V.
ZAYRE seule.

ME voilà seule, ô Dieu ! que vai-je devenir ?
Dieu, commande à mon cœur de ne te point trahir.
Hélas ! suis-je en effet, ou Française, ou Sultane ?
Fille de Lusignan, ou femme d'Orosmane ?
Suis-je amante, ou Chrétienne ? O sermens que
    j'ai faits !
Mon pere, mon pays, vous serez satisfaits.
Fatime ne vient point. Quoi ! dans ce trouble ex-
    trême,
L'Univers m'abandonne ! on me laisse à moi-même !
Mon cœur peut-il porter seul, & privé d'appui,
Le fardeau des devoirs qu'on m'impose aujourdhui ?
A ta Loi, Dieu puissant, oui, mon ame est ren-
    duë ;
Mais fai que mon amant s'éloigne de ma vûë.
Cher amant ! Ce matin l'aurais-je pu prévoir,
Que je dusse aujourdhui redouter de te voir ?
Moi, qui de tant de feux justement possédée,
N'avais d'autre bonheur, d'autre soin, d'autre idée,
Que de t'entretenir, écouter ton amour,
Te voir, te souhaiter, attendre ton retour ?
Hélas ! & je t'adore ; & t'aimer est un crime ?

SCENE VI.

ZAYRE, OROSMANE.

OROSMANE.

Paraiſſez, tout eſt prêt, le beau feu, qui m'anime,
Ne ſouffre plus, Madame, aucun retardement ;
Les flambeaux de l'hymen brillent pour votre amant;
Les parfums de l'encens rempliſſent la Moſquée ;
Du Dieu de Mahomet la puiſſance invoquée
Confirme mes ſermens, & préſide à mes feux.
Mon peuple proſterné pour vous offre ſes vœux.
Tout tombe à vos genoux, vos ſuperbes rivales,
Qui diſputaient mon cœur, & marchaient vos égales ;
Heureuſes de vous ſuivre, & de vous obéïr,
Devant vos volontés vont apprendre à fléchir.
Le Thrône, les feſtins, & la cérémonie,
Tout eſt prêt ; commencez le bonheur de ma vie.

ZAYRE.
Où ſuis-je, malheureuſe, ô tendreſſe ! ô douleur !

OROSMANE.
Venez.

ZAYRE.
Où me cacher ?

OROSMANE.
Que dites-vous ?

ZAYRE.
Seigneur.

OROSMANE.
Donnez-moi votre main, daignez, belle Zayre…

ZAYRE.
Dieu de mon pere ! hélas ! que pourrai-je lui dire ?
OROSMANE.
Que j'aime à triompher de ce tendre embarras !
Qu'il redouble ma flamme, & mon bonheur ! ...
ZAYRE.

Hélas !
OROSMANE.
Ce trouble à mes défirs vous rend encor plus chère;
D'une vertu modefte il eft le caractère.
Digne & charmant objet de ma conftante foi,
Venez, ne tardez plus.
ZAYRE.
Fatime, foutien-moi ...
Seigneur.
OROSMANE.
O Ciel ! eh quoi !
ZAYRE.
Seigneur, cet hyménée
Etait un bien fuprême à mon ame étonnée.
Je n'ai point recherché le Throne & la grandeur.
Qu'un fentiment plus jufte occupait tout mon cœur!
Hélas ! j'aurais voulu qu'à vos vertus unie,
Et méprifant pour vous les Thrones de l'Afie,
Seule, & dans un défert auprès de mon époux,
J'eufle pu fous mes pieds les fouler avec vous.
Mais ... Seigneur ... ces Chrétiens ..
OROSMANE.
Ces Chrétiens ... Quoi ! Madame ?
Qu'auraient donc de commun cette Secte & ma flâme ?
ZAYRE.
Lufignan, ce vieillard accablé de douleurs,
Termine en ces momens fa vie & fes malheurs.

TRAGEDIE.

OROSMANE.

Eh bien! quel intérêt si pressant & si tendre,
A ce vieillard Chrétien votre cœur peut-il prendre?
Vous n'êtes point Chrétienne; élevée en ces lieux,
Vous suivez dès long-tems la foi de mes ayeux.
Un vieillard qui succombe au poids de ses années,
Peut-il troubler ici vos belles destinées?
Cette aimable pitié, qu'il s'attire de vous,
Doit se perdre avec moi dans des momens si doux.

ZAYRE.

Seigneur, si vous m'aimez, si je vous étais chère ...

OROSMANE.

Si vous l'êtes, ah Dieu!

ZAYRE.

Souffrez que l'on diffère ...
Permettez que ces nœuds par vos mains assemblés...

OROSMANE.

Que dites-vous? ô Ciel! est-ce vous qui parlez,
Zayre?

ZAYRE.

Je ne puis soûtenir sa colère.

OROSMANE.

Zayre!

ZAYRE.

Il m'est affreux, Seigneur de vous déplaire,
Excusez ma douleur .... Non, j'oublie à la fois,
Et tout ce que je suis, & tout ce que je dois.
Je ne puis soûtenir cet aspect qui me tuë.
Je ne puis ... Ah! souffrez que loin de votre vuë,
Seigneur, j'aille cacher mes larmes, mes ennuis,
Mes vœux, mon désespoir, & l'horreur où je suis.

Elle sort.

SCENE VII.

OROSMANE, CORASMIN.

OROSMANE.

JE demeure immobile, & ma langue glacée
Se refuse aux transports de mon ame offensée.
Est-ce à moi que l'on parle ? ai-je bien entendu ?
Est-ce moi qu'elle fuit ? ô Ciel ! & qu'ai-je vû ?
Corasmin, quel est donc ce changement extrême ?
Je la laisse échapper ! je m'ignore moi-même.

CORASMIN.

Vous seul causez son trouble, & vous vous en plai-
    gnez.
Vous accusez, Seigneur, un cœur où vous regnez.

OROSMANE.

Mais pourquoi donc ces pleurs, ces regrets, cette
    fuite,
Cette douleur si sombre en ses regards écrite ?
Si c'était ce Français ! ... quel soupçon ! quelle hor-
    reur !
Quelle lumière affreuse a passé dans mon cœur !
Hélas ! je repoussais ma juste défiance :
Un Barbare, un esclave, aurait cette insolence ?
Cher ami, je verrais un cœur comme le mien,
Réduit à redouter un esclave Chrétien ?
Mais parle, tu pouvais observer son visage ;
Tu pouvais de ses yeux entendre le langage :
Ne me déguise rien, mes feux sont-ils trahis ?
Appren-moi mon malheur ... tu trembles ... tu
    frémis ...
C'en est assez.

TRAGEDIE.

CORASMAIN.
   Je crains d'irriter vos allarmes.
Il est vrai que ses yeux ont versé quelques larmes;
Mais, Seigneur, après tout, je n'ai rien observé
Qui doive...

OROSMANE.
    A cet affront, je serais réservé?
Non, si Zayre, ami, m'avait fait cette offense,
Elle eût avec plus d'art trompé ma confiance.
Le déplaisir secret de son cœur agité,
Si ce cœur est perfide, aurait-il éclaté?
Ecoute, garde-toi de soupçonner Zayre.
Mais, dis-tu, ce Français gémit, pleure, soupire:
Que m'importe après tout le sujet de ses pleurs?
Qui sait si l'amour même entre dans ses douleurs?
Et qu'ai-je à redouter d'une esclave infidelle,
Qui demain pour jamais se va séparer d'elle?

CORASMIN.
N'avez-vous pas, Seigneur, permis, malgré nos
   loix,
Qu'il jouît de sa vûë une seconde fois?
Qu'il revînt en ces lieux?

OROSMANE.
    Qu'il revînt? lui, ce traître,
Qu'aux yeux de ma maîtresse il osât reparaître?
Oui, je le lui rendrais, mais mourant, mais puni,
Mais versant à ses yeux le sang qui m'a trahi:
Déchiré devant elle, & ma main dégouttante
Confondrait dans son sang le sang de son amante...
Excuse les transports de ce cœur offensé;
Il est né violent, il aime, il est blessé.
Je connais mes fureurs, & je crains ma faiblesse;
A des troubles honteux je sens que je m'abaisse.
Non, c'est trop sur Zayre arrêter un soupçon;
Non, son cœur n'est point fait pour une trahison:

E 4

Mais ne croi pas non plus que le mien s'aviliſſe,
A ſouffrir des rigueurs, à gémir d'un caprice,
A me plaindre, à reprendre, à redonner ma foi;
Les éclairciſſemens ſont indignes de moi.
Il vaut mieux ſur mes ſens reprendre un juſte empire;
Il vaut mieux oublier juſqu'au nom de Zayre.
Allons, que le Serrail ſoit fermé pour jamais;
Que la terreur habite aux portes du Palais;
Que tout reſſente ici le frein de l'eſclavage.
Des Rois de l'Orient ſuivons l'antique uſage.
On peut pour ſon eſclave, oubliant ſa fierté,
Laiſſer tomber ſur elle un regard de bonté;
Mais il eſt trop honteux de craindre une maîtreſſe;
Aux mœurs de l'Occident laiſſons cette baſſeſſe.
Ce ſexe dangereux, qui veut tout aſſervir,
S'il règne dans l'Europe, ici doit obéir.

Fin du troiſième Acte.

ACTE IV.

SCENE I.
ZAYRE, FATIME.

FATIME.

Que je vous plains, Madame, & que je vous admire !
C'est le Dieu des Chrétiens, c'est Dieu qui vous inspire ;
Il donnera la force à vos bras languissans,
De briser des liens si chers & si puissans.

ZAYRE.
Eh ! pourrai-je achever ce fatal sacrifice ?

FATIME.
Vous demandez sa grace; il vous doit sa justice :
De votre cœur docile il doit prendre le soin.

ZAYRE.
Jamais de son appui je n'eus tant de besoin.

FATIME.
Si vous ne voyez plus votre auguste famille,
Le Dieu que vous servez vous adopte pour fille :
Vous êtes dans ses bras, il parle à votre cœur ;
Et quand ce saint Pontife, organe du Seigneur,
Ne pourrait aborder dans ce Palais profane...

ZAYRE.
Ah! j'ai porté la mort dans le sein d'Orosmane.
J'ai pu désespérer le cœur de mon amant !
Quel outrage, Fatime, & quel affreux moment !
Mon Dieu, vous l'ordonnez ; j'eusse été trop heu-
    reuse.
FATIME.
Quoi ! vous regretteriez cette chaîne honteuse,
Hazarder la victoire, ayant tant combattu ?
ZAYRE.
Victoire infortunée ! inhumaine vertu !
Non, tu ne connais pas ce que je sacrifie.
Cet amour si puissant, ce charme de ma vie,
Dont j'espérais, hélas ! tant de félicité,
Dans toute son ardeur n'avait point éclaté.
Fatime, j'offre à Dieu mes blessures cruelles :
Je mouille devant lui de larmes criminelles
Ces lieux, où tu m'as dit qu'il choisit son séjour ;
Je lui crie en pleurant : Ote-moi mon amour,
Arrache-moi mes vœux, rempli moi de toi-même ;
Mais, Fatime, à l'instant, les traits de ce que j'aime,
Ces traits chers & charmans, que toujours je revoi,
Se montrent dans mon ame entre le Ciel & moi.
Eh bien, race des Rois, dont le Ciel me fit naître,
Pere, mere, Chrétiens, vous, mon Dieu, vous,
    mon Maître,
Vous qui de mon amant me privez aujourdhui,
Terminez donc mes jours, qui ne sont plus pour lui.
Que j'expire innocente, & qu'une main si chère,
De ces yeux qu'il aimait ferme au moins la paupière.
Ah ! que fait Orosmane ? Il ne s'informe pas,
Si j'attens loin de lui la vie ou le trépas ;
Il me fuit, il me laisse, & je n'y peux survivre.
FATIME.
Quoi vous ! fille des Rois, que vous prétendez suivre,

TRAGEDIE.

Vous dans les bras d'un Dieu, votre éternel appui ?...
ZAYRE.
Eh ! pourquoi mon amant n'est-il pas né pour lui ;
Orosmane est-il fait pour être sa victime ?
Dieu pourrait-il haïr un cœur si magnanime ?
Généreux, bienfaisant, juste, plein de vertus,
S'il était né Chrétien, que serait-il de plus ?
Et plût à Dieu du moins que ce saint interprète,
Ce Ministre sacré, que mon ame souhaite,
Du trouble où tu me vois vînt bientôt me tirer !
Je ne sai ; mais enfin, j'ose encore espérer,
Que ce Dieu, dont cent fois on m'a peint la clémence,
Ne reprouverait point une telle alliance ;
Peut-être de Zayre en secret adoré,
Il pardonne aux combats de ce cœur déchiré ;
Peut-être en me laissant au Throne de Syrie,
Il soûtiendrait par moi les Chrétiens de l'Asie.
Fatime, tu le sais, ce puissant Saladin,
Qui ravit à mon sang l'Empire du Jourdain,
Qui fit comme Orosmane admirer sa clémence,
Au sein d'une Chrétienne il avait pris naissance.
FATIME.
Ah ! ne voyez-vous pas que pour vous consoler ...
ZAYRE.
Laisse-moi ; je vois tout ; je meurs sans m'aveugler :
Je vois que mon pays, mon sang, tout me condamne :
Que je suis Lusignan, que j'adore Orosmane ;
Que mes vœux, que mes jours à ses jours sont liés.
Je voudrais quelquefois me jetter à ses pieds;
De tout ce que je suis faire un aveu sincère.

FATIME.
Songez que cet aveu peut perdre votre frere,
Expofe les Chrétiens, qui n'ont que vous d'apui,
Et va ttahir le Dieu, qui vous rappelle à lui.
ZAYRE.
Ah! fi tu connaiffais le grand cœur d'Orofmane!
FATIME.
Il eſt le Protecteur de la Loi Mufulmane;
Et plus il vous adore, & moins il peut fouffrir
Qu'on vous ofe annoncer un Dieu qu'il doit haïr.
Le Pontife à vos yeux en fecret va fe rendre,
Et vous avez promis...
ZAYRE.
Eh bien, il faut l'attendre.
J'ai promis, j'ai juré de garder ce fecret:
Hélas! qu'à mon amant je le tais à regret!
Et pour comble d'horreur je ne fuis plus aimée.

SCENE II.

OROSMANE, ZAYRE.

OROSMANE.

Madame, il fut un tems où mon ame charmée,
Ecoutant fans rougir des fentimens trop chers,
Se fit une vertu de languir dans vos fers.
Je croyais être aimé, Madame, & votre Maître,
Soupirant à vos pieds, devait s'attendre à l'être:
Vous ne m'entendrez point, amant faible & jaloux,
En reproches honteux éclater contre vous;
Cruellement bleffé, mais trop fier pour me plaindre,
Trop généreux, trop grand, pour m'abaiffer à feindre,

TRAGEDIE.

Je viens vous déclarer, que le plus froid mépris
De vos caprices vains sera le digne prix.
Ne vous préparez point à tromper ma tendresse,
A chercher des raisons, dont la flateuse adresse,
A mes yeux éblouis colorant vos refus,
Vous ramène un amant qui ne vous connaît plus,
Et qui craignant surtout qu'à rougir on l'expose,
D'un refus outrageant veut ignorer la cause.
Madame, c'en est fait, une autre va monter
Au rang que mon amour vous daignait présenter ;
Une autre aura des yeux, & va du moins connaître
De quel prix mon amour & ma main devaient être.
Il pourra m'en coûter ; mais mon cœur s'y résout.
Apprenez qu'Orosmane est capable de tout,
Que j'aime mieux vous perdre, & loin de votre vûë
Mourir désespéré de vous avoir perduë,
Que de vous posséder, s'il faut qu'à votre foi
Il en coûte un soupir qui ne soit pas pour moi.
Allez, mes yeux jamais ne reverront vos charmes.

ZAYRE.

Tu m'as donc tout ravi, Dieu, témoin de mes
    larmes !
Tu veux commander seul à mes sens éperdus...
Eh bien, puisqu'il est vrai que vous ne m'aimez plus,
Seigneur...

OROSMANE.

Il est trop vrai que l'honneur me l'ordonne,
Que je vous adorai, que je vous abandonne,
Que je renonce à vous, que vous le désirez,
Que sous une autre loi... Zayre, vous pleurez ?

ZAYRE.

Ah ! Seigneur ! ah ! du moins gardez de jamais
    croire,
Que du rang d'un Soudan je régrette la gloire :

Je fai qu'il faut vous perdre, & mon fort l'a voulu :
Mais, Seigneur, mais mon cœur ne vous eft pas
  connu.
Me puniffe à jamais ce Ciel qui me condamne,
Si je regrette rien que le cœur d'Orofmane !

OROSMANE.

Zayre, vous m'aimez !

ZAYRE.

     Dieu ? fi je l'aime, hélas !

OROSMANE.

Quel caprice étonnant que je ne conçois pas !
Vous m'aimez ? Eh, pourquoi vous forcez-vous,
  cruelle,
A déchirer le cœur d'un amant fi fidelle ?
Je me connaiffais mal ; oui, dans mon défefpoir,
J'avais cru fur moi-meme avoir plus de pouvoir,
Va, mon cœur eft bien loin d'un pouvoir fi funefte.
Zayre, que jamais la vengeance célefte
Ne donne à ton amant enchaîné fous ta Loi,
La force d'oublier l'amour qu'il a pour toi !
Qui, moi ? que fur mon Thrône une autre fût placée ?
Non, je n'en eus jamais la fatale penfée :
Pardonne à mon courroux, à mes fens interdits,
Ces dédains affectés, & fi bien démentis ;
C'eft le feul déplaifir que jamais dans ta vie,
Le Ciel aura voulu que ta tendreffe effuye.
Je t'aimerai toujours ... Mais d'où vient que ton
  cœur,
En partageant mes feux, différait mon bonheur ?
Parle. Etait-ce un caprice ? Eft-ce crainte d'un Maî-
  tre,
D'un Soudan, qui pour toi veut renoncer à l'être ?
Serait-ce un artifice ? Epargne-toi ce foin ;
L'art n'eft pas fait pour toi, tu n'en a pas befoin :
Qu'il ne fouille jamais le faint nœud qui nous lie !

TRAGEDIE.

L'art le plus innocent tient de la perfidie.
Je n'en connus jamais, & mes sens déchirés,
Pleins d'un amour si vrai...

ZAYRE.
Vous me désespérez.
Vous m'êtes cher, sans doute, & ma tendresse extrême
Est le comble des maux pour ce cœur qui vous aime.

OROSMANE.
O Ciel! expliquez-vous. Quoi? toûjours me troubler?
Se peut-il?...

ZAYRE.
Dieu puissant, que ne puis-je parler?

OROSMANE.
Quel étrange secret me cachez-vous, Zayre?
Est-il quelque Chrétien qui contre moi conspire?
Me trahit-on? parlez.

ZAYRE.
Eh! peut-on vous trahir?
Seigneur, entr'eux & vous vous me verriez courir:
On ne vous trahit point, pour vous rien n'est à craindre;
Mon malheur est pour moi, je suis la seule à plaindre.

OROSMANE.
Vous, à plaindre, grand Dieu!

ZAYRE.
Souffrez qu'à vos genoux
Je demande en tremblant une grace de vous.

OROSMANE.
Une grace! ordonnez, & demandez ma vie.

ZAYRE.
Plût au Ciel qu'à vos jours la mienne fût unie!
Orosmane... Seigneur... permettez qu'aujourdhui

Seule, loin de vous-même, & toute à mon ennui,
D'un œil plus recueilli contemplant ma fortune,
Je cache à votre oreille une plainte importune...
Demain tous mes secrets vous seront révélés.

OROSMANE.

De quelle inquiétude, ô Ciel, vous m'accablez !
Pouvez-vous ?...

ZAYRE.

Si pour moi l'amour vous parle encore,
Ne me refusez pas la grace que j'implore.

OROSMANE.

Eh bien, il faut vouloir tout ce que vous voulez ;
J'y consens ; il en coûte à mes sens désolés.
Allez, souvenez-vous que je vous sacrifie
Les momens les plus beaux, les plus chers de ma vie.

ZAYRE.

En me parlant ainsi, vous me percez le cœur.

OROSMANE.

Eh bien, vous me quittez, Zayre ?

ZAYRE.

Hélas, Seigneur !

SCENE III.
OROSMANE, CORASMIN.

OROSMANE.

AH ! c'est trop tôt chercher ce solitaire asyle,
C'est trop tôt abuser de ma bonté facile ;
Et plus j'y pense, ami, moins je puis concevoir
Le sujet si caché de tant de désespoir.
Quoi donc ! par ma tendresse élevée à l'Empire,
Dans le sein du bonheur, que son ame désire,

TRAGEDIE.

Près d'un amant qu'elle aime, & qui brûle à ses pieds,
Ses yeux remplis d'amour, de larmes sont noyés.
Je suis bien indigne de voir tant de caprices.
Mais moi-même après tout eus-je moins d'injustices ?
Ai-je été moins coupable à ses yeux offensés ?
Est-ce à moi de me plaindre ? On m'aime, c'est assez.
Il me faut expier, par un peu d'indulgence,
De mes transports jaloux l'injurieuse offense.
Je me rens, je le vois, son cœur est sans détours ;
La nature naïve anime ses discours.
Elle est dans l'âge heureux où règne l'innocence ;
A sa sincérité je dois ma confiance.
Elle m'aime sans doute ; oui, j'ai lu devant toi,
Dans ses yeux attendris, l'amour qu'elle a pour moi ;
Et son ame éprouvant cette ardeur qui me touche,
Vingt fois pour me le dire a volé sur sa bouche.
Qui peut avoir un cœur assez traître, assez bas,
Pour montrer tant d'amour, & ne le sentir pas ?

SCENE IV.

OROSMANE, CORASMIN, MELEDOR.

MELEDOR.

CEtte lettre, Seigneur, à Zayre adressée,
Par vos Gardes saisie, & dans mes mains laissée..?

OROSMANE.

Donne... qui la portait ?... Donne.

Théatre. Tome II.   F

MELEDOR.

       Un de ces Chrétiens,
Dont vos bontés, Seigneur, ont brisé les liens :
Au Serrail, en secret, il allait s'introduire ;
On l'a mis dans les fers.

OROSMANE.

       Hélas ! que vai-je lire ?
Laisse-nous... je frémis.

SCENE V.
OROSMANE, CORASMIN.

CORASMIN.

Cette lettre, Seigneur,
Pourra vous éclaircir, & calmer votre cœur.

OROSMANE.

Ah ! lisons, ma main tremble, & mon ame étonnée
Prévoit que ce billet contient ma destinée.
Lisons... » Chère Zayre, il est tems de nous voir ;
» Il est vers la Mosquée une secrette issuë,
» Où vous pouvez sans bruit, & sans être apperçuë,
» Tromper vos surveillans, & remplir notre espoir :
» Il faut tout hazarder, vous connaissez mon zèle ;
» Je vous attens ; je meurs, si vous n'êtes fidèle.
Eh bien, cher Corasmin, que dis-tu ?

CORASMIN.

      Moi, Seigneur ?
Je suis épouvanté de ce comble d'horreur.

OROSMANE.

Tu vois comme on me traite.

CORASMIN.

      O trahison horrible!

TRAGEDIE.

Seigneur, à cet affront vous êtes insensible ?
Vous, dont le cœur tantôt, sur un simple soupçon,
D'une douleur si vive a reçû le poison ?
Ah ! sans doute l'horreur d'une action si noire
Vous guérit d'un amour qui blessait votre gloire.

OROSMANE.

Cours chez elle à l'instant, va, vole, Corasmin :
Montre-lui cet écrit... Qu'elle tremble... & soudain
De cent coups de poignard que l'infidelle meure.
Mais avant de frapper... Ah ! cher ami, demeure,
Demeure, il n'est pas tems. Je veux que ce Chrétien
Devant elle amené... non... je ne veux plus rien...
Je me meurs... Je succombe à l'excès de ma rage.

CORASMIN.

On ne reçut jamais un si sanglant outrage.

OROSMANE.

Le voilà donc connu, ce secret plein d'horreur !
Ce secret qui pesait à son infâme cœur !
Sous le voile emprunté d'une crainte ingénuë,
Elle veut quelque tems se souftraire à ma vuë.
Je me fais cet effort, je la laisse sortir ;
Elle part en pleurant... & c'est pour me trahir.
Quoi, Zayre !

CORASMIN.

Tout sert à redoubler son crime.
Seigneur, n'en soyez pas l'innocente victime,
Et de vos sentimens rappellant la grandeur....

OROSMANE.

C'est-là ce Nérestan, ce Héros plein d'honneur,
Ce Chrétien si vanté, qui remplissait Solyme
De ce faste imposant de sa vertu sublime !
Je l'admirais moi-même, & mon cœur combattu
S'indignait qu'un Chrétien m'égalât en vertu.
Ah ! qu'il va me payer sa fourbe abominable !
Mais Zayre, Zayre est cent fois plus coupable.

Une esclave Chrétienne, & que j'ai pu laisser
Dans les plus vils emplois languir sans l'abaisser !
Une esclave ! Elle sait ce que j'ai fait pour elle.
Ah malheureux !

CORASMIN.

Seigneur, si vous souffrez mon zéle,
Si parmi les horreurs qui doivent vous troubler,
Vous vouliez...

OROSMANE.

Oui, je veux la voir & lui parler.
Allez, volez, esclave, & m'amenez Zayre.

CORASMIN.

Hélas ! en cet état que pourrez-vous lui dire ?

OROSMANE.

Je ne sai, cher ami, mais je prétens la voir.

CORASMIN.

Ah ! Seigneur, vous allez, dans votre désespoir,
Vous plaindre, menacer, faire couler ses larmes.
Vos bontés contre vous lui donneront des armes,
Et votre cœur séduit, malgré tous vos soupçons,
Pour la justifier cherchera des raisons.
M'en croirez-vous ? cachez cette lettre à sa vuë.
Prenez pour la lui rendre une main inconnuë.
Par-là, malgré la fraude & les déguisemens,
Vos yeux démêleront ses secrets sentimens,
Et des plis de son cœur verront tout l'artifice.

OROSMANE.

Penses-tu qu'en effet Zayre me trahisse ?...
Allons, quoi qu'il en soit, je vai tenter mon sort,
Et pousser la vertu jusqu'au dernier effort.
Je veux voir à quel point une femme hardie
Saura de son côté pousser la perfidie.

CORASMIN.

Seigneur, je crains pour vous ce funeste entretien ;
Un cœur tel que le vôtre...

TRAGEDIE.

OROSMANE.

Ah ! n'en redoute rien.
A son exemple, hélas ! ce cœur ne saurait feindre.
Mais j'ai la fermeté de savoir me contraindre :
Oui, puisqu'elle m'abaisse à connaître un rival...
Tien, reçoi ce billet à tous trois si fatal :
Va, choisi pour le rendre un esclave fidelle,
Mets en de sûres mains cette lettre cruelle :
Va, cours... Je ferai plus, j'éviterai ses yeux ;
Qu'elle n'approche pas... c'est elle, justes Cieux!

SCENE VI.
OROSMANE, ZAYRE, CORASMIN.

ZAYRE.

Seigneur, vous m'étonnez ; quelle raison soudaine
Quel ordre si pressant près de vous me ramène ?

OROSMANE.

Eh bien, Madame, il faut que vous m'éclaircissiez :
Cet ordre est important plus que vous ne croyez ;
Je me suis consulté... Malheureux l'un par l'autre,
Il faut régler d'un mot & mon sort & le vôtre.
Peut-être qu'en effet ce que j'ai fait pour vous,
Mon orgueil oublié, mon Sceptre à vos genoux,
Mes bienfaits, mon respect, mes soins, ma con-
fiance,
Ont arraché de vous quelque reconnaissance.
Votre cœur par un Maître attaqué chaque jour,
Vaincu par mes bienfaits, crut l'être par l'amour.
Dans votre ame, avec vous, il est tems que je lise ;
Il faut que les replis s'ouvrent à ma franchise.
Jugez-vous ; répondez avec la vérité

Que vous devez au moins à ma sincérité.
Si de quelqu'autre amour l'invincible puissance
L'emporte sur mes soins, ou même les balance,
Il faut me l'avouer, & dans ce même instant,
Ta grace est dans mon cœur; prononce, elle t'attend.
Sacrifie à ma foi l'insolent qui t'adore :
Songe que je te vois, que je te parle encore,
Que ma foudre à ta voix pourra se détourner,
Que c'est le seul moment où je peux pardonner.

ZAYRE.

Vous, Seigneur ! vous osez me tenir ce langage ?
Vous, cruel ?... Apprenez, que ce cœur qu'on outrage,
Et que par tant d'horreurs le Ciel veut éprouver,
S'il ne vous aimait pas, est né pour vous braver.
Je ne crains rien ici que ma funeste flâme ;
N'imputez qu'à ce feu qui brûle encor mon ame,
N'imputez qu'à l'amour, que je dois oublier,
La honte où je descens de me justifier.
J'ignore si le Ciel, qui m'a toûjours trahie,
A destiné pour vous ma malheureuse vie.
Quoi qu'il puisse arriver, je jure par l'honneur,
Qui non moins que l'amour est gravé dans mon cœur,
Je jure que Zayre à foi-même renduë,
Des Rois les plus puissans détesterait la vuë,
Que tout autre, après vous, me serait odieux.
Voulez-vous plus savoir, & me connaître mieux ?
Voulez-vous que ce cœur à l'amertume en proye,
Ce cœur désespéré devant vous se déploye ?
Sachez donc qu'en secret il pensait malgré lui,
Tout ce que devant vous il déclare aujourdhui ;
Qu'il soupirait pour vous avant que vos tendresses
Vinssent justifier mes naissantes faiblesses ;
Qu'il prévint vos bienfaits, qu'il brûlait à vos pieds,

Qu'il vous aimait enfin, lorsque vous m'ignoriez ;
Qu'il n'eut jamais que vous, n'aura que vous pour Maître.
J'en atteste le Ciel, que j'offense peut-être ;
Et si j'ai mérité son éternel courroux,
Si mon cœur fut coupable, ingrat, c'était pour vous.
OROSMANE.
Quoi ? des plus tendres feux sa bouche encor m'assure !
Quel excès de noirceur ! Zayre !... ah, la parjure !
Quand de sa trahison j'ai la preuve en ma main !
ZAYRE.
Que dites-vous ? Quel trouble agite votre sein ?
OROSMANE.
Je ne suis point troublé. Vous m'aimez ?
ZAYRE.
      Votre bouche
Peut-elle me parler avec ce ton farouche,
D'un feu si tendrement déclaré chaque jour ?
Vous me glacez de crainte, en me parlant d'amour.
OROSMANE.
Vous m'aimez ?
ZAYRE.
   Vous pouvez douter de ma tendresse !
Mais encor une fois quelle fureur vous presse ?
Quels regards effrayans vous me lancez ! hélas !
Vous doutez de mon cœur ?
OROSMANE.
      Non, je n'en doute pas.
Allez, rentrez, Madame.

SCENE VII.
OROSMANE, CORASMIN.
OROSMANE.

Ami, sa perfidie
Au comble de l'horreur ne s'est pas démentie ;
Tranquille dans le crime, & fausse avec douceur,
Elle a jusques au bout soutenu sa noirceur.
As-tu trouvé l'esclave ? as-tu servi ma rage ?
Connaîtrai-je à la fois son crime & mon outrage ?
CORASMIN.
Oui, je viens d'obéir ; mais vous ne pouvez pas
Soupirer désormais pour ses traîtres appas :
Vous la verrez sans doute avec indifférence,
Sans que le repentir succède à la vengeance,
Sans que l'amour sur vous en repousse les traits.
OROSMANE.
Corasmin, je l'adore encor plus que jamais.
CORASMIN.
Vous ? ô Ciel ! Vous ?
OROSMANE.
Je vois un rayon d'espérance.
Cet odieux Chrétien, l'élève de la France,
Est jeune, impatient, léger, présomptueux,
Il peut croire aisément ses téméraires vœux :
Son amour indiscret, & plein de confiance,
Aura de ses soupirs hazardé l'insolence :
Un regard de Zayre aura pu l'aveugler :
Sans doute il est aisé de s'en laisser troubler :
Il croit qu'il est aimé ; c'est lui seul qui m'offense ;
Peut-être ils ne sont point tous deux d'intelligence ;

Zayre n'a point vû ce billet criminel,
Et j'en croyais trop tôt mon déplaisir mortel.
Corasmin, écoutez... Dès que la nuit plus sombre
Aux crimes des mortels viendra prêter son ombre,
Si-tôt que ce Chrétien, chargé de mes bienfaits,
Néreſtan, paraîtra ſous les murs du Palais,
Ayez ſoin qu'à l'inſtant la Garde le ſaiſiſſe,
Qu'on prépare pour lui le plus honteux ſupplice,
Et que chargé de fers il me ſoit préſenté.
Laiſſez, ſurtout, laiſſez Zayre en liberté.
Tu vois mon cœur, tu vois à quel excès je l'aime ;
Ma fureur eſt plus grande, & j'en tremble moi-
    même.
J'ai honte des douleurs où je me ſuis plongé ;
Mais malheur aux ingrats qui m'auront outragé.

Fin du quatriéme Acte.

ACTE IV.

SCENE I.

OROSMANE, CORASMIN,
un Esclave.

OROSMANE.

On l'a fait avertir, l'ingrate va paraître.
Songe que dans tes mains est le sort de ton Maître ;
Donne-lui le billet de ce traître Chrétien ;
Ren-moi compte de tout, examine-la bien.
Porte-moi sa réponse : on approche... c'est elle.
   A Corasmin.
Vien, d'un malheureux Prince ami tendre & fi-
 delle,
Vien m'aider à cacher ma rage & mes ennuis.

TRAGEDIE.

SCENE II.

ZAYRE, FATIME, l'Esclave.

ZAYRE.

EH qui peut me parler dans l'état où je suis ?
A tant d'horreurs, hélas ! qui pourra me soustraire ?
Le Serrail est fermé ! Dieu ! si c'était mon frère !
Si la main de ce Dieu, pour soûtenir ma foi,
Par des chemins cachés, le conduisait vers moi !
Quel esclave inconnu se présente à ma vuë ?

L'ESCLAVE.

Cette lettre en secret à mes mains parvenuë,
Pourra vous assurer de ma fidélité.

ZAYRE.

Donne.

Elle lit.

FATIME *à part pendant que Zayre lit.*

Dieu tout-puissant, éclate en ta bonté,
Fai descendre ta grace en ce séjour profane,
Arrache ma Princesse au barbare Orosmane.

ZAYRE *à Fatime.*

Je voudrais te parler.

FATIME *à l'Esclave.*

Allez, retirez-vous ;
On vous rappellera, soyez prêt, laissez-nous.

SCENE III.

ZAYRE, FATIME.

ZAYRE.

LI ce billet : hélas ! di-moi ce qu'il faut faire ;
Je voudrais obéïr aux ordres de mon frère.

FATIME.

Dites plûtôt, Madame, aux ordres éternels
D'un Dieu qui vous demande aux pieds de ses Autels.
Ce n'est point Nérestan, c'est Dieu qui vous appelle.

ZAYRE.

Je le sais, à sa voix je ne suis point rebelle,
J'en ai fait le serment : mais puis-je m'engager,
Moi, les Chrétiens, mon frère, en un si grand
    danger ?

FATIME.

Ce n'est point leur danger dont vous êtes troublée,
Votre amour parle seul à votre ame ébranlée,
Je connais votre cœur ; il penserait comme eux,
Il hazarderait tout, s'il n'était amoureux.
Ah ! connaissez du moins l'erreur qui vous engage.
Vous tremblez d'offenser l'amant qui vous outrage.
Quoi ! ne voyez-vous pas toutes ses cruautés,
Et l'ame d'un Tartare, à travers ses bontés ?
Ce tigre encor farouche au sein de sa tendresse,
Même en vous adorant menaçait sa maîtresse...
Et votre cœur encor ne s'en peut détacher ?
Vous soupirez pour lui ?

ZAYRE.

                    Qu'ai-je à lui reprocher ?
C'est moi qui l'offensais, moi qu'en cette journée

Il a vû souhaiter ce fatal hyménée ;
Le Throne était tout prêt, le Temple était paré,
Mon amant m'adorait, & j'ai tout differé.
Moi, qui devais ici trembler sous sa puissance,
J'ai de ses sentimens bravé la violence,
J'ai soumis son amour, il fait ce que je veux,
Il m'a sacrifié ses transports amoureux.
FATIME.
Ce malheureux amour, dont votre ame est blessée,
Peut-il en ce moment remplir votre pensée ?
ZAYRE.
Ah ! Fatime, tout sert à me désespérer ;
Je sai que du Serrail rien ne peut me tirer :
Je voudrais des Chrétiens voir l'heureuse contrée,
Quitter ce lieu funeste à mon ame égarée ;
Et je sens qu'à l'instant promte à me démentir,
Je fais des vœux secrets pour n'en jamais sortir.
Quel état ! quel tourment ! Non, mon ame inquiète
Ne sait ce qu'elle doit, ni ce qu'elle souhaite ?
Une terreur affreuse est tout ce que je sens.
Dieu, détourne de moi ces noirs pressentimens ;
Pren soin de nos Chrétiens, & veille sur mon frère ;
Pren soin, du haut des Cieux, d'une tête si chère.
Oui, je le vai trouver, je lui vais obéir :
Mais dès que de Solyme il aura pu partir,
Par son absence alors à parler enhardie,
J'aprens à mon amant le secret de ma vie :
Je lui dirai le culte où mon cœur est lié,
Il lira dans ce cœur, il en aura pitié ;
Mais dussai-je au supplice être ici condamnée,
Je ne trahirai point le sang dont je suis née.
Vâ, tu peux amener mon cher frère en ces lieux.
Rappelle cet esclave.

SCENE IV.

ZAYRE seule.

O Dieu de mes ayeux,
Dieu de tous mes parens, de mon malheureux père,
Que ta main me conduise, & que ton œil m'éclaire !

SCENE V.

ZAYRE, l'Esclave.

ZAYRE.

Allez dire au Chrétien, qui marche sur vos pas,
Que mon cœur aujourdhui ne le trahira pas,
Que Fatime en ces lieux va bientôt l'introduire.
A part.
Allons, rassure-toi, malheureuse Zayre !

TRAGEDIE.

SCENE VI.
OROSMANE, CORASMIN, l'Esclave.

OROSMANE.

Que ces momens, grand Dieu, sont lents pour
    ma fureur !
A l'Esclave.
Eh bien, Que t'a-t'on dit ? Répon. Parle.
L'ESCLAVE.
                              Seigneur.
On n'a jamais senti de si vives allarmes.
Elle a pâli, tremblé, ses yeux versaient des larmes;
Elle m'a fait sortir, elle m'a rappellé,
Et d'une voix tremblante, & d'un cœur tout trou-
    blé,
Près de ces lieux, Seigneur, elle a promis d'attendre
Celui qui cette nuit à ses yeux doit se rendre.
OROSMANE.
A l'Esclave.   *A Corasmin.*
Allez, il me suffit. Ote-toi de mes yeux.
Laissez-moi : tout mortel me devient odieux.
Laisse-moi seul, te dis-je, à ma fureur extrême.
Je hais le monde entier, je m'abhorre moi même.

SCENE VII.

OROSMANE *seul*.

OÙ suis-je ? ô Ciel ! où suis-je ? où portai-je
    mes vœux ?
Zayre, Nérestan... couple ingrat, couple affreux,
Traîtres, arrachez-moi ce jour que je respire,
Ce jour souillé par vous... Misérable Zayre,
Tu ne jouïras pas... Corasmin, revenez.

SCENE VIII.

OROSMANE, CORASMIN.

OROSMANE.

AH ! trop cruel ami, quoi, vous m'abandonnez ?
    Venez ; a-t'il paru, ce rival, ce coupable ?

CORASMIN.

Rien ne paraît encor.

OROSMANE.

               O nuit ! nuit effroyable !
Peux-tu prêter ton voile à de pareils forfaits ?
Zayre !.... l'infidelle... après tant de bienfaits !
J'aurais d'un œil serein, d'un front inaltérable,
Contemplé de mon rang la chûte épouvantable :
J'aurais sû, dans l'horreur de la captivité,
Conserver mon courage & ma tranquillité ;
Mais me voir à ce point trompé par ce que j'aime !...

CORASMIN.

Eh ! que prétendez-vous dans cette horreur extrême ?
Quel est votre dessein ?

OROSMANE.

TRAGEDIE.

OROSMANE.
N'entens-tu pas des cris ?
CORASMIN.
Seigneur...
OROSMANE.
Un bruit affreux a frappé mes esprits.
On vient.
CORASMIN.
Non, jusqu'ici nul mortel ne s'avance :
Le Serrail est plongé dans un profond silence ;
Tout dort, tout est tranquille, & l'ombre de la nuit..:
OROSMANE.
Hélas ! le crime veille, & son horreur me suit.
A ce coupable excès porter sa hardiesse !
Tu ne connaissais pas mon cœur & ma tendresse,
Combien je t'adorais ! quels feux ! Ah, Corasmin !
Un seul de ses regards aurait fait mon destin.
Je ne puis être heureux, ni souffrir que par elle.
Pren pitié de ma rage. Oui, cours.... Ah, la cruelle !
CORASMIN.
Est-ce vous qui pleurez ? Vous, Orosmane ? ô Cieux !
OROSMANE.
Voilà les premiers pleurs qui coulent de mes yeux.
Tu vois mon sort, tu vois la honte où je me livre :
Mais ces pleurs sont cruels, & la mort va les suivre :
Plain Zayre, plain-moi, l'heure approche, ces pleurs
Du sang qui va couler sont les avant-coureurs.
CORASMIN.
Ah ! je tremble pour vous.
OROSMANE.
Frémi de mes souffrances,
Frémi de mon amour, frémi de mes vengeances.
Approche, vien, j'entends... je ne me trompe pas.

Théâtre. Tom. II.   G

CORASMIN.

Sous les murs du Palais quelqu'un porte ses pas.

OROSMANE.

Va saisir Nérestan, va, dis-je, qu'on l'enchaîne ;
Que tout chargé de fers à mes yeux on l'entraîne.

✶✶✶✶✶✶✶✶✶✶✶✶✶✶✶✶✶✶✶✶✶✶

SCENE IX.

OROSMANE, ZAYRE, & FATIME.

marchant pendant la nuit dans l'enfoncement du Théâtre.

ZAYRE.

Vien, Fatime.

OROSMANE.

Qu'entends-je ! est-ce là cette voix,
Dont les sons enchanteurs m'ont séduit tant de fois ?
Cette voix qui trahit un feu si légitime ?
Cette voix infidelle, & l'organe du crime ?
Perfide !... vengeons-nous... quoi ! c'est elle ! ô destin !

Il tire son poignard.

Zayre ! ah Dieu !... ce fer échappe de ma main.

ZAYRE à Fatime.

C'est ici le chemin, vien, soûtien mon courage.

FATIME.

Il va venir.

OROSMANE.

Ce mot me rend toute ma rage.

ZAYRE.

Je marche en frissonnant, mon cœur est éperdu...
Est-ce vous, Nérestan, que j'ai tant attendu ?

OROSMANE *courant à Zayre.*
C'est moi que tu trahis, tombe à mes pieds, par-
jure !
ZAYRE *tombant dans la coulisse.*
Je me meurs, ô mon Dieu !
OROSMANE.
J'ai vengé mon injure.
Otons-nous de ces lieux. Je ne puis... Qu'ai-je
fait ?
Rien que de juste... Allons, j'ai puni son forfait.
Ah ! voici son amant que mon destin m'envoye,
Pour remplir ma vengeance & ma cruelle joye.

SCENE DERNIERE.

OROSMANE, ZAYRE, NERESTAN, CORASMIN, FATIME, esclaves.

OROSMANE.

Approche, malheureux, qui viens de m'arra-
cher,
De m'ôter pour jamais ce qui me fut si cher ;
Méprisable ennemi, qui fais encor paraître
L'audace d'un Héros avec l'ame d'un traître,
Tu m'imposais ici pour me deshonorer.
Va, le prix en est prêt ; tu peux t'y préparer.
Tes maux vont égaler les maux où tu m'exposes,
Et ton ingratitude, & l'horreur que tu causes.
Avez-vous ordonné son supplice ?
CORASMIN.
Oui, Seigneur.
OROSMANE.
Il commence déja dans le fond de ton coeur.

Tes yeux cherchent par-tout, & demandent encore
La perfide qui t'aime, & qui me deshonore.
Regarde, elle est ici.

NERESTAN.

Que dis-tu ? Quelle erreur...

OROSMANE.

Regarde-la, te dis-je.

NERESTAN.

Ah ! que vois-je ? Ah, ma sœur !
Zayre !... Elle n'est plus, Ah, monstre ! Ah, jour
horrible !

OROSMANE.

Sa sœur ! Qu'ai-je entendu ? Dieu, serait-il possible ?

NERESTAN.

Barbare, il est trop vrai : viens épuiser mon flanc
Du reste infortuné de cet auguste sang.
Lusignan, ce vieillard, fut son malheureux pere,
Il venait dans mes bras d'achever sa misère,
Et d'un pere expiré j'apportais en ces lieux
La volonté dernière, & les derniers adieux ;
Je venais, dans un cœur trop faible & trop sensible,
Rappeller des Chrétiens le culte incorruptible.
Hélas ! elle offensait notre Dieu, notre Loi,
Et ce Dieu la punit d'avoir brûlé pour toi.

OROSMANE.

Zayre !... Elle m'aimait ? Est-il bien vrai, Fatime ?
Sa sœur ?... J'étais aimé ?

FATIME.

Cruel ! voila son crime.
Tigre altéré de sang, tu viens de massacrer
Celle qui malgré soi constante à t'adorer,
Se flatait, espérait que le Dieu de ses peres
Recevrait le tribut de ses larmes sincères ;
Qu'il verrait en pitié cet amour malheureux,
Que peut-être il voudrait vous réunir tous deux.

TRAGEDIE.

Hélas ! à cet excès son cœur l'avait trompée ;
De cet espoir trop tendre elle était occupée ;
Tu balançais son Dieu dans son cœur allarmé.

OROSMANE.

Tu m'en as dit assez. O Ciel ! j'étais aimé !
Va, je n'ai pas besoin d'en savoir davantage...

NERESTAN.

Cruel ! qu'attens-tu donc pour assouvir ta rage ?
Il ne reste que moi de ce sang glorieux,
Dont ton pere & ton bras ont inondé ces lieux :
Rejoins un malheureux à sa triste famille,
Au Héros dont tu viens d'assassiner la fille.
Tes tourmens sont-ils prêts ? Je puis braver tes coups ;
Tu m'as fait éprouver le plus cruel de tous.
Mais la soif de mon sang, qui toujours te dévore,
Permet-elle à l'honneur de te parler encore ?
En m'arrachant le jour, souviens-toi des Chrétiens,
Dont tu m'avais juré de briser les liens ;
Dans sa férocité ton cœur impitoyable,
De ce trait généreux serait-il bien capable ?
Parle, à ce prix encor je bénis mon trépas.

OROSMANE, *allant vers le corps de Zayre.*
Zayre !

CORASMIN.

Hélas ! Seigneur, où portez-vous vos pas ?
Rentrez ; trop de douleur de votre ame s'empare.
Souffrez que Nerestan...

NERESTAN.

Qu'ordonnes-tu, barbare ?

OROSMANE *après une longue pause.*
Qu'on détache ses fers. Ecoutez, Corasmin,
Que tous ses compagnons soient délivrés soudain.
Aux malheureux Chrétiens prodiguez mes largesses ;
Comblés de mes bienfaits, chargés de mes richesses,
Jusqu'au port de Joppé vous conduirez leurs pas.

G 3

CORASMIN.

Mais, Seigneur...

OROSMANE.

Obéis, & ne replique pas ;
Vole, & ne trahis point la volonté suprême
D'un Soudan qui commande, & d'un ami qui t'aime ;
Va, ne perds point de tems, sors, obéis...

à Nerestan.

Et toi,
Guerrier infortuné, mais moins encor que moi,
Quitte ces lieux sanglans, remporte en ta patrie
Cet objet que ma rage a privé de la vie.
Ton Roi, tous tes Chrétiens, apprenant tes malheurs,
N'en parleront jamais sans répandre des pleurs.
Mais si la vérité par toi se fait connaître,
En détestant mon crime, on me plaindra peut-être.
Porte aux tiens ce poignard, que mon bras égaré
A plongé dans un sein qui dut m'être sacré ;
Di-leur que j'ai donné la mort la plus affreuse
A la plus digne femme, à la plus vertueuse,
Dont le Ciel ait formé les innocens appas ;
Di-leur qu'à ses genoux j'avais mis mes Etats ;
Di-leur que dans son sang cette main s'est plongée ;
Di que je l'adorais, & que je l'ai vengée. *Il se tue.*

Aux siens.

Respectez ce Héros, & conduisez ses pas.

NERESTAN.

Guide-moi, Dieu puissant, je ne me connais pas.
Faut-il qu'à t'admirer ta fureur me contraigne,
Et que dans mon malheur ce soit moi qui te plaigne ?

Fin du cinquiéme & dernier Acte.

ALZIRE,
OU LES
AMERICAINS,
TRAGEDIE.

Représentée pour la premiere fois le 27. Janvier 1736.

EPITRE
A MADAME
LA MARQUISE
DU CHASTELET.

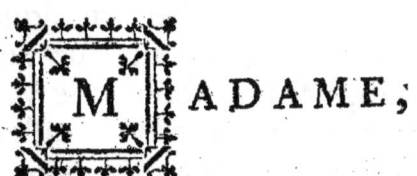ADAME;

Quel faible hommage pour Vous, qu'un de ces ouvrages de Poësie, qui n'ont qu'un tems, qui doivent leur mérite à la faveur passagère du public, & à l'illusion du Théatre, pour tomber ensuite dans la foule & dans l'obscurité !

Qu'est-ce en effet qu'un Roman mis en action & en vers, devant celle qui lit les ouvrages de Géométrie avec la même facilité que les autres lisent les Romans ; devant celle qui n'a trouvé dans *Locke*, ce sage

Précepteur du Genre-humain, que ses propres sentimens & l'histoire de ses pensées ; enfin aux yeux d'une personne, qui née pour les agrémens, leur préfére la vérité ?

Mais, MADAME, le plus grand génie, & sûrement le plus désirable, est celui qui ne donne l'exclusion à aucun des beaux-Arts. Ils sont tous la nourriture & le plaisir de l'ame : y en a-t'il dont on doive se priver ? Heureux l'esprit que la Philosophie ne peut dessécher, & que les charmes des belles-Lettres ne peuvent amollir, qui sait se fortifier avec *Locke*, s'éclairer avec *Clarke* & *Newton*, s'élever dans la lecture de *Cicéron* & de *Bossuet*, s'embellir par les charmes de *Virgile* & du *Tasse*.

Tel est votre génie, MADAME ; il faut que je ne craigne point de le dire, quoique vous craigniez de l'entendre. Il faut que votre exemple encourage les personnes de votre sexe & de votre rang, à croire qu'on s'ennoblit encor en perfectionnant sa raison, & que l'esprit donne des graces.

Il a été un tems en France, & même dans toute l'Europe, où les hommes pensaient déroger, & les femmes sortir de leur état, en osant s'instruire. Les uns ne se croyaient nés que pour la guerre, ou pour l'oisiveté ; & les autres, que pour la coquetterie.

Le ridicule même que *Molière* & *Despreaux* ont jetté sur les femmes savantes, a semblé dans un siécle poli, justifier les préjugés de la barbarie. Mais *Molière*, ce Législateur dans la Morale & dans les bienséances du monde, n'a pas assurément prétendu, en attaquant les femmes favantes, fe moquer de la fcience & de l'efprit. Il n'en a joué que l'abus & l'affectation ; ainfi que dans fon *Tartuffe*, il a diffamé l'hypocrifie, & non pas la vertu.

Si, au lieu de faire une fatyre contre les femmes, l'exact, le folide, le laborieux, l'élégant *Defpreaux* avait confulté les femmes de la Cour les plus fpirituelles, il eût ajouté à l'art & au mérite de fes ouvrages fi bien travaillés, des graces & des fleurs, qui leur euffent encor donné un nouveau charme. En vain, dans fa Satyre des femmes, il a voulu couvrir de ridicule une Dame qui avait appris l'Aftronomie ; il eût mieux fait de l'apprendre lui-même.

L'Efprit Philofophique fait tant de progrès en France depuis quarante ans, que fi *Boileau* vivait encor, lui qui ofait fe moquer d'une femme de condition, parce qu'elle voyait en fecret *Roberval* & *Sauveur*, ferait obligé de refpecter & d'imiter celles qui profitent publiquement des lumières des *Maupertuis*, des *Réaumurs*, des *Mairans*, des *Dufays*, & des *Clairauts* ; de tous ces véritables favans, qui n'ont pour objet qu'une fcience utile, & qui en la rendant agréable, la rendent infenfiblement néceffaire à notre Nation. Nous fommes au tems, j'ofe le dire, où il faut qu'un Poëte foit Philofophe, & où une femme peut l'être hardiment.

Dans le commencement du dernier fiécle les Français apprirent à arranger des mots. Le fiécle des chofes eft arrivé. Telle qui lifait autrefois *Montagne*, l'*Aftrée*, & les *Con-*

tes *de la Reine de Navarre*, était une savante. Les *Deshoullières* & les *Daciers*, illustres dans différens genres, sont venuës depuis. Mais votre sexe a encor tiré plus de gloire de celles qui ont mérité qu'on fît pour elles le livre charmant des *Mondes*, & les *Dialogues sur la lumière* qui vont paraître, ouvrage peut-être comparable aux *Mondes*.

Il est vrai, qu'une femme qui abandonnerait les devoirs de son état pour cultiver les Sciences, serait condamnable, même dans ses succès ; mais, MADAME, le même esprit qui mène à la connaissance de la vérité, est celui qui porte à remplir ses devoirs. La Reine d'Angleterre, l'épouse de *George II.* qui a servi de médiatrice entre les deux plus grands Métaphysiciens de l'Europe, *Clarke* & *Leibnitz*, & qui pouvait les juger, n'a pas négligé pour cela un moment les soins de Reine, de femme & de mere. *Christine*, qui abandonna le Thrône pour les beaux-Arts, fut au rang des grands Rois, tant qu'elle régna. La petite-fille du grand *Condé*, dans laquelle on voit revivre l'esprit de son ayeul, n'a-t'elle pas ajouté une nouvelle considération au Sang dont elle est sortie ?

Vous, MADAME, dont on peut citer le nom à côté de celui de tous les Princes, vous faites aux Lettres le même honneur. Vous en cultivez tous les genres. Elles font votre occupation dans l'âge des plaisirs. Vous faites plus ; vous cachez ce mérite étranger au monde, avec autant de soin que vous l'avez acquis. Continuez, MADAME, à chérir, à oser cultiver les Sciences, quoique cette lumière, long-tems renfermée dans vous-même, ait éclaté malgré vous. Ceux qui ont répandu en secret des bienfaits, doivent-ils renoncer à cette vertu, quand elle est devenuë publique ?

Eh ! pourquoi rougir de son mérite ? L'esprit orné n'est qu'une beauté de plus. C'est un nouvel Empire. On souhaite aux Arts la protection des Souverains : celle de la beauté n'est-elle pas au-dessus ?

Permettez-moi de dire encor, qu'une des raisons, qui doivent faire estimer les femmes qui font usage de leur esprit, c'est que le goût seul les détermine. Elles ne cherchent en cela qu'un nouveau plaisir, & c'est en quoi elles sont bien louables.

Pour nous autres hommes, c'est souvent par vanité, quelquefois par intérêt, que nous consumons notre vie dans la culture des Arts. Nous en faisons les instrumens de notre fortune ; c'est une espèce de profanation. Je suis fâché qu'*Horace* dise de lui :

(*) *L'indigence est le Dieu qui m'inspira des vers.*

La rouille de l'envie, l'artifice des intrigues, le poison de la calomnie, l'assassinat de la satyre (si j'ose m'exprimer ainsi) deshonorent parmi les hommes une profession, qui par elle-même a quelque chose de divin.

(*) ——————— Paupertas impulit audax.
Ut versus facerem ———————
Horat. Epist. Libr. II. Epist. 2. vers. 51.

Pour moi, MADAME, qu'un penchant invincible a déterminé aux Arts dès mon enfance, je me suis dit de bonne heure ces paroles, que je vous ai souvent répétées, de *Ciceron*, ce Conful Romain qui fut le pere de la patrie, de la liberté & de l'éloquence. (†) ″ Les lettres forment la Jeuneſ-
″ ſe, & font les charmes de l'âge avancé.
″ La profpérité en eft plus brillante. L'ad-
″ verfité en reçoit des confolations ; & dans
″ nos maifons, dans celles des autres, dans
″ les voyages, dans la folitude, en tout
″ tems, en tous lieux, elles font la douceur
″ de notre vie.

Je les ai toujours aimées pour elles-mêmes ; mais à préfent MADAME, je les cultive pour vous, pour mériter, s'il eft poſſible, de paſſer auprès de vous le refte de ma vie, dans le fein de la retraite, de la paix, peut-être de la vérité, à qui vous facrifiez dans votre jeuneſſe les plaifirs faux, mais enchanteurs du monde ; enfin pour être à portée de dire un jour avec *Lucrèce*, ce Poëte Philofophe dont les beautés & les erreurs vous font fi connuës :

(*) Heureux, qui retiré dans le Temple des fages,

(†) Studia adolefcentiam alunt, fenectutem oblectant, fecundas res ornant, adverfis perfugium ac folatium præbent ; delectant domi, non impediunt foris, pernoctant nobifcum, peregrinantur, rufticantur.

(*) *Sed nil dulcius eſt, bene quam munita tenere
Edita doctrina fapientûm templa ferena ;
Defpicere unde queas alios, paſſimque videre
Errare, atque viam palanteis quærere vitæ ;
Certare ingenio, contendere nobilitate ;*

A MADAME DU CHASTELET.

Voit en paix sous ses pieds se former les orages,
Qui contemple de loin les mortels insensés,
De leur joug volontaire esclaves empressés,
Inquiets, incertains du chemin qu'il faut suivre,
Sans penser, sans jouir, ignorant l'art de vivre,
Dans l'agitation consumant leurs beaux jours,
Poursuivant la fortune & rampant dans les Cours!
O vanité de l'homme! O faiblesse! O misère!

Je n'ajouterai rien à cette longue épître, touchant la Tragédie que j'ai l'honneur de vous dédier. Comment en parler, MADAME, après avoir parlé de vous? Tout ce que je puis dire, c'est que je l'ai composée dans votre maison & sous vos yeux. J'ai voulu la rendre moins indigne de vous, y mettant de la nouveauté, de la vérité & de la vertu. J'ai essayé de peindre (*) ce sentiment généreux, cette humanité, cette grandeur d'ame qui fait le bien & qui pardonne le mal, ces sentimens tant recommandés par les Sages de l'Antiquité, & épurés dans notre Religion, ces vraies loix de la Nature, toujours si mal suivies. Vous avez ôté bien des défauts à cet ouvrage, vous connaissez ceux qui le défigurent encor. Puisse le public, d'autant plus sévère

*Noctes atque dies niti præstante labore
Ad summas emergere opes, rerumque potiri.
O miseras hominum mentes! O pectora cæca!*

(*) Tout cela n'était pas un vain compliment, comme la plûpart des épitres dédicatoires. L'Auteur passa en effet vingt ans de sa vie à cultiver, avec cette Dame illustre, les belles-Lettres & la Philosophie, & tant qu'elle vécut, il refusa constamment de venir auprès d'un Souverain qui le demandait, comme on le voit par plusieurs lettres du Tome troisième.

qu'il a d'abord été plus indulgent, me pardonner, comme vous, mes fautes !

Puisse au moins cet hommage, que je vous rens, MADAME, périr moins vite que mes autres écrits ! Il serait immortel, s'il était digne de celle à qui je l'adresse.

Je suis avec un profond respect, &c.

DISCOURS
PRELIMINAIRE.

ON a tâché dans cette Tragédie, toute d'invention & d'une espêce assez neuve, de faire voir combien le véritable esprit de Religion l'emporte sur les vertus de la Nature.

La Religion d'un Barbare consiste à offrir à ses Dieux le sang de ses ennemis. Un Chrétien mal instruit n'est souvent guéres plus juste. Etre fidéle à quelques pratiques inutiles, & infidéle aux vrais devoirs de l'homme : faire certaines prieres & garder ses vices : jeûner, mais haïr, cabaler, persécuter ; voilà sa Religion. Celle du Chrétien véritable est de regarder tous les hommes comme ses freres, de leur faire du bien & de leur pardonner le mal. Tel est *Gusman* au moment de sa mort ; tel *Alvarès* dans le cours de sa vie ; tel j'ai peint *Henri IV.* même au milieu de ses faiblesses.

On retrouvera dans presque tous mes écrits cette humanité qui doit être le premier caractère d'un être pensant : on y verra (si j'ose m'exprimer ainsi) le desir du bonheur des hommes, l'horreur de l'injustice & de l'oppression ; & c'est cela seul qui a jusqu'ici tiré mes ouvrages de l'obscurité où leurs défauts devaient les ensévelir.

Voilà pourquoi la HENRIADE s'est soutenuë malgré les efforts de quelques Français jaloux, qui ne voulaient pas absolument que la France eût un Poëme épique. Il y a toûjours un petit nombre de lecteurs, qui ne laissent point empoisonner leur jugement du venin des cabales & des intrigues, qui n'aiment que le vrai, qui cherchent toujours l'homme dans l'Auteur. Voilà ceux devant qui j'ai trouvé grace. C'est à ce petit nombre d'hommes que j'adresse les réfléxions suivantes ; j'espére qu'ils les pardonneront à la nécessité où je suis de les faire.

Un étranger s'étonnait un jour à Paris d'une foule de libelles de toute espêce, & d'un déchainement cruel, par lequel un homme était opprimé. Il faut apparemment, dit-il, que cet homme soit d'une grande ambition, & qu'il cherche à s'élever à quelqu'un de ces postes qui irritent la cupidité humaine & l'envie. Non, lui répondit-on ; c'est un citoyen obscur, retiré, qui vit plus avec *Virgile* & *Locke* qu'avec ses compatriotes, & dont la figure n'est pas plus connuë de quelques-uns de ses ennemis, que du graveur qui a prétendu graver son portrait. C'est l'Auteur de quelques piéces qui vous ont fait verser des larmes, & de quelques ouvrages dans lesquels, malgré leurs défauts, vous aimez cet esprit d'humanité, de justice, de liberté qui y régne. Ceux qui le calomnient, ce sont des hommes pour la plûpart plus obscurs que lui, qui prétendent lui disputer un peu de fumée, & qui le perfécuteront jusqu'à sa mort, uniquement à cause du plaisir qu'il vous a donné. Cet étranger se sentit quelque indignation pour les persécuteurs, & quelque bienveillance pour le persécuté.

Il est dur, il faut l'avouer, de ne point obtenir de ses contemporains & de ses compatriotes ce que l'on peut espérer des étrangers & de la postérité. Il est bien cruel, bien honteux pour l'esprit humain, que la Littérature soit infectée de ces haines personnelles, de ces cabales, de ces intrigues, qui devraient être le partage des esclaves de la fortune. Que gagnent les Auteurs en se déchirant mutuellement ? Ils avilissent une profession qu'il ne tient qu'à eux de rendre respectable. Faut-il que l'art de penser, le plus beau partage des hommes, devienne une source de ridicule, & que les gens d'esprit, rendus souvent par leurs querelles le jouet des sots, soient les bouffons d'un public dont ils devraient être les maîtres ?

Virgile, *Varius*, *Pollion*, *Horace*, *Tibulle*, étaient amis; les monumens de leur amitié subsistent, & apprendront à jamais aux hommes, que les esprits supérieurs doivent être unis. Si nous n'atteignons pas à l'excellence de leur génie, ne pouvons-nous pas avoir leurs vertus ? Ces hommes sur qui l'Univers avait les yeux, qui avaient à se disputer l'admiration de l'Asie, de l'Afrique, de l'Europe, s'aimaient pourtant & vivaient en freres ; & nous, qui sommes renfermés sur un si petit Théâtre ;

nous, dont les noms à peine connus dans un coin du Monde, passeront bien-tôt comme nos modes ; nous nous acharnons les uns contre les autres pour un éclair de réputation, qui hors de notre petit Horizon ne frappe les yeux de personne. Nous sommes dans un tems de disette ; nous avons peu, nous nous l'arrachons. *Virgile* & *Horace* ne se disputaient rien, parce qu'ils étaient dans l'abondance.

On a imprimé un livre, *de Morbis Artificum*, *des maladies des Artistes*. La plus incurable est cette jalousie & cette bassesse. Mais ce qu'il y a de deshonorant, c'est que l'intérêt a souvent plus de part encor que l'envie à toutes ces petites brochures satyriques dont nous sommes innondés. On demandait, il n'y a pas long-tems, à un homme qui avait fait je ne sai quelle mauvaise brochure contre son ami & son bienfaiteur, pourquoi il s'était emporté à cet excès d'ingratitude ? Il répondit froidement : Il faut que je vive. *

De quelque source que partent ces outrages, il est sûr qu'un homme qui n'est attaqué que dans ses écrits, ne doit jamais répondre aux critiques ; car si elles sont bonnes, il n'a autre chose à faire qu'à se corriger ; & si elles sont mauvaises, elles meurent en naissant. Souvenons-nous de la fable du *Boccalini*. « Un voyageur,

(*) Ce fut l'Abbé *Guiot des Fontaines*, qui fit cette réponse à Mr. le Comte d'*Argenson*, depuis Secrétaire d'Etat de la guerre.

PRELIMINAIRE. 117

» dit-il, était importuné dans son chemin
» du bruit des cigales ; il s'arrêta pour les
» tuer ; il n'en vint pas à bout, & ne fit
» que s'écarter de sa route. Il n'avait qu'à
» continuer paisiblement son voyage ; les
» cigales seraient mortes d'elles-mêmes au
» bout de huit jours. »

Il faut toujours que l'Auteur s'oublie ; mais l'homme ne doit jamais s'oublier, *se ipsum deserere turpissimum est*. On sait que ceux qui n'ont pas assez d'esprit pour attaquer nos ouvrages, calomnient nos personnes ; quelque honteux qu'il soit de leur répondre, il le serait quelquefois davantage de ne leur répondre pas.

On m'a traité dans vingt libelles d'homme sans Religion ; & une des belles preuves qu'on en a apportées, c'est que dans *Oedipe*, *Jocaste* dit ces vers :

» Les Prêtres ne sont point ce qu'un vain peuple
  » pense,
» Notre crédulité fait toute leur science.

Ceux qui m'ont fait ce reproche, sont aussi raisonnables pour le moins que ceux qui ont imprimé, que la HENRIADE dans plusieurs endroits *sentait bien son Semipélagien*. On renouvelle souvent cette accusation cruelle d'irréligion, parce que c'est le dernier refuge des calomniateurs. Comment leur répondre ? Comment s'en consoler, sinon en se souvenant de la foule de ces grands hommes, qui depuis

Socrate jusqu'à *Descartes* ont essuyé ces calomnies atroces ? Je ne ferai ici qu'une seule question : Je demande, qui a le plus de Religion, ou le calomniateur, qui persécute, ou le calomnié qui pardonne ?

Ces mêmes libelles me traitent d'homme envieux de la réputation d'autrui ; je ne connais l'envie que par le mal qu'elle m'a voulu faire. J'ai défendu à mon esprit d'être satyrique, & il est impossible à mon cœur d'être envieux. J'en appelle à l'Auteur de *Radamiste* & d'*Electre*, qui par ces deux ouvrages m'inspira le premier le désir d'entrer quelque tems dans la même carrière : ses succès ne m'ont jamais coûté d'autres larmes que celles que l'attendrissement m'arrachait aux représentations de ses piéces ; il sait qu'il n'a fait naître en moi que de l'émulation & de l'amitié.

J'ose dire avec confiance, que je suis plus attaché aux beaux-Arts qu'à mes écrits : sensible à l'excès dès mon enfance pour tout ce qui porte le caractère de génie, je regarde un grand Poëte, un bon Musicien, un bon Peintre, un Sculpteur habile (s'il a de la probité,) comme un homme que je dois chérir, comme un frere que les Arts m'ont donné. Les jeunes gens, qui voudront s'appliquer aux Lettres, trouveront en moi un ami ; plusieurs y ont trouvé un pere. Voilà mes sentimens ; quiconque a vécu avec moi sait bien que je n'en ai point d'autres.

Je me suis cru obligé de parler ainsi au public sur moi-même une fois en ma vie. A l'égard de ma Tragédie, je n'en dirai rien. Refuter des critiques est un vain amour-propre; confondre la calomnie est un devoir.

ACTEURS.

D. GUSMAN, Gouverneur du Pérou.

D. ALVARES, Pere de Gusman, ancien Gouverneur.

ZAMORE, Souverain d'une partie du Potoze.

MONTEZE, Souverain d'une autre partie.

ALZIRE, fille de Monteze.

EMIRE,
CEPHALE, } Suivantes d'Alzire.

Officiers Espagnols.

Américains.

La Scéne est dans la Ville de Los-Reyes, autrement Lima.

ALZIRE,
OU LES
AMERICAINS,
TRAGEDIE.

ACTE PREMIER.

SCENE I.
ALVARES, D. GUSMAN.
ALVARES.

U Conseil de Madrid l'autorité suprême
Pour Successeur enfin me donne un fils que j'aime.
Faites régner le Prince & le Dieu que je sers,
Sur la riche moitié d'un nouvel Univers ;
Gouvernez cette Rive en malheurs trop féconde,
Qui produit les trésors & les crimes du monde.

Je vous remets, mon fils, ces honneurs souverains,
Que la vieillesse arrache à mes débiles mains.
J'ai consumé mon âge au sein de l'Amérique :
Je montrai le premier au peuple du Méxique [a]
L'appareil inouï, pour ces mortels nouveaux,
De nos châteaux ailés qui volaient sur les eaux.
Des mers de Magellan jusqu'aux astres de l'Ourse,
Les vainqueurs Castillans [b] ont dirigé ma course ;
Heureux, si j'avais pu, pour fruit de mes travaux,
En mortel vertueux changer tous ces Héros !
Mais qui peut arrêter l'abus de la victoire ?
Leurs cruautés, mon fils, ont obscurci leur gloire,
Et j'ai pleuré long-tems sur ces tristes vainqueurs,
Que le Ciel fit si grands, sans les rendre meilleurs.
Je touche au dernier pas de ma longue carrière,
Et mes yeux sans regret quitteront la lumière,
S'ils vous ont vû régir sous d'équitables loix,
L'Empire du Potoze & la Ville des Rois.

GUSMAN.

J'ai conquis avec vous ce sauvage Hémisphère ;
Dans ces climats brûlans j'ai vaincu sous mon
    père ;
Je dois de vous encor apprendre à gouverner,
Et recevoir vos loix plûtôt que d'en donner.

ALVARES.

Non, non, l'autorité ne veut point de partage.
Consumé de travaux, appesanti par l'âge,
Je suis las du pouvoir ; c'est assez si ma voix
Parle encor au Conseil, & règle vos exploits.
Croyez-moi, les humains, que j'ai trop su connaî-
    tre,

(a) L'expédition du Méxique se fit en 1517. & celle du Perou en 1525. Ainsi Alvarès a pû aisément les voir. Los-Reyes, lieu de la Scène, fut bâti en 1535.
(b) On sait qu'elles cruautés *Fernand Cortez* exerça au Méxique, & *Pizaro* au Pérou.

TRAGEDIE.

Méritent peu, mon fils, qu'on veuille être leur
   Maître.
Je consacre à mon Dieu, négligé trop long-tems,
De ma caducité les restes languissans.
Je ne veux qu'une grace, elle me sera chère ;
Je l'attens comme ami, je la demande en père.
Mon fils, remettez-moi ces esclaves obscurs,
Aujourdhui par votre ordre arrêtés dans nos murs;
Songez que ce grand jour doit être un jour propice,
Marqué par la clémence, & non par la justice.

GUSMAN.

Quand vous priez un fils, Seigneur, vous comman-
   dez ;
Mais daignez voir au moins ce que vous hazardez.
D'une ville naissante encor mal assurée
Au peuple Américain nous défendons l'entrée :
Empêchons, croyez-moi, que ce peuple orgueil-
   leux
Au fer qui l'a dompté n'accoûtume ses yeux ;
Que méprisant nos loix, & prompt à les enfraindre,
Il ose contempler des Maîtres qu'il doit craindre.
Il faut toûjours qu'il tremble, & n'apprenne à nous
   voir,
Qu'armés de la vengeance, ainsi que du pouvoir.
L'Américain farouche est un monstre sauvage,
Qui mord en frémissant le frein de l'esclavage ;
Soumis au châtiment, fier dans l'impunité,
De la main qui le flate il se croit redouté.
Tout pouvoir, en un mot, périt par l'indulgence,
Et la sévérité produit l'obéissance.
Je sai qu'aux Castillans il suffit de l'honneur,
Qu'à servir sans murmure ils mettent leur grandeur :
Mais le reste du monde, esclave de la crainte,
A besoin qu'on l'opprime, & sert avec contrainte.
Les Dieux même adorés dans ces climats affreux,

S'ils ne sont teints de sang, n'obtiennent point de
  vœux. (a)

ALVARES.

Ah ! mon fils, que je hais ces rigueurs tyranniques !
Les pouvez-vous aimer, ces forfaits politiques,
Vous, Chrétien, vous choisi pour régner désormais
Sur des Chrétiens nouveaux au nom d'un Dieu de
  paix ?
Vos yeux ne sont-ils pas assouvis des ravages,
Qui de ce Continent dépeuplent les rivages ?
Des bords de l'Orient n'étais-je donc venu
Dans une monde idolâtre, à l'Europe inconnu,
Que pour voir abhorrer sous ce brûlant Tropique,
Et le nom de l'Europe, & le nom Catholique ?
Ah ! Dieu nous envoyait, par un contraire choix,
Pour annoncer son Nom, pour faire aimer ses Loix ;
Et nous de ces climats destructeurs implacables,
Nous & d'or & de sang toûjours insatiables,
Déserteurs de ses Loix, qu'il fallait enseigner,
Nous égorgeons ce peuple, au lieu de le gagner.
Par nous tout est en sang, par nous tout est en pou-
  dre,
Et nous n'avons du Ciel imité que la foudre.
Notre nom, je l'avouë, inspire la terreur ;
Les Espagnols sont craints, mais ils sont en horreur :
Fléaux du nouveau Monde, injustes, vains, avares,
Nous seuls en ces climats nous sommes les Bar-
  bares.
L'Américain farouche en sa simplicité,
Nous égale en courage, & nous passe en bonté.
Hélas ! si comme vous il était sanguinaire,
S'il n'avait des vertus, vous n'auriez plus de père.

(a) On immolait quel- presque aucun peuple qui
quefois des hommes en n'ait été coupable de cet-
Amérique ; mais il n'y a te horrible superstition.

TRAGEDIE.

Avez-vous oublié qu'ils m'ont sauvé le jour ?
Avez-vous oublié, que près de ce séjour
Je me vis entouré par ce peuple en furie,
Rendu cruel enfin par notre barbarie ?
Tous les miens, à mes yeux, terminerent leur sort.
J'étais seul, sans secours, & j'attendais la mort :
Mais à mon nom, mon fils, je vis tomber leurs armes.
Un jeune Américain, les yeux baignés de larmes,
Au lieu de me frapper, embrassa mes genoux.
» Alvarès, me dit-il, Alvarès est-ce vous ?
» Vivez, votre vertu nous est trop nécessaire :
» Vivez, aux malheureux servez long-tems de pere,
» Qu'un peuple de Tyrans, qui veut nous enchaî-
   » ner,
» Du moins par cet exemple apprenne à pardonner.
» Allez, la grandeur d'ame est ici le partage
» Du peuple infortuné qu'ils ont nommé sauvage.
Eh bien, vous gémissez : je sens qu'à ce récit
Votre cœur, malgré vous, s'émeut & s'adoucit.
L'humanité vous parle, ainsi que votre pere.
Ah ! si la cruauté vous était toujours chere,
De quel front aujourdhui pourriez-vous vous offrir
Au vertueux objet qu'il vous faut attendrir,
A la fille des Rois de ces tristes contrées,
Qu'à vos sanglantes mains la fortune a livrées ?
Prétendez-vous, mon fils, cimenter ces liens
Par le sang répandu de ses concitoyens ?
Ou bien attendez-vous que ses cris & ses larmes
De vos sévères mains fassent tomber les armes ?

GUSMAN.

Eh bien, vous l'ordonnez, je brise leurs liens,
J'y consens ; mais songez qu'il faut qu'ils soient
   Chrétiens ;
Ainsi le veut la loi : quitter l'idolatrie,

Eſt un titre en cès lieux pour mériter la vie :
A la Religion gagnons-les à ce prix :
Commandons aux cœurs même, & forçons les eſprits.
De la néceſſité le pouvoir invincible
Traîne aux pieds des Autels un courage inflexible.
Je veux que ces mortels eſclaves de ma Loi,
Tremblent ſous un ſeul Dieu, comme ſous un ſeul Roi.

ALVARES.

Ecoutez moi, mon fils ; plus que vous je déſire,
Qu'ici la vérité fonde un nouvel Empire,
Que le Ciel & l'Eſpagne y ſoient ſans ennemis :
Mais les cœurs opprimés ne ſont jamais ſoumis.
J'en ai gagné plus d'un, je n'ai forcé perſonne,
Et le vrai Dieu, mon fils, eſt un Dieu qui pardonne.

GUSMAN.

Je me rens donc, Seigneur, & vous l'avez voulu ;
Vous avez ſur un fils un pouvoir abſolu :
Oui, vous amolliriez le cœur le plus farouche :
L'indulgente vertu parle par votre bouche.
Eh bien, puiſque le Ciel voulut vous accorder
Ce don, cet heureux don de tout perſuader,
C'eſt de vous que j'attens le bonheur de ma vie.
Alzire contre moi par mes feux enhardie,
Se donnant à regret, ne me rend point heureux.
Je l'aime, je l'avouë, & plus que je ne veux ;
Mais enfin je ne peux, même en voulant lui plaire,
De mon cœur trop altier fléchir le caractère,
Et rampant ſous ſes loix, eſclave d'un coup d'œil,
Par des ſoumiſſions careſſer ſon orgueil.
Je ne veux point ſur moi lui donner tant d'empire.
Vous ſeul, vous pouvez tout ſur le pere d'Alzire ;
En un mot, parlez-lui pour la derniere fois ;

Qu'il commande à sa fille, & force enfin son choix.
Daignez... Mais c'en est trop, je rougis que mon pere
Pour l'intérêt d'un fils s'abaisse à la priere.

ALVARES.

C'en est fait. J'ai parlé, mon fils, & sans rougir.
Monteze a vû sa fille, il l'aura sû fléchir.
De sa famille auguste en ces lieux prisonnière,
Le Ciel a par mes soins consolé la misere.
Pour le vrai Dieu Monteze a quitté ses faux Dieux.
Lui-même de sa fille a dessillé les yeux.
De tout ce nouveau Monde Alzire est le modelle;
Les peuples incertains fixent les yeux sur elle ;
Son cœur aux Castillans va donner tous les cœurs;
L'Amérique à genoux adoptera nos mœurs ;
La foi doit y jetter ses racines profondes;
Votre hymen est le nœud qui joindra les deux Mondes.
Ces féroces humains, qui détestent nos Loix,
Voyant entre vos bras la fille de leurs Rois,
Vont d'un esprit moins fier, & d'un cœur plus facile,
Sous votre joug heureux baisser un front docile;
Et je verrai, mon fils, grace à ces doux liens,
Tous les cœurs désormais Espagnols & Chrétiens.
Monteze vient ici ; mon fils, allez m'attendre
Aux Autels, où sa fille avec lui va se rendre.

SCENE II.
ALVARES, MONTEZE.

ALVARES.

EH bien ! votre sagesse & votre autorité
Ont d'Alzire en effet fléchi la volonté ?
MONTEZE.
Père des malheureux, pardonne si ma fille,
Dont Gusman détruisit l'Empire & la famille,
Semble éprouver encor un reste de terreur,
Et d'un pas chancelant marche vers son vainqueur.
Les nœuds qui vont unir l'Europe & ma patrie,
Ont revolté ma fille en ces climats nourrie.
Mais tous les préjugés s'effacent à ta voix ;
Tes mœurs nous ont appris à révérer tes Loix.
C'est par toi que le Ciel à nous s'est fait connaître.
Notre esprit éclairé te doit son nouvel être.
Sous le fer Castillan ce monde est abattu ;
Il cède à la puissance, & nous à la vertu.
De tes concitoyens la rage impitoyable
Auroit rendu comme eux leur Dieu même haïssable :
Nous détestions ce Dieu qu'annonça leur fureur ;
Nous l'aimons dans toi seul, il s'est peint dans
    ton cœur.
Voilà ce qui te donne, & Monteze, & ma fille.
Instruits par tes vertus, nous sommes ta famille.
Sers-lui long-tems de père, ainsi qu'à nos Etats.
Je la donne à ton fils, je la mets dans ses bras ;
Le Pérou, le Potoze, Alzire, est sa conquête :
Va dans ton Temple auguste en ordonner la fête :
Va, je crois voir des Cieux les peuples éternels
Descendre de leur sphère, & se joindre aux mortels.

Je

Je réponds de ma fille, elle va reconnaître,
Dans le fier Don Gusman, son époux & son Maître.

ALVARES.

Ah ! puisqu'enfin mes mains ont pû former ces nœuds,
Cher Monteze, au tombeau je descens trop heureux.
Toi, qui nous découvris ces immenses contrées,
Rends du Monde aujourdhui les bornes éclairées :
Dieu des Chrêtiens, préside à ces vœux solemnels,
Les premiers qu'en ces lieux on forme à tes Autels ;
Descens, attire à toi l'Amérique étonnée.
Adieu, je vai presser cet heureux hyménée :
Adieu, je vous devrai le bonheur de mon fils.

SCENE III.

MONTEZE seul.

Dieu destructeur des Dieux que j'avais trop servis,
Protège de mes ans la fin dure & funeste.
Tout me fut enlevé, ma fille ici me reste ;
Daigne veiller sur elle, & conduire son cœur.

SCENE IV.

MONTEZE, ALZIRE.

MONTEZE.

Ma fille, il en est tems, consens à ton bonheur;
Ou plûtôt, si ta foi, si ton cœur me seconde,
Par ta félicité fai le bonheur du monde :
Protége les vaincus, commande à nos vainqueurs,
Eteins entre leurs mains leurs foudres destructeurs :

Remonte au rang des Rois, du sein de la misère;
Tu dois à ton état plier ton caractère :
Prens un cœur tout nouveau; viens, obéï, sui-moi,
Et renais Espagnole en renonçant à toi.
Sèche tes pleurs, Alzire, ils outragent ton père.

ALZIRE.

Tout mon sang est à vous : mais si je vous suis chère,
Voyez mon désespoir, & lisez dans mon cœur.

MONTEZE.

Non, je ne veux plus voir ta honteuse douleur.
J'ai reçu ta parole, il faut qu'on l'accomplisse.

ALZIRE.

Vous m'avez arraché cet affreux sacrifice.
Mais quel tems, justes Cieux, pour engager ma foi !
Voici ce jour horrible où tout périt pour moi,
Où de ce fier Gusman le fer osa détruire
Des enfans du Soleil le redoutable Empire.
Que ce jour est marqué par des signes affreux !

MONTEZE.

Nous seuls rendons les jours heureux ou malheureux.
Quitte un vain préjugé, l'ouvrage de nos Prêtres,
Qu'à nos peuples grossiers ont transmis nos ancêtres.

ALZIRE.

Au même jour, hélas ! le vengeur de l'Etat,
Zamore, mon espoir, périt dans le combat,
Zamore, mon amant, choisi pour votre gendre.

MONTEZE.

J'ai donné comme toi des larmes à sa cendre ;
Les morts dans le tombeau n'exigent point ta foi;
Porte, porte aux Autels un cœur maître de soi;
D'un amour insensé pour des cendres éteintes
Commande à ta vertu d'écarter les atteintes.
Tu dois ton ame entière à la loi des Chrétiens ;

Dieu t'ordonne par moi de former ces liens :
Il t'appelle aux Autels, il règle ta conduite ;
Enten sa voix.

ALZIRE.
Mon père, où m'avez-vous réduite !
Je sai ce qu'est un père, & quel est son pouvoir.
M'immoler quand il parle est mon premier devoir,
Et mon obéissance a passé les limites,
Qu'à ce devoir sacré la Nature a prescrites.
Mes yeux n'ont jusqu'ici rien vû que par vos yeux.
Mon cœur changé par vous abandonna ses Dieux.
Je ne regrette point leurs grandeurs terrassées,
Devant ce Dieu nouveau, comme nous abaissées.
Mais vous, qui m'assuriez, dans mes troubles cruels,
Que la paix habitait aux pieds de ses Autels,
Que sa Loi, sa Morale, & consolante & pure,
De mes sens désolés guérirait la blessure,
Vous trompiez ma faiblesse. Un trait toûjours vainqueur
Dans le sein de ce Dieu vient déchirer mon cœur,
Il y porte une image à jamais renaissante ;
Zamore vit encor au cœur de son amante.
Condamnez, s'il le faut, ces justes sentimens,
Ce feu victorieux de la mort & du tems,
Cet amour immortel ordonné par vous-même ;
Unissez votre fille au fier Tyran qui m'aime ;
Mon pays le demande, il le faut, j'obéis :
Mais tremblez en formant ces nœuds mal assortis ;
Tremblez, vous qui d'un Dieu m'annoncez la vengeance,
Vous qui me condamnez d'aller en sa présence,
Promettre à cet époux, qu'on me donne aujourdhui,
Un cœur qui brûle encor pour un autre que lui.

MONTEZE.

Ah, que dis-tu, ma fille ? épargne ma vieilleſſe ;
Au nom de la Nature, au nom de ma tendreſſe,
Par nos deſtins affreux, que ta main peut changer,
Par ce cœur paternel, que tu viens d'outrager,
Ne rends point de mes ans la fin trop douloureuſe.
Ai-je fait un ſeul pas que pour te rendre heureuſe ?
Jouï de mes travaux ; mais crain d'empoiſonner.
Ce bonheur difficile où j'ai ſû t'amener.
Ta carrière nouvelle, aujourdhui commencée,
Par la main du devoir eſt à jamais tracée.
Ce monde gémiſſant te preſſe d'y courir,
Il n'eſpère qu'en toi : voudrais-tu le trahir ?
Apprens à te dompter.

ALZIRE.
Faut-il apprendre à feindre ?
Quelle ſcience, hélas !

SCENE V.
D. GUSMAN, ALZIRE.

GUSMAN.

J'Ai ſujet de me plaindre,
Que l'on oppoſe encor à mes empreſſemens
L'offenſante lenteur de ces retardemens.
J'ai ſuſpendu ma loi, prête à punir l'audace
De tous ces ennemis dont vous vouliez la grace.
Ils ſont en liberté ; mais j'aurais à rougir,
Si ce faible ſervice eût pu vous attendrir.
J'attendais encor moins de mon pouvoir ſuprême ;
Je voulais vous devoir à ma flamme, à vous-même ;
Et je ne penſais pas, dans mes vœux ſatisfaits,

TRAGEDIE.

Que ma félicité vous coûtât des regrets.
ALZIRE.
Que puisse seulement la colère céleste
Ne pas rendre ce jour à tous les deux funeste !
Vous voyez quel effroi me trouble & me confond :
Il parle dans mes yeux, il est peint sur mon front.
Tel est mon caractère : & jamais mon visage
N'a de mon cœur encor démenti le langage.
Qui peut se déguiser pourrait trahir sa foi :
C'est un art de l'Europe : il n'est pas fait pour moi.
GUSMAN.
Je vois votre franchise ; & je sai que Zamore
Vit dans votre mémoire, & vous est cher encore.
Ce Cacique (a) obstiné, vaincu dans les combats,
S'arme encor contre moi de la nuit du trépas.
Vivant je l'ai dompté, mort doit-il être à craindre ?
Cessez de m'offenser, & cessez de le plaindre ;
Votre devoir, mon nom, mon cœur en sont blessés ;
Et ce cœur est jaloux des pleurs que vous versez.
ALZIRE.
Ayez moins de colère, & moins de jalousie ;
Un rival au tombeau doit causer peu d'envie.
Je l'aimai, je l'avoue, & tel fut mon devoir.
De ce monde opprimé Zamore était l'espoir.
Sa foi me fut promise, il eut pour moi des charmes,
Il m'aima : son trépas me coûte encor des larmes.
Vous, loin d'oser ici condamner ma douleur,
Jugez de ma constance, & connaissez mon cœur ;
Et quittant avec moi cette fierté cruelle,
Méritez, s'il se peut, un cœur aussi fidelle.

(a) Le mot propre est *Inca* ; mais les Espagnols accoûtumés dans l'Amérique Septentrionale au titre de *Cacique*, le donnèrent d'abord à tous les Souverains du Nouveau Monde.

SCENE VI.

GUSMAN *seul.*

Son orgueil, je l'avouë, & sa sincérité,
Etonne mon courage, & plaît à ma fierté.
Allons, ne souffrons pas que cette humeur altière
Coûte plus à dompter que l'Amérique entière.
La grossière Nature, en formant ses appas,
Lui laisse un cœur sauvage, & fait pour ces climats.
Le devoir fléchira son courage rebelle ;
Ici tout m'est soumis, il ne reste plus qu'elle ;
Que l'hymen en triomphe : & qu'on ne dise plus,
Qu'un vainqueur & qu'un Maître essuya des refus.

Fin du premier Acte.

ACTE II.

SCENE I.

ZAMORE, Américains.

ZAMORE.

Amis de qui l'audace, aux mortels peu commune,
Renaît dans les dangers, & croît dans l'infortune ;
Illuftres compagnons de mon funefte fort,
N'obtiendrons-nous jamais la vengeance ou la mort ?
Vivrons-nous fans fervir Alzire & la patrie,
Sans ôter à Gufman fa déteftable vie,
Sans punir, fans trouver cet infolent vainqueur,
Sans venger mon pays qu'a perdu fa fureur ?
Dieux impuiffans ! Dieux vains de nos vaftes contrées !
A des Dieux ennemis vous les avez livrées :
Et fix cent Efpagnols ont détruit fous leurs coups
Mon pays, & mon Throne, & vos Temples, & vous.
Vous n'avez plus d'Autels, & je n'ai plus d'Empire ;
Nous avons tout perdu, je fuis privé d'Alzire.
J'ai porté mon courroux, ma honte & mes regrets
Dans les fables mouvans, dans le fond des forêts ;
De la Zone brûlante, & du milieu du Monde,

I 4

L'Astre du jour (a) a vu ma course vagabonde,
Jusqu'aux lieux où cessant d'éclairer nos climats,
Il ramène l'année, & revient sur ses pas.
Enfin votre amitié, vos soins, votre vaillance
A mes vastes désirs ont rendu l'espérance ;
Et j'ai cru satisfaire, en cet affreux séjour,
Deux vertus de mon cœur, la vengeance & l'amour.
Nous avons rassemblé des mortels intrépides,
Eternels ennemis de nos Maîtres avides ;
Nous les avons laissés dans ces forêts errans,
Pour observer ces murs bâtis par nos Tyrans.
J'arrive, on nous saisit : une foule inhumaine
Dans des gouffres profonds nous plonge & nous enchaîne.
De ces lieux infernaux on nous laisse sortir,
Sans que de notre sort on nous daigne avertir.
Amis, où sommes-nous ? Ne pourra-t'on m'instruire,
Qui commande en ces lieux, quel est le sort d'Alzire ?
Si Monteze est esclave, & voit encor le jour,
S'il traîne ses malheurs en cette horrible Cour ?
Chers & tristes amis du malheureux Zamore,
Ne pouvez-vous m'apprendre un destin que j'ignore ?

UN AMERICAIN.

En des lieux différens, comme toi mis aux fers,
Conduits en ce Palais par des chemins divers,
Etrangers, inconnus chez ce peuple farouche,
Nous n'avons rien appris de tout ce qui te touche,
Cacique infortuné, digne d'un meilleur sort,
Du moins si nos Tyrans ont résolu ta mort,
Tes amis avec toi, prêts à cesser de vivre,
Sont dignes de t'aimer, & dignes de te suivre.

(a) L'Astronomie, la Géographie, la Géométrie étaient cultivées au Pérou. On traçait des lignes sur des colomnes pour marquer les équinoxes & les solstices.

ZAMORE.

Après l'honneur de vaincre, il n'eſt rien ſous les Cieux
De plus grand en effet qu'un trépas glorieux,
Mais mourir dans l'opprobre & dans l'ignominie,
Mais laiſſer en mourant des fers à ſa patrie,
Périr ſans ſe venger, expirer par les mains
De ces brigands d'Europe, & de ces aſſaſſins,
Qui de ſang enyvrés, de nos tréſors avides,
De ce Monde uſurpé déſolateurs perfides,
Ont oſé me livrer à des tourmens honteux,
Pour m'arracher des biens plus mépriſables qu'eux ;
Entraîner au tombeau des citoyens qu'on aime,
Laiſſer à ces Tyrans la moitié de ſoi-même,
Abandonner Alzire à leur lâche fureur ;
Cette mort eſt affreuſe, & fait frémir d'horreur.

SCENE II.

ALVARES, ZAMORE, Américains.

ALVARES.

Soyez libres, vivez.

ZAMORE.

Ciel ! que viens-je d'entendre ?
Quelle eſt cette vertu que je ne puis comprendre ?
Quel vieillard, ou quel Dieu vient ici m'étonner ?
Tu parais Eſpagnol, & tu ſais pardonner !
Es-tu Roi ? Cette ville eſt-elle en ta puiſſance ?

ALVARES.

Non ; mais je puis au moins protéger l'innocence.

ZAMORE.

Quel eſt donc ton deſtin, vieillard trop généreux ?

ALVARES.
Celui de secourir les mortels malheureux.
ZAMORE.
Eh, qui peut t'inspirer cette auguste clémence ?
ALVARES.
Dieu, ma Religion, & la reconnoissance.
ZAMORE.
Dieu ? ta Religion ? Quoi ces Tyrans cruels,
Monstres désaltérés dans le sang des mortels,
Qui dépeuplent la Terre, & dont la barbarie
En vaste solitude a changé ma patrie,
Dont l'infame avarice est la suprême loi,
Mon pere, ils n'ont donc pas le même Dieu que toi !
ALVARES.
Ils ont le même Dieu, mon fils; mais ils l'outragent;
Nés sous la loi des Saints, dans le crime ils s'engagent.
Ils ont tous abusé de leur nouveau pouvoir;
Tu connais leurs forfaits, mais connai mon devoir.
Le Soleil par deux fois a d'un Tropique à l'autre
Eclairé dans sa marche & ce Monde & le nôtre,
Depuis que l'un des tiens, par un noble secours,
Maître de mon destin, daigna sauver mes jours.
Mon cœur dès ce moment partagea vos misères ;
Tous vos concitoyens sont devenus mes freres ;
Et je mourrais heureux si je pouvais trouver
Ce Héros inconnu qui m'a pu conserver.
ZAMORE.
A ses traits, à son âge, à sa vertu suprême,
C'est lui, n'en doutons point, c'est Alvares lui-même.
Pourrais-tu parmi nous reconnaître le bras
A qui le Ciel permit d'empêcher ton trépas ?
ALVARES.
Que me dit-il ? Approche. O Ciel ! ô Providence !

TRAGEDIE.

C'est lui, voilà l'objet de ma reconnoissance.
Mes yeux, mes tristes yeux affaiblis par les ans,
Hélas ! avez-vous pû le chercher si long-tems ?
Mon bienfaiteur ! mon fils (a), parle, que dois-je faire,
Daigne habiter ces lieux, & je t'y sers de pere.
La mort a respecté ces jours que je te doi,
Pour me donner le tems de m'acquitter vers toi.

ZAMORE.

Mon pere, ah ! si jamais ta Nation cruelle
Avait de tes vertus montré quelque étincelle ?
Croi-moi, cet Univers aujourdhui désolé,
Au-devant de leur joug sans peine aurait volé.
Mais autant que ton ame est bienfaisante & pure,
Autant leur cruauté fait frémir la Nature :
Et j'aime mieux périr que de vivre avec eux.
Tout ce que j'ose attendre, & tout ce que je veux,
C'est de savoir au moins si leur main sanguinaire
Du malheureux Monteze a fini la misère ;
Si le pere d'Alzire ... hélas ! tu vois les pleurs,
Qu'un souvenir trop cher arrache à mes douleurs.

ALVARES.

Ne cache point tes pleurs, cesse de t'en défendre :
C'est de l'humanité la marque la plus tendre.
Malheur aux cœurs ingrats, & nés pour les forfaits,
Que les douleurs d'autrui n'ont attendri jamais !
Appren que ton ami plein de gloire & d'années,
Coule ici près de moi ses douces destinées.

ZAMORE.

Le verrai-je ?

ALVARES.

    Oui ; croi-moi, puisse-t'il aujourdhui
T'engager à penser, à vivre comme lui !

(a) Il l'embrasse.

ZAMORE.

Quoi ! Monteze ! dis-tu ?

ALVARES.

Je veux que de sa bouche
Tu sois instruit ici de tout ce qui le touche,
Du sort qui nous unit, de ces heureux liens,
Qui vont joindre mon peuple à tes concitoyens.
Je vai dire à mon fils, dans l'excès de ma joye,
Ce bonheur inouï que le Ciel nous envoye.
Je te quitte un moment ; mais c'est pour te servir,
Et pour serrer les nœuds qui vont tous nous unir.

※※※※※※※※※※※※※※※※※※※※※※※※※※※※※※※

SCENE III.

ZAMORE, Américains.

ZAMORE.

DEs Cieux enfin sur moi la bonté se déclare;
Je trouve un homme juste en ce séjour barbare.
Alvares est un Dieu, qui parmi ces pervers
Descend pour adoucir les mœurs de l'Univers.
Il a, dit-il, un fils : ce fils sera mon frere;
Qu'il soit digne, s'il peut, d'un si vertueux pere.
O jour ! ô doux espoir à mon cœur éperdu !
Monteze, après trois ans, tu vas m'être rendu.
Alzire, chere Alzire, ô toi que j'ai servie,
Toi pour qui j'ai tout fait, toi l'ame de ma vie,
Serais-tu dans ces lieux ? hélas ! me gardes-tu
Cette fidélité, la premiere vertu ?
Un cœur infortuné n'est point sans défiance...
Mais quel autre vieillard à mes regards s'avance ?

TRAGEDIE.

SCENE IV.
MONTEZE, ZAMORE, Américains.

ZAMORE.

Cher Monteze, est-ce toi que je tiens dans mes bras ?
Revoi ton cher Zamore échappé du trépas,
Qui du sein du tombeau renaît pour te défendre ;
Revoi ton tendre ami, ton allié, ton gendre.
Alzire est-elle ici ? parle, quel est son sort ?
Achève de me rendre ou la vie ou la mort.

MONTEZE.

Cacique malheureux ! sur le bruit de ta perte,
Aux plus tendres regrets notre ame était ouverte.
Nous te redemandions à nos cruels destins,
Autour d'un vain tombeau que t'ont dressé nos mains.
Tu vis ; puisse le Ciel te rendre un sort tranquille !
Puissent tous nos malheurs finir dans cet asyle !
Zamore, ah ! quel dessein t'a conduit en ces lieux ?

ZAMORE.

La soif de me venger, toi, ta fille, & mes Dieux.

MONTEZE.

Que dis-tu ?

ZAMORE.

Souvien-toi du jour épouvantable,
Où ce fier Espagnol, terrible, invulnérable,
Renversa, détruisit, jusqu'en leurs fondemens,
Ces murs que du Soleil ont bâti les enfans ; (a)
GUSMAN était son nom. Le destin qui m'opprime
Ne m'apprit rien de lui que son nom & son crime.

(a) Les Péruviens qui avaient leurs fables comme les peuples de notre Continent, croyaient que leur premier Inca, qui bâtit Cusco, était fils du Soleil.

Ce nom, mon cher Monteze, à mon cœur si fatal,
Du pillage & du meurtre était l'affreux signal.
A ce nom, de mes bras on m'arracha ta fille,
Dans un vil esclavage on traîna ta famille :
On démolit ce Temple, & ces Autels chéris,
Où nos Dieux m'attendaient pour me nommer ton
  fils :
On me traîna vers lui ; dirai-je à quel supplice,
A quels maux me livra sa barbare avarice,
Pour m'arracher ces biens par lui déifiés,
Idoles de son peuple, & que je foule aux pieds !
Je fus laissé mourant au milieu des tortures.
Le tems ne peut jamais affaiblir les injures :
Je viens après trois ans d'assembler des amis,
Dans leur commune haine avec nous affermis :
Ils sont dans nos forêts, & leur foule héroïque
Vient périr sous ces murs, ou venger l'Amérique.

MONTEZE.

Je te plains ; mais hélas ! où vas-tu t'emporter ?
Ne cherche point la mort, qui voulait t'éviter.
Que peuvent tes amis, & leurs armes fragiles,
Des habitans des eaux dépouilles inutiles,
Ces marbres impuissans en sabres façonnés,
Ces soldats presque nuds & mal disciplinés,
Contre ces fiers géans, ces Tyrans de la Terre,
De fer étincelans, armés de leur tonnerre,
Qui s'élancent sur nous, aussi prompts que les vents,
Sur des monstres guerriers pour eux obéissans ?
L'Univers a cédé ; cédons, mon cher Zamore.

ZAMORE.

Moi fléchir, moi ramper, lorsque je vis encore !
Ah ! Monteze, croi-moi, ces foudres, ces éclairs,
Ce fer, dont nos Tyrans sont armés & couverts,
Ces rapides coursiers, qui sous eux font la guerre,
Pouvaient à leur abord épouvanter la Terre.

Je les vois d'un œil fixe, & leur ose insulter ;
Pour les vaincre il suffit de ne rien redouter.
Leur nouveauté, qui seule a fait ce monde esclave,
Subjugue qui la craint, & cede à qui la brave.
L'or, ce poison brillant qui naît dans nos climats,
Attire ici l'Europe, & ne nous défend pas.
Le fer manque à nos mains : les Cieux, pour nous avares,
Ont fait ce don funeste à des mains plus barbares ;
Mais pour venger enfin nos peuples abattus,
Le Ciel, au lieu de fer nous donna des vertus.
Je combats pour Alzire, & je vaincrai pour elle.

MONTEZE.

Le Ciel est contre toi : calme un frivole zéle.
Les tems sont trop changés.

ZAMORE.

Que peux-tu dire, hélas !
Les tems sont-ils changés, si ton cœur ne l'est pas ?
Si ta fille est fidéle à ses vœux, à sa gloire ?
Si Zamore est présent encor à sa mémoire ?
Tu détournes les yeux, tu pleures, tu gémis !

MONTEZE.

Zamore infortuné !

ZAMORE.

Ne suis-je plus ton fils ?
Nos Tyrans ont flétri ton ame magnanime ;
Sur le bord de la tombe ils t'ont appris le crime.

MONTEZE.

Je ne suis point coupable, & tous ces Conquérans,
Ainsi que tu le crois, ne sont point des Tyrans.
Il en est que le Ciel guida dans cet Empire,
Moins pour nous conquérir qu'afin de nous instruire ;
Qui nous ont apporté de nouvelles vertus,
Des secrets immortels, & des Arts inconnus,
La science de l'homme, un grand exemple à suivre,

Enfin, l'art d'être heureux, de penser & de vivre.

ZAMORE.

Que dis-tu ? quelle horreur ta bouche ose avouer ?
Alzire est leur esclave, & tu peux les louer !

MONTEZE.

Elle n'est point esclave.

ZAMORE.

Ah ! Monteze ! ah ! mon pere !
Pardonne à mes malheurs, pardonne à ma colere ;
Songe qu'elle est à moi par des nœuds éternels :
Oui, tu me l'as promise aux pieds des immortels ;
Ils ont reçu sa foi, son cœur n'est point parjure.

MONTEZE.

N'atteste point ces Dieux, enfans de l'imposture,
Ces fantômes affreux, que je ne connais plus ;
Sous le Dieu que j'adore ils sont tous abattus.

ZAMORE.

Quoi, ta Religion ? quoi, la loi de nos peres ?

MONTEZE.

J'ai connu son néant, j'ai quitté ses chiméres.
Puisse le Dieu des Dieux, dans ce monde ignoré,
Manifester son être à ton cœur éclairé ?
Puisses-tu mieux connaître, ô malheureux Zamore !
Les vertus de l'Europe, & le Dieu qu'elle adore !

ZAMORE.

Quelles vertus ! cruel ! les Tyrans de ces lieux
T'ont fait esclave en tout, t'ont arraché tes Dieux ?
Tu les as donc trahis pour trahir ta promesse ?
Alzire a-t-elle encor imité ta faiblesse ?
Garde-toi...

MONTEZE.

Va, mon cœur ne se reproche rien ;
Je dois bénir mon sort, & pleurer sur le tien.

ZAMORE.

Si tu trahis ta foi, tu dois pleurer sans doute.

Prens

TRAGEDIE.

Pren pitié des tourmens que ton crime me coûte ;
Pren pitié de ce cœur enyvré tour à tour
De zèle pour mes Dieux, de vengeance & d'amour.
Je cherche ici Gufman, j'y vole pour Alzire ;
Vien, condui-moi vers elle, & qu'à ses pieds
    j'expire.
Ne me dérobe point le bonheur de la voir ;
Crain de porter Zamore au dernier désespoir ;
Reprens un cœur humain, que ta vertu bannie...

SCENE V.
MONTEZE, ZAMORE, Gardes.

UN GARDE à *Monteze*.

Seigneur, on vous attend pour la cérémonie.

MONTEZE.

Je vous suis.

ZAMORE.

    Ah ! cruel, je ne te quitte pas.
Quelle est donc cette pompe où s'adressent tes pas ?
Monteze...

MONTEZE.

    Adieu ; croi-moi, fui de ce lieu funeste.

ZAMORE.

Dût m'accabler ici la colère céleste,
Je te suivrai.

MONTEZE.

    Pardonne à mes soins paternels.

Aux Gardes.

Gardes, empêchez-les de me suivre aux Autels.
Des Payens, élevés dans des loix étrangères,
Pourraient de nos Chrétiens profaner les mystères :
Il ne m'appartient pas de vous donner des loix,
Mais Gusman vous l'ordonne, & parle par ma voix.

SCENE VI.

ZAMORE, Américains.

ZAMORE.

Qu'ai-je entendu ? Gufman ! ô trahifon ! ô rage !
Ô comble des forfaits ! lâche & dernier outrage !
Il fervirait Gufman ! l'ai-je bien entendu ?
Dans l'Univers entier n'eft-il plus de vertu ?
Alzire, Alzire auffi fera-t'elle coupable ?
Aura-t'elle fuccé ce poifon déteftable,
Apporté parmi nous par ces perfécuteurs,
Qui pourfuivent nos jours & corrompent nos mœurs ?
Gufman eft donc ici ? que réfoudre & que faire ?

UN AMERICAIN.

J'ofe ici te donner un confeil falutaire,
Celui qui t'a fauvé, ce vieillard vertueux,
Bientôt avec fon fils va paraître à tes yeux.
Aux portes de la ville obtien qu'on nous conduife,
Sortons, allons tenter notre illuftre entreprife :
Allons tout préparer contre nos ennemis,
Et fur-tout n'épargnons qu'Alvarès & fon fils.
J'ai vû de ces remparts l'étrangère ftructure,
Cet art nouveau pour nous, vainqueur de la Nature,
Ces angles, ces foffés, ces hardis boulevarts,
Ces tonnerres d'airain grondans fur les remparts,
Ces piéges de la guerre, où la mort fe préfente,
Tout étonnans qu'ils font, n'ont rien qui m'épou-
    vante.
Hélas ! nos citoyens enchaînés en ces lieux
Servent à cimenter cet afyle odieux ;
Ils dreffent d'une main dans les fers avilie,
Ce fiége de l'orgueil & de la tyrannie.

Mais, croi-moi, dans l'inſtant qu'ils verront leurs vengeurs,
Leurs mains vont ſe lever ſur leurs perſécuteurs ;
Eux même ils détruiront cet effroyable ouvrage,
Inſtrument de leur honte & de leur eſclavage.
Nos ſoldats, nos amis, dans ces foſſés ſanglans,
Vont te faire un chemin ſur leurs corps expirans.
Partons, & revenons, ſur ces coupables têtes
Tourner ces traits de feu, ce fer & ces tempêtes,
Ce ſalpêtre enflammé, qui d'abord à nos yeux
Parut un feu ſacré, lancé des mains des Dieux.
Connaiſſons, renverſons cette horrible puiſſance,
Que l'orgueil trop long-tems fonda ſur l'ignorance.

ZAMORE.

Illuſtres malheureux, que j'aime à voir vos cœurs
Embraſſer mes deſſeins, & ſentir mes fureurs !
Puiſſions-nous de Guſman punir la barbarie !
Que ſon ſang ſatisfaſſe au ſang de ma patrie !
Triſte Divinité des mortels offenſés,
Vengeance, arme nos mains, qu'il meure, & c'eſt aſſez,
Qu'il meure ... mais hélas ! plus malheureux que braves,
Nous parlons de punir & nous ſommes eſclaves.
De notre ſort affreux le joug s'appeſantit.
Alvarès diſparaît, Monteze nous trahit.
Ce que j'aime eſt peut-être en des mains que j'abhorre;
Je n'ai d'autre douceur que d'en douter encore.
Mes amis, quels accens rempliſſent ce ſéjour ?
Ces flambeaux allumés ont redoublé le jour.
J'entens l'airain tonnant de ce peuple barbare ;
Quelle fête, ou quel crime eſt-ce donc qu'il prépare?
Voyons ſi de ces lieux on peut au moins ſortir,
Si je puis vous ſauver, ou s'il nous faut périr.

Fin du ſecond Acte.

ACTE III.

SCENE I.

ALZIRE seule.

Manes de mon amant, j'ai donc trahi ma foi!
C'en est fait, & Gusman regne à jamais sur moi!
L'Océan, qui s'élève entre nos Hémisphères,
A donc mis entre nous d'impuissantes barrières;
Je suis à lui, l'Autel a donc reçu nos vœux,
Et déja nos sermens sont écrits dans les Cieux !
O toi, qui me poursuis, ombre chère & sanglante,
A mes sens désolés ombre à jamais présente,
Cher amant, si mes pleurs, mon trouble, mes remords,
Peuvent percer ta tombe, & passer chez les morts ;
Si le pouvoir d'un Dieu fait survivre à sa cendre
Cet esprit d'un Héros, ce cœur fidèle & tendre,
Cette ame qui m'aima jusqu'au dernier soupir,
Pardonne à cet hymen où j'ai pu consentir.
Il fallait m'immoler aux volontés d'un pere,
Au bien de mes sujets, dont je me sens la mere,
A tant de malheureux, aux larmes des vaincus,
Au soin de l'Univers, hélas ! où tu n'es plus.
Zamore, laisse en paix mon ame déchirée
Suivre l'affreux devoir où les Cieux m'ont livrée ;
Souffre un joug imposé par la nécessité ;
Permets ces nœuds cruels, ils m'ont assez couté.

SCENE II.
ALZIRE, EMIRE.

ALZIRE.

EH bien ! veut-on toujours ravir à ma préſence
Les habitans des lieux ſi chers à mon enfance ?
Ne puis-je voir enfin ces captifs malheureux,
Et goûter la douceur de pleurer avec eux ?

EMIRE.

Ah ! plûtôt de Guſman redoutez la furie,
Craignez pour ces captifs, tremblez pour la patrie.
On nous menace, on dit qu'à notre Nation
Ce jour ſera le jour de la deſtruction.
On déploye aujourdhui l'étendart de la guerre ;
On allume ces feux enfermés dans la Terre ;
On aſſemblait déja le ſanglant Tribunal ;
Monteze eſt appellé dans ce Conſeil fatal ;
C'eſt tout ce que j'ai ſû.

ALZIRE.

Ciel, qui m'avez trompée !
De quel étonnement je demeure frappée !
Quoi ! preſqu'entre mes bras, & du pied de l'Autel,
Guſman contre les miens lève ſon bras cruel ?
Quoi ! j'ai fait le ſerment du malheur de ma vie !
Serment, qui pour jamais m'avez aſſujettie !
Hymen, cruel hymen ! ſous quel aſtre odieux
Mon pere a-t'il formé tes redoutables nœuds ?

SCENE III.

ALZIRE, EMIRE, CEPHANE.

CEPHANE.

Madame, un des captifs, qui dans cette journée
N'ont dû leur liberté qu'à ce grand hyménée,
A vos pieds en secret demande à se jetter.

ALZIRE.

Ah ! qu'avec assurance il peut se présenter !
Sur lui, sur ses amis, mon ame est attendrie :
Ils sont chers à mes yeux ; j'aime en eux la patrie.
Mais quoi ! faut-il qu'un seul demande à me parler ?

CEPHANE.

Il a quelques secrets qu'il veut vous révéler.
C'est ce même guerrier, dont la main tutelaire
De Gusman votre époux sauva, dit-on, le pere.

EMIRE.

Il vous cherchait, Madame, & Monteze en ces lieux
Par des ordres secrets le cachait à vos yeux.
Dans un sombre chagrin son ame enveloppée,
Semblait d'un grand dessein profondément frappée.

CEPHANE.

On lisait sur son front le trouble & les douleurs.
Il vous nommait, Madame, & répandait des pleurs;
Et l'on connait assez, par ses plaintes secretes,
Qu'il ignore, & le rang, & l'éclat où vous êtes.

ALZIRE.

Quel éclat, chere Emire, & quel indigne rang !
Ce Héros malheureux peut-être est de mon sang;
De ma famille au moins il a vû la puissance;
Peut-être de Zamore il avait connaissance.

TRAGEDIE.

Qui sait, si de sa perte il ne fut pas témoin ?
Il vient pour m'en parler : ah quel funeste soin !
Sa voix redoublera les tourmens que j'endure ;
Il va percer mon cœur, & rouvrir ma blessure.
Mais n'importe, qu'il vienne. Un mouvement confus
S'empare malgré moi de mes sens éperdus.
Hélas ! dans ce Palais arrosé de mes larmes,
Je n'ai point encor eu de moment sans allarmes.

SCENE IV.
ALZIRE, ZAMORE, EMIRE.

ZAMORE.

M'Est-elle enfin rendue ? Est-ce elle que je vois ?

ALZIRE.

Ciel ! tels étaient ses traits, sa démarche, sa voix.
Elle tombe entre les bras de sa confidente.
Zamore... Je succombe ; à peine je respire.

ZAMORE.

Reconnai ton amant.

ALZIRE.

Zamore aux pieds d'Alzire !
Est-ce une illusion ?

ZAMORE.

Non ; je revis pour toi ;
Je reclame à tes pieds tes sermens & ta foi.
O moitié de moi-même ! Idole de mon ame !
Toi qu'un amour si tendre assurait à ma flâme ;
Qu'as-tu fait des saints nœuds qui nous ont enchainés ?

ALZIRE.

O jours ! O doux momens d'horreur empoisonnés !
Cher & fatal objet de douleur & de joye !
Ah ! Zamore, en quel tems faut-il que je te voye ?

K 4

Chaque mot dans mon cœur enfonce le poignard.

ZAMORE.

Tu gémis & me vois !

ALZIRE.

Je t'ai revu trop tard.

ZAMORE.

Le bruit de mon trépas a dû remplir le monde.
J'ai traîné loin de toi ma course vagabonde ;
Depuis que ces brigands t'arrachant à mes bras,
M'enlevèrent mes Dieux, mon Throne & tes appas.
Sais-tu que ce Gusman, ce destructeur sauvage,
Par des tourmens sans nombre éprouva mon courage?
Sais-tu que ton amant, à ton lit destiné,
Chère Alzire, aux bourreaux se vit abandonné ?
Tu frémis. Tu ressens le courroux qui m'enflâme.
L'horreur de cette injure a passé dans ton ame.
Un Dieu sans doute, un Dieu, qui préside à l'amour,
Dans le sein du trépas me conserva le jour.
Tu n'as point démenti ce grand Dieu qui me guide,
Tu n'es point devenuë Espagnole & perfide.
On dit que ce Gusman respire dans ces lieux ;
Je venais t'arracher à ce monstre odieux.
Tu m'aimes : vengeons-nous ; livre-moi la victime.

ALZIRE.

Oui, tu dois te venger, tu dois punir le crime ;
Frappe.

ZAMORE.

Que me dis-tu ? Quoi, tes vœux ! Quoi, ta foi !

ALZIRE.

Frappe ; je suis indigne & du jour & de toi.

ZAMORE.

Ah Monteze ! ah cruel ! mon cœur n'a pu te croire.

ALZIRE.

A-t'il osé t'apprendre une action si noire ?
Sais-tu pour quel époux j'ai pu t'abandonner ?

TRAGEDIE.

ZAMORE.

Non, mais parle, aujourdhui rien ne peut m'étonner.

ALZIRE.

Eh bien ! voi donc l'abîme où le sort nous engage:
Voi le comble du crime, ainsi que de l'outrage.

ZAMORE.

Alzire !

ALZIRE.

Ce Gusman...

ZAMORE.

Grand Dieu !

ALZIRE.

Ton assassin,
Vient en ce même instant de recevoir ma main.

ZAMORE.

Lui ?

ALZIRE.

Mon pere, Alvarès, ont trompé ma jeunesse.
Ils ont à cet hymen entraîné ma faiblesse.
Ta criminelle amante, aux Autels des Chrétiens,
Vient presque sous tes yeux de former ces liens.
J'ai tout quitté, mes Dieux, mon amant, ma patrie :
Au nom de tous les trois, arrache-moi la vie.
Voilà mon cœur, il vole au-devant de tes coups.

ZAMORE.

Alzire, est-il bien vrai ? Gusman est ton époux !

ALZIRE.

Je pourrais t'alléguer, pour affaiblir mon crime,
De mon pere sur moi le pouvoir légitime ;
L'erreur où nous étions, mes regrets, mes combats,
Les pleurs que j'ai trois ans donnés à ton trépas :
Que des Chrétiens vainqueurs esclave infortunée,
La douleur de ta perte à leur Dieu m'a donnée :

Que je t'aimai toujours, que mon cœur éperdu
A détesté tes Dieux, qui t'ont mal défendu.
Mais je ne cherche point, je ne veux point d'excuse,
Il n'en est point pour moi, lorsque l'amour m'accuse.
Tu vis, il me suffit. Je t'ai manqué de foi ;
Tranche mes jours affreux, qui ne sont plus pour
    toi.
Quoi ! tu ne me vois point d'un œil impitoyable ?
ZAMORE.
Non, si je suis aimé, non, tu n'es point coupable :
Puis-je encor me flater de régner dans ton cœur ?
ALZIRE.
Quand Monteze, Alvarès, peut-être un Dieu ven-
    geur,
Nos Chrétiens, ma faiblesse, au Temple m'ont
    conduite,
Sûre de ton trépas, à cet hymen réduite,
Enchaînée à Gusman, par des nœuds éternels,
J'adorais ta mémoire au pied de nos Autels.
Nos Peuples, nos Tyrans, tous ont sû que je t'aime ;
Je l'ai dit à la Terre, au Ciel, à Gusman même ;
Et dans l'affreux moment, Zamore, où je te vois,
Je te le dis encor pour la dernière fois.
ZAMORE.
Pour la dernière fois Zamore t'aurait vûë !
Tu me serais ravie aussi-tôt que renduë !
Ah ! si l'Amour encor te parlait aujourdhui !...
ALZIRE.
O Ciel ! c'est Gusman même, & son pere avec lui.

SCENE V.
ALVARES, GUSMAN, ZAMORE ALZIRE, Suite.

ALVARES à son fils.

Tu vois mon bienfaiteur, il est auprès d'Alzire.
A Zamore.
O toi! jeune Héros, toi par qui je respire,
Viens, ajoute à ma joie, en cet auguste jour,
Viens avec mon cher fils partager mon amour.

ZAMORE.
Qu'entens-je ? lui, Gusman ! lui, ton fils, ce barbare ?

ALZIRE.
Ciel ! détourne les coups que ce moment prépare.

ALVARES.
Dans quel étonnement ...

ZAMORE.
    Quoi ! le Ciel a permis
Que ce vertueux pere eût cet indigne fils ?

GUSMAN à *Zamore.*
Esclave, d'où te vient cette aveugle furie ?
Sais-tu bien qui je suis ?

ZAMORE.
    Horreur de ma patrie !
Parmi les malheureux, que ton pouvoir a faits,
Connais-tu bien Zamore, & vois-tu tes forfaits ?

GUSMAN.
Toi !

ALVARES.
Zamore !

ALZIRE,

ZAMORE.

Oui, lui même, à qui ta barbarie
Voulut ôter l'honneur & crut ôter la vie ;
Lui que tu fis languir dans des tourmens honteux,
Lui dont l'aspect ici te fait baisser les yeux.
Ravisseur de nos biens, Tyran de notre Empire,
Tu viens de m'arracher le seul bien où j'aspire.
Achève, & de ce fer, *Trésor* de tes climats,
Prévien mon bras vengeur, & prévien ton trépas.
La main, la même main, qui t'a rendu ton pere,
Dans ton sang odieux pourrait venger la Terre ; (*a*)
Et j'aurais les mortels & les Dieux pour amis,
En reverant le père, & punissant le fils.

ALVARES à *Gusman.*

De ce discours, ô Ciel, que je me sens confondre !
Vous sentez-vous coupable, & pouvez-vous répondre ?

GUSMAN.

Répondre à ce rebelle, & daigner m'avilir,
Jusqu'à le refuter, quand je le dois punir !
Son juste châtiment, que lui-même il prononce,
Sans mon respect pour vous eût été ma réponse.

A *Alzire.*

Madame, votre cœur doit vous instruire assez,
A quel point en secret ici vous m'offensez ;
Vous, qui, sinon pour moi, du moins pour votre gloire,
Deviez de cet esclave étouffer la mémoire ;
Vous, dont les pleurs encor outragent votre époux;

(*a*) *Pere* doit rimer avec *Terre*, parce qu'on les prononce tous deux de même. C'est aux oreilles & non pas aux yeux qu'il faut rimer. Cela est si vrai, que le mot *Paon* n'a jamais rimé avec *Phaon*, quoique l'orthographe soit la même ; & le mot *encore* rime très-bien avec *abhorre*, quoiqu'il n'y ait qu'un *r* à l'un, & qu'il y ait deux *rr* à l'autre. La Poësie est faite pour l'oreille, un usage contraire ne serait qu'une pédanterie ridicule & déraisonnable.

TRAGEDIE.

Vous que j'aimais assez pour en être jaloux.
ALZIRE.
A Gusman.   A Alvares.
Cruel! Et vous, Seigneur! mon Protecteur, son
   père :
      A Zamore.
Toi! jadis mon espoir en un tems plus prospère,
Voyez le joug horrible où mon sort est lié,
Et frémissez tous trois d'horreur & de pitié.
   En montrant Zamore.
Voici l'amant, l'époux, que me choisit mon père,
Avant que je connusse un nouvel Hémisphère,
Avant que de l'Europe on nous portât des fers.
Le bruit de son trépas perdit cet Univers.
Je vis tomber l'Empire où régnaient mes ancêtres;
Tout changea sur la Terre, & je connus des Maîtres.
Mon père infortuné, plein d'ennuis & de jours,
Au Dieu que vous servez eut à la fin recours :
C'est ce Dieu des Chrétiens, que devant vous j'at-
   teste;
Ses Autels sont témoins de mon hymen funeste;
C'est aux pieds de ce Dieu qu'un horrible serment
Me donne au meurtrier qui m'ôta mon amant.
Je connais mal peut-être une Loi si nouvelle;
Mais j'en crois ma vertu qui parle aussi haut qu'elle.
Zamore, tu m'es cher, je t'aime, je le doi;
Mais après mes sermens je ne puis être à toi.
Toi, Gusman, dont je suis l'épouse & la victime,
Je ne suis point à toi, cruel, après ton crime.
Qui des deux osera se venger aujourdhui;
Qui percera ce cœur que l'on arrache à lui ?
Toujours infortunée, & toûjours criminelle,
Perfide envers Zamore, à Gusman infidelle,
Qui me délivrera, par un trépas heureux,
De la nécessité de vous trahir tous deux ?

ALZIRE,

Gusman, du sang des miens ta main déja rougie,
Frémira moins qu'une autre à m'arracher la vie.
De l'hymen, de l'amour il faut venger les droits ;
Punis une coupable, & sois juste une fois.

GUSMAN.

Ainsi vous abusez d'un reste d'indulgence,
Que ma bonté trahie oppose à votre offense :
Mais vous le demandez, & je vai vous punir ;
Votre supplice est prêt, mon rival va périr.
Holà, soldats.

ALZIRE.

Cruel !

ALVARES.

Mon fils, qu'allez-vous faire ?
Respectez ses bienfaits, respectez sa misere.
Quel est l'état horrible, ô Ciel, où je me vois !
L'un tient de moi la vie, à l'autre je la dois !
Ah mes fils ! de ce nom ressentez la tendresse ;
D'un pere infortuné regardez la vieillesse,
Et du moins ...

✼✼✼✼✼✼✼✼✼✼✼✼✼✼✼✼✼✼✼✼✼✼✼✼✼✼✼✼

SCENE VI.

ALVARES, GUSMAN, ALZIRE, ZAMORE, DON ALONZE,
Officier Espagnol.

ALONZE.

Paraissez, Seigneur, & commandez ;
D'armes & d'ennemis ces champs sont inondés :
Ils marchent vers ces murs, & le nom de Zamore
Est le cri menaçant qui les rassemble encore.

TRAGEDIE.

Ce nom sacré pour eux se mêle dans les airs,
A ce bruit belliqueux des barbares concerts.
Sous leurs boucliers d'or les campagnes mugissent ;
De leurs cris redoublés les échos retentissent ;
En bataillons serrés ils mesurent leurs pas,
Dans un ordre nouveau qu'ils ne connaissaient pas ;
Et ce peuple autrefois, vil fardeau de la Terre,
Semble apprendre de nous le grand art de la guerre.

GUSMAN.

Allons, à leurs regards il faut donc se montrer.
Dans la poudre à l'instant vous les verrez rentrer.
Héros de la Castille, enfans de la victoire,
Ce monde est fait pour vous, vous l'êtes pour la gloire,
Eux pour porter vos fers, vous craindre & vous servir.

ZAMORE.

Mortel égal à moi, nous faits pour obéir ?

GUSMAN.

Qu'on l'entraîne.

ZAMORE.

Oses-tu ? tyran de l'innocence,
Oses-tu me punir d'une juste défense ?

Aux Espagnols qui l'entourent.

Etes-vous donc des Dieux qu'un ne puisse attaquer ?
Et teints de notre sang, faut-il vous invoquer ?

GUSMAN.

Obéissez.

ALZIRE.

Seigneur !

ALVARES.

Dans ton courroux sévère,
Songe au moins, mon cher fils, qu'il a sauvé ton père.

GUSMAN.

Seigneur, je songe à vaincre, & je l'appris de vous ;
J'y vole, adieu.

SCENE VII.
ALVARES, ALZIRE.

ALZIRE *se jettant à genoux.*

Seigneur, j'embrasse vos genoux,
C'est à votre vertu que je rens cet hommage,
Le premier où le sort abaissa mon courage.
Vengez, Seigneur, vengez, sur ce cœur affligé,
L'honneur de votre fils par sa femme outragé.
Mais à mes premiers nœuds mon ame était unie ;
Hélas ! peut-on deux fois se donner dans sa vie ?
Zamore était à moi, Zamore eut mon amour :
Zamore est vertueux ; vous lui dévez le jour.
Pardonnez... je succombe à ma douleur mortelle.

ALVARES.

Je conserve pour toi ma bonté paternelle.
Je plains Zamore & toi ; je serai ton appui :
Mais songe au nœud sacré qui t'attache aujourdhui.
Ne porte point l'horreur au sein de ma famille :
Non, tu n'es plus à toi ; sois mon sang, sois ma fille.
Gusman fut inhumain, je le sai, j'en frémis ;
Mais il est ton époux, il t'aime, il est mon fils ;
Son ame à la pitié se peut ouvrir encore.

ALZIRE.

Hélas, que n'êtes-vous le pere de Zamore !

Fin du troisieme Acte.

ACTE IV.

SCENE I.
ALVARES, GUSMAN.

ALVARES.

MEritez donc, mon fils, un si grand avantage.
Vous avez triomphé du nombre & du courage;
Et de tous les vengeurs de ce triste Univers,
Une moitié n'est plus, & l'autre est dans vos fers.
Ah ! n'ensanglantez point le prix de la victoire,
Mon fils, que la clémence ajoute à votre gloire.
Je vai sur les vaincus étendant mes secours,
Consoler leur misère, & veiller sur leurs jours.
Vous, songez cependant qu'un père vous implore;
Soyez homme & Chrétien, pardonnez à Zamore.
Ne pourrai-je adoucir vos infléxibles mœurs ?
Et n'apprendrez-vous point à conquérir des cœurs ?

GUSMAN.

Ah ! vous percez le mien. Demandez-moi ma vie :
Mais laissez un champ libre à ma juste furie :
Ménagez le courroux de mon cœur opprimé.
Comment lui pardonner ? le barbare est aimé.

ALVARES.

Il en est plus à plaindre.

GUSMAN.
            A plaindre ! lui, mon pere ?
Ah ! qu'on me plaigne ainſi, la mort me ſera chère.
        ALVARES.
Quoi, vous joignez encor à cet ardent courroux
La fureur des ſoupçons, ce tourment des jaloux ?
        GUSMAN.
Et vous condamneriez juſqu'à ma jalouſie ?
Quoi ! ce juſte tranſport dont mon ame eſt ſaiſie,
Ce triſte ſentiment plein de honte & d'horreur,
Si légitime en moi, trouve en vous un cenſeur !
Vous voyez ſans pitié ma douleur effrenée !
        ALVARES.
Mêlez moins d'amertume à votre deſtinée ;
Alzire a des vertus, & loin de les aigrir,
Par des dehors plus doux vous devez l'attendrir.
Son cœur de ces climats conſerve la rudeſſe ;
Il réſiſte à la force, il céde à la ſoupleſſe,
Et la douceur peut tout ſur notre volonté.
        GUSMAN.
Moi que je flate encor l'orgueil de ſa beauté ?
Que ſous un front ſerein déguiſant mon outrage,
A de nouveaux mépris ma bonté l'encourage ?
Ne devriez-vous pas, de mon honneur jaloux,
Au lieu de le blâmer, partager mon courroux ?
J'ai déja trop rougi d'épouſer une eſclave,
Qui m'oſe dédaigner, qui me hait, qui me brave,
Dont un autre à mes yeux poſſède encor le cœur,
Et que j'aime, en un mot, pour comble de malheur.
        ALVARES.
Ne vous repentez point d'un amour légitime :
Mais ſachez le régler ; tout excès mène au crime.
Promettez moi du moins de ne décider rien,
Avant de m'accorder un ſecond entretien.

TRAGEDIE.

GUSMAN.
Eh ! que pourrait un fils refuser à son pere ?
Je veux bien pour un tems suspendre ma colère ;
N'en exigez pas plus de mon cœur outragé.

ALVARES.
Je ne veux que du tems. *Il sort.*

GUSMAN *seul*.
Quoi n'être point vengé ?
Aimer, me repentir, être réduit encore
A l'horreur d'envier le destin de Zamore,
D'un de ces vils mortels en Europe ignorés,
Qu'à peine du nom d'homme on aurait honorés !
Que vois-je ! Alzire ! ô Ciel ! ...

SCENE II.
GUSMAN, ALZIRE, EMIRE.

ALZIRE.

C'est moi , c'est ton épouse ;
C'est ce fatal objet de ta fureur jalouse,
Qui n'a pû te chérir, qui t'a dû révérer,
Qui te plaint, qui t'outrage, & qui vient t'implorer;
Je n'ai rien déguisé. Soit grandeur, soit faiblesse,
Ma bouche a fait l'aveu qu'un autre a ma tendresse :
Et ma sincérité, trop funeste vertu,
Si mon amant périt, est ce qui l'a perdu.
Je vai plus t'étonner : ton épouse a l'audace
De s'adresser à toi pour demander sa grace.
J'ai cru que Don Gusman, tout fier, tout rigoureux,
Tout terrible qu'il est, doit être généreux.
J'ai pensé qu'un guerrier, jaloux de sa puissance,
Peut mettre l'orgueil même à pardonner l'offense ;

Une telle vertu séduirait plus nos cœurs,
Que tout l'or de ces lieux n'éblouït nos vainqueurs.
Par ce grand changement dans ton ame inhumaine,
Par un effort si beau tu vas changer la mienne,
Tu t'assures ma foi, mon respect, mon retour,
Tous mes vœux (s'il en est qui tiennent lieu d'amour.)
Pardonne... je m'égare... éprouve mon courage.
Peut-être une Espagnole eût promis davantage ;
Elle eût pu prodiguer les charmes de ses pleurs ;
Je n'ai point leurs attraits, & je n'ai point leurs mœurs.
Ce cœur simple & formé des mains de la Nature,
En voulant t'adoucir redouble ton injure :
Mais enfin c'est à toi d'essayer désormais
Sur ce cœur indompté la force des bienfaits.

GUSMAN.

Eh bien ! si les vertus peuvent tant sur votre ame,
Pour en suivre les loix, connaissez-les, Madame.
Etudiez nos mœurs, avant de les blâmer.
Ces mœurs sont vos devoirs ; il faut s'y conformer.
Sachez que le premier est d'étouffer l'idée
Dont votre ame à mes yeux est encor possédée ;
De vous respecter plus, & de n'oser jamais
Me prononcer le nom d'un rival que je hais ;
D'en rougir la première, & d'attendre en silence
Ce que doit d'un Barbare ordonner ma vengeance.
Sachez que votre époux, qu'ont outragé vos feux,
S'il peut vous pardonner, est assez généreux.
Plus que vous ne pensez je porte un cœur sensible,
Et ce n'est pas à vous à me croire inflexible.

SCENE III.
ALZIRE, EMIRE.

EMIRE.

Vous voyez qu'il vous aime, on pourrait l'attendrir.

ALZIRE.

S'il m'aime, il est jaloux ; Zamore va périr :
J'assassinais Zamore en demandant sa vie.
Ah ! je l'avais prévu. M'auras-tu mieux servie ?
Pourras-tu le sauver ? Vivra-t'il loin de moi ?
Du soldat qui le garde as-tu tenté la foi ?

EMIRE.

L'or qui les séduit tous vient d'éblouir sa vuë.
Sa foi, n'en doutez point, sa main vous est venduë.

ALZIRE.

Ainsi, graces aux Cieux, ces métaux détestés
Ne servent pas toujours à nos calamités.
Ah ! ne perds point de tems : tu balances encore !

EMIRE.

Mais aurait-on juré la perte de Zamore ?
Alvarès aurait-il assez peu de crédit ?
Et le Conseil enfin . . .

ALZIRE.

Je crains tout : il suffit.
Tu vois de ces Tyrans la fureur despotique,
Ils pensent que pour eux le Ciel fit l'Amérique,
Qu'ils en sont nés les Rois ; & Zamore à leurs yeux,
Tout Souverain qu'il fût, n'est qu'un séditieux.
Conseil de meurtriers ! Gusman ! peuple barbare !
Je préviendrai les coups que votre main prépare.
Ce soldat ne vient point ; qu'il tarde à m'obéir !

EMIRE.

Madame, avec Zamore il va bientôt venir ;
Il court à la prison. Déja la nuit plus sombre
Couvre ce grand dessein du secret de son ombre.
Fatigués de carnage & de sang enyvrés,
Les Tyrans de la Terre au sommeil sont livrés.

ALZIRE.

Allons que ce soldat nous conduise à la porte :
Qu'on ouvre la prison, que l'innocence en sorte.

EMIRE.

Il vous prévient déja ; Céphane le conduit :
Mais si l'on vous rencontre en cette obscure nuit,
Votre gloire est perduë, & cette honte extrême...

ALZIRE.

Va, la honte serait de trahir ce que j'aime.
Cet honneur étranger, parmi nous inconnu,
N'est qu'un fantôme vain qu'on prend pour la vertu ;
C'est l'amour de la gloire, & non de la justice,
La crainte du reproche, & non celle du vice.
Je fus instruite, Emire, en ce grossier climat,
A suivre la vertu sans en chercher l'éclat.
L'honneur est dans mon cœur : & c'est lui qui m'ordonne
De sauver un Héros que le Ciel abandonne.

SCENE IV.

ALZIRE, ZAMORE, EMIRE, un Soldat.

ALZIRE.

Tout est perdu pour toi ; tes Tyrans sont vainqueurs.
Ton supplice est tout prêt : si tu ne fuis, tu meurs.
Pars, ne perds point de tems ; pren ce soldat pour guide.

Trompons des meurtriers l'espérance homicide ;
Tu vois mon désespoir, & mon saisissement.
C'est à toi d'épargner la mort à mon amant,
Un crime à mon époux, & des larmes au monde.
L'Amérique t'appelle, & la nuit te seconde ;
Pren pitié de ton sort, & laisse-moi le mien.

ZAMORE.

Esclave d'un Barbare, épouse d'un Chrétien,
Toi qui m'as tant aimé, tu m'ordonnes de vivre !
Eh bien, j'obéirai : mais oses-tu me suivre ?
Sans Throne, sans secours, au comble du malheur,
Je n'ai plus à t'offrir qu'un désert & mon cœur.
Autrefois à tes pieds j'ai mis un Diadême.

ALZIRE.

Ah ! qu'était-il sans toi ? qu'ai-je aimé que toi-même !
Et qu'est-ce auprès de toi que ce vil Univers ?
Mon ame va te suivre au fond de tes déserts.
Je vai seule en ces lieux, où l'horreur me consume,
Languir dans les regrets, sécher dans l'amertume,
Mourir dans le remords d'avoir trahi ma foi,
D'être au pouvoir d'un autre, & de brûler pour toi.
Pars, emporte avec toi mon bonheur & ma vie ;
Laisse-moi les horreurs du devoir qui me lie.
J'ai mon amant ensemble & ma gloire à sauver.
Tous deux me sont sacrés ; je les veux conserver.

ZAMORE.

Ta gloire ! Quelle est donc cette gloire inconnuë ?
Quel fantôme d'Europe a fasciné ta vuë ?
Quoi, ces affreux sermens, qu'on vient de te dicter,
Quoi ! ce Temple Chrétien, que tu dois détester,
Ce Dieu, ce destructeur des Dieux de mes ancêtres,
T'arrachent à Zamore, & te donnent des Maîtres ?

ALZIRE.

J'ai promis ; il suffit : il n'importe à quel Dieu.

L 4

ZAMORE.

Ta promeſſe eſt un crime ; elle eſt ma perte ; adieu.
Périſſent tes ſermeus, & le Dieu que j'abhorre!

ALZIRE.

Arrête. Quels adieux! Arrête, cher Zamore!

ZAMORE.

Guſman eſt ton époux!

ALZIRE.

Plain-moi, ſans m'outrager.

ZAMORE.

Songe à nos premiers nœuds.

ALZIRE.

Je ſonge à ton danger.

ZAMORE.

Non, tu trahis, cruelle, un feu ſi légitime.

ALZIRE.

Non, je t'aime à jamais : & c'eſt un nouveau crime.
Laiſſe-moi mourir ſeule : ôte-toi de ces lieux.
Quel déſeſpoir horrible étincelle en tes yeux?
Zamore...

ZAMORE.

C'en eſt fait.

ALZIRE.

Où vas-tu?

ZAMORE.

Mon courage
De cette liberté va faire un digne uſage.

ALZIRE.

Tu n'en ſaurais douter, je péris ſi tu meurs.

ZAMORE.

Peux-tu mêler l'amour à ces momens d'horreurs ?
Laiſſe-moi, l'heure fuit, le jour vient, le tems
    preſſe :
Soldat, guide mes pas.

SCENE V.
ALZIRE, EMIRE.

ALZIRE.

JE succombe, il me laisse;
Il part, que va-t'il faire ? O moment plein d'effroi !
Gusman ! Quoi c'est donc lui que j'ai quitté pour toi !
Emire, sui ses pas, vole, & revien m'instruire,
S'il est en sureté, s'il faut que je respire.
Va voir si ce soldat nous sert ou nous trahit.

(*Emire sort.*)

Un noir pressentiment m'afflige & me saisit ;
Ce jour, ce jour pour moi ne peut être qu'horrible.
O toi ! Dieu des Chrétiens, Dieu vainqueur & terrible !
Je connais peu tes loix. Ta main du haut des Cieux
Perce à peine un nuage épaissi sur mes yeux ;
Mais si je suis à toi, si mon amour t'offense,
Sur ce cœur malheureux épuise ta vengeance.
Grand Dieu ! condui Zamore au milieu des déserts ;
Ne serais-tu le Dieu que d'un autre Univers ?
Les seuls Européens sont-ils nés pour te plaire ?
Es-tu Tyran d'un Monde, & de l'autre le Pere ?
Les vainqueurs, les vaincus, tous ces faibles humains,
Sont tous également l'ouvrage de tes mains.
Mais de quels cris affreux mon oreille est frappée !
J'entens nommer Zamore. O Ciel ! on m'a trompée.
Le bruit redouble ; on vient. Ah ! Zamore est perdu.

SCENE VI.
ALZIRE, EMIRE.

ALZIRE.

Chère Emire, est-ce toi ? Qu'a-t'on fait ? Qu'as-tu vu ?
Tire-moi par pitié de mon doute terrible.

EMIRE.

Ah ! n'espérez plus rien : sa perte est infaillible.
Des armes du soldat, qui conduisait ses pas,
Il a couvert son front, il a chargé son bras.
Il s'éloigne : à l'instant, le soldat prend la fuite ;
Votre amant au Palais court & se précipite,
Je le suis en tremblant, parmi nos ennemis,
Parmi ces meurtriers dans le sang endormis,
Dans l'horreur de la nuit, des morts & du silence.
Au Palais de Gusman, je le vois qui s'avance :
Je l'appellais en vain de la voix & des yeux :
Il m'échappe, & soudain j'entens des cris affreux,
J'entens dire, qu'il meure : on court, on vole aux armes.
Retirez-vous, Madame, & fuyez tant d'allarmes :
Rentrez.

ALZIRE.

Ah ! chère Emire, allons le secourir.

EMIRE.

Que pouvez-vous, Madame, ô Ciel !

ALZIRE.

Je peux mourir.

SCENE VII.

ALZIRE, EMIRE, DON ALONZE, Gardes.

DON ALONZE.

A Mes ordres secrets, Madame, il faut vous rendre.
ALZIRE.
Que me dis-tu, barbare, & que viens-tu m'apprendre ?
Qu'est devenu Zamore ?
DON ALONZE.
En ce moment affreux,
Je ne puis qu'annoncer un ordre rigoureux.
Daignez me suivre.
ALZIRE.
O sort ! ô vengeance trop forte !
Cruels, quoi, ce n'est point la mort que l'on m'apporte ?
Quoi Zamore n'est plus ! & je n'ai que des fers !
Tu gémis, & tes yeux de larmes sont couverts !
Mes maux ont-ils touché les cœurs nés pour la haine?
Vien, si la mort m'attend, vien, j'obéis sans peine.

Fin du quatriéme Acte.

ACTE V.

SCENE I.

ALZIRE, Gardes.

ALZIRE.

PRéparez-vous pour moi vos supplices cruels,
Tyrans, qui vous nommez les Juges des mortels ?
Laissez-vous dans l'horreur de cette inquiétude
De mes destins affreux flotter l'incertitude ?
On m'arrête, on me garde, on ne s'informe pas,
Si l'on a résolu ma vie ou mon trépas.
Ma voix nomme Zamore, & mes gardes pâlissent.
Tout s'émeut à ce nom : ces monstres en frémissent.

SCENE II.

MONTEZE, ALZIRE.

ALZIRE.

AH mon père !

MONTEZE.

Ma fille, où nous as-tu réduits ?

TRAGEDIE.

Voilà de ton amour les exécrables fruits.
Hélas ! nous demandions la grace de Zamore ;
Alvarès avec moi daignait parler encore :
Un foldat à l'inftant fe préfente à nos yeux ;
C'était Zamore même, égaré, furieux.
Par ce déguifement la vuë était trompée ;
A peine entre fes mains j'apperçois une épée.
Entrer, voler vers nous, s'élancer fur Gufman,
L'attaquer, le fraper, n'eft pour lui qu'un moment.
Le fang de ton époux rejaillit fur ton père :
Zamore au même inftant dépouillant fa colère,
Tombe aux pieds d'Alvarès, & tranquille, foumis,
Lui préfentant ce fer, teint du fang de fon fils ;
J'ai fait ce que j'ai dû, j'ai vengé mon injure,
Fai ton devoir, dit-il, & venge la Nature.
Alors il fe profterne, attendant le trépas.
Le père tout fanglant fe jette entre mes bras ;
Tout fe réveille, on court, on s'avance, on s'écrie,
On vole à ton époux, on rapelle fa vie ;
On arrête fon fang, on preffe le fecours
De cet art inventé pour conferver nos jours.
Tout le peuple à grands cris demande ton fupplice.
Du meurtre de fon Maître il te croit la complice.

ALZIRE.

Vous pourriez !...

MONTEZE.

Non, mon cœur ne t'en foupçonne pas.
Non, le tien n'eft pas fait pour de tels attentats ;
Capable d'une erreur, il ne l'eft point d'un crime ;
Tes yeux s'étaient fermés fur le bord de l'abîme.
Je le fouhaite ainfi : je le crois : cependant
Ton époux va mourir des coups de ton amant.
On va te condamner ; tu vas perdre la vie
Dans l'horreur du fupplice & dans l'ignominie ;
Et je retourne enfin, par un dernier effort,

Demander au Conseil & ta grace & ma mort.
ALZIRE.
Ma grace ! à mes Tyrans ! les prier ! vous, mon
 père ?
Ofez vivre & m'aimer, c'eſt ma ſeule prière.
Je plains Guſman ; ſon ſort a trop de cruauté :
Et je le plains ſurtout de l'avoir mérité.
Pour Zamore il n'a fait que venger ſon outrage ;
Je ne peux excuſer ni blâmer ſon courage.
J'ai voulu le ſauver, je ne m'en défens pas.
Il mourra... Gardez-vous d'empêcher mon trépas.
MONTEZE.
O Ciel ! inſpire-moi : j'implore ta clémence.
Il ſort.

SCENE III.
ALZIRE ſeule.

O Ciel ! anéanti ma fatale exiſtence.
Quoi, ce Dieu que je ſers me laiſſe ſans ſecours ?
Il défend à mes mains d'attenter ſur mes jours.
Ah ! j'ai quitté des Dieux, dont la bonté facile
Me permettait la mort, la mort mon ſeul aſyle.
Eh, quel crime eſt-ce donc devant ce Dieu jaloux,
De hâter un moment qu'il nous prépare à tous ?
Quoi, du calice amer d'un malheur ſi durable
Faut-il boire à longs traits la lie inſupportable ?
Ce corps vil & mortel eſt-il donc ſi ſacré,
Que l'eſprit qui le meut ne le quitte à ſon gré ?
Ce peuple de vainqueurs armé de ſon tonnerre,
A-t-il le droit affreux de dépeupler la Terre ?
D'exterminer les miens ? de déchirer mon flanc ?
Et moi je ne pourrai diſpoſer de mon ſang ?

Je ne pourrai sur moi permettre à mon courage
Ce que sur l'Univers il permet à sa rage ?
Zamore va mourir dans des tourmens affreux.
Barbares !

SCENE IV.

ZAMORE *enchaîné*, ALZIRE, Gardes.

ZAMORE.

C'Est ici qu'il faut périr tous deux.
Sous l'horrible appareil de sa fausse justice,
Un Tribunal de sang te condamne au supplice.
Gusman respire encor ; mon bras désespéré
N'a porté dans son sein qu'un coup mal assuré.
Il vit pour achever le malheur de Zamore ;
Il mourra tout couvert de ce sang que j'adore ;
Nous périrons ensemble à ses yeux expirans ;
Il va goûter encor le plaisir des Tyrans.
Alvarès doit ici prononcer de sa bouche
L'abominable arrêt de ce Conseil farouche.
C'est moi qui t'ai perduë ; & tu péris pour moi.

ALZIRE.

Va, je ne me plains plus ; je mourrai près de toi.
Tu m'aimes, c'est assez ; béni ma destinée,
Béni le coup affreux qui rompt mon hyménée ;
Songe que ce moment, où je vai chez les morts,
Est le seul où mon cœur peut t'aimer sans remords.
Libre par mon supplice, à moi-même renduë,
Je dispose à la fin d'une foi qui t'est duë.
L'appareil de la mort élevé pour nous deux,
Est l'autel où mon cœur te rend ses premiers feux.
C'est-là que j'expirai le crime involontaire

De l'infidélité que j'avais pu te faire.
Ma plus grande amertume, en ce funeste sort,
C'est d'entendre Alvarès prononcer notre mort.
ZAMORE.
Ah ! le voici ; les pleurs inondent son visage.
ALZIRE.
Qui de nous trois, ô Ciel, a reçu plus d'outrage ?
Et que d'infortunés le sort assemble ici !

SCENE V.

ALZIRE, ZAMORE, ALVARES, Gardes.

ZAMORE.

J'Attens la mort de toi ; le Ciel le veut ainsi ;
Tu dois me prononcer l'arrêt qu'on vient de
 rendre ?
Parle sans te troubler, comme je vai t'entendre ;
Et fai livrer sans crainte aux supplices tout prêts,
L'assassin de ton fils, & l'ami d'Alvarès.
Mais que t'a fait Alzire ? & quelle barbarie
Te force à lui ravir une innocente vie ?
Les Espagnols enfin t'ont donné leur fureur ;
Une injuste vengeance entre-t'elle en ton cœur ?
Connu seul parmi nous par ta clémence auguste,
Tu veux donc renoncer à ce grand nom de juste !
Dans le sang innocent ta main va se baigner !
ALZIRE.
Venge-toi, venge un fils, mais sans me soupçonner ;
Epouse de Gusman, ce nom seul doit t'apprendre,
Que loin de le trahir je l'aurais sû défendre.
J'ai respecté ton fils, & ce cœur gémissant

Lui

TRAGEDIE.

Lui conserva sa foi, même en le haïssant.
Que je sois de ton peuple applaudie ou blâmée,
Ta seule opinion fera ma renommée.
Estimée en mourant d'un cœur tel que le tien,
Je dédaigne le reste, & ne demande rien.
Zamore va mourir, il faut bien que je meure ;
C'est tout ce que j'attens, & c'est toi que je pleure.

ALVARES.

Quel mélange, grand Dieu, de tendresse & d'horreur !
L'assassin de mon fils est mon libérateur.
Zamore !... oui, je te dois des jours que je déteste ;
Tu m'as vendu bien cher un présent si funeste...
Je suis père, mais homme ; & malgré ta fureur,
Malgré la voix du sang qui parle à ma douleur,
Qui demande vengeance à mon ame éperduë,
La voix de tes bienfaits est encor entenduë.

Et toi qui fus ma fille, & que dans nos malheurs,
J'appelle encor d'un nom qui fait couler nos pleurs,
Va, ton père est bien loin de joindre à ses souffrances
Cet horrible plaisir que donnent les vengeances.
Il faut perdre à la fois, par des coups inouïs,
Et mon libérateur, & ma fille, & mon fils.
Le Conseil vous condamne : il a dans sa colère
Du fer de la vengeance armé la main d'un père.
Je n'ai point refusé ce ministère affreux...
Et je viens le remplir, pour vous sauver tous deux.
Zamore, tu peux tout.

ZAMORE.

Je peux sauver Alzire ?
Ah, parle, que faut-il ?

ALVARES.

Croire un Dieu qui m'inspire,
Tu peux changer d'un mot & son sort & le tien ;
Ici la Loi pardonne à qui se rend Chrétien.
Cette Loi, que n'aguère un saint zèle a dictée,

Du Ciel en ta faveur y semble être apportée.
Le Dieu qui nous apprit lui-même à pardonner,
De son ombre à nos yeux saura t'environner :
Tu vas des Espagnols arrêter la colère ;
Ton sang sacré pour eux est le sang de leur frère :
Les traits de la vengeance, en leurs mains suspendus,
Sur Alzire & sur toi ne se tourneront plus.
Je répons de sa vie, ainsi que de la tienne ;
Zamore, c'est de toi qu'il faut que je l'obtienne.
Ne sois point inflexible à cette faible voix ;
Je te devrai la vie une seconde fois.
Cruel, pour me payer du sang dont tu me prives,
Un pére infortuné demande que tu vives.
Ren-toi Chrétien comme elle, accorde-moi ce prix
De ses jours, & des tiens, & du sang de mon fils.

ZAMORE à Alzire.

Alzire, jusques-là chéririons-nous la vie ?
La rachéterions-nous par mon ignominie ?
Quitterai-je mes Dieux pour le Dieu de Gusman ?

à Alvarès.

Et toi plus que ton fils seras-tu mon Tyran ?
Tu veux qu'Alzire meure, ou que je vive en traître ?
Ah ! lorsque de tes jours je me suis vu le maître,
Si j'avais mis ta vie à cet indigne prix,
Parle, aurais-tu quitté les Dieux de ton pays ?

ALVARES.

J'aurais fait ce qu'ici tu me vois faire encore.
J'aurais prié ce Dieu, seul Etre que j'adore,
De n'abandonner pas un cœur tel que le tien,
Tout aveuglé qu'il est, digne d'être Chrétien.

ZAMORE.

Dieux ! quel genre inouï de trouble & de supplice !
Entre quels attentats faut-il que je choisisse ?

A Alzire.

Il s'agit de tes jours : il s'agit de mes Dieux.
Toi, qui m'oses aimer, ose juger entr'eux.

Je m'en remets à toi, mon cœur se flate encore,
Que tu ne voudras point la honte de Zamore.

ALZIRE.

Ecoute. Tu fais trop qu'un père infortuné
Difposa de ce cœur, que je t'avais donné ;
Je reconnus fon Dieu : tu peux de ma jeuneffe
Accufer, fi tu veux, l'erreur ou la faibleffe.
Mais des Loix des Chrétiens mon efprit enchanté,
Vit chez eux, ou du moins, crut voir la vérité ;
Et ma bouche abjurant les Dieux de ma patrie,
Par mon ame en fecret ne fut point démentie.
Mais renoncer aux Dieux que l'on croit dans fon cœur,
C'eft le crime d'un lâche, & non pas une erreur :
C'eft trahir à la fois, fous un mafque hypocrite,
Et le Dieu qu'on préfère, & le Dieu que l'on quitte :
C'eft mentir au Ciel même, à l'univers, à foi.
Mourons, mais en mourant fois digne encor de moi ;
Et fi Dieu ne te donne une clarté nouvelle,
Ta probité te parle, il faut n'écouter qu'elle.

ZAMORE.

J'ai prévu ta réponfe : il vaut mieux expirer,
Et mourir avec toi, que fe déshonorer.

ALVARES.

Cruel, ainfi tous deux vous voulez votre perte !
Vous bravez ma bonté, qui vous était offerte.
Ecoutez, le tems preffe : & ces lugubres cris . . .

SCENE VI.

ALVARES, ZAMORE, ALZIRE, ALONZE, Américains, Efpagnols.

ALONZE.

On amène à vos yeux votre malheureux fils,
Seigneur, entre vos bras il veut quitter la vie.

Du peuple qui l'aimait, une troupe en furie,
S'empreſſant près de lui, vient ſe raſſaſier
Du ſang de ſon épouſe & de ſon meurtrier.

SCENE VII.

ALVARES, GUSMAN, ZAMORE, Américains, Soldats.

ZAMORE.

Cruels, ſauvez Alzire, & preſſez mon ſupplice.
ALZIRE.
Non, qu'une affreuſe mort tous trois nous réuniſſe.
ALVARES.
Mon fils mourant, mon fils, ô comble de douleur !
ZAMORE à *Guſman*.
Tu veux donc juſqu'au bout conſommer ta fureur ?
Vien, voi couler mon ſang, puiſque tu vis encore ;
Viens apprendre à mourir en regardant Zamore.
GUSMAN à *Zamore*.
Il eſt d'autres vertus que je veux t'enſeigner :
Je dois un autre exemple, & je viens le donner.
A Alvarès.
Le Ciel qui veut ma mort, & qui l'a ſuſpenduë,
Mon père, en ce moment, m'amène à votre vuë.
Mon ame fugitive, & prête à me quitter,
S'arrête devant vous... mais pour vous imiter.
Je meurs ; le voile tombe, un nouveau jour m'é-
  claire.
Je ne me ſuis connu qu'au bout de ma carrière.
J'ai fait juſqu'au moment, qui me plonge au cercueil,
Gémir l'humanité du poids de mon orgüeil.
Le Ciel venge la Terre ; il eſt juſte ; & ma vie

TRAGEDIE.

Ne peut payer le sang dont ma main s'est rougie.
Le bonheur m'aveugla, la mort m'a détrompé :
Je pardonne à la main par qui Dieu m'a frappé.
J'étais Maître en ces lieux ; seul j'y commande encore :
Seul je puis faire grace, & la fais à Zamore.
Vi, superbe ennemi, sois libre, & te souvien,
Quel fut & le devoir, & la mort d'un Chrétien.

A Monteze qui se jette à ses pieds.

Monteze, Américains, qui fûtes mes victimes,
Songez que ma clémence a surpassé mes crimes.
Instruisez l'Amérique, apprenez à ses Rois,
Que les Chrétiens sont nés pour leur donner des Loix.

A Zamore.

Des Dieux, que nous servons, connai la différence
Les tiens t'ont commandé le meurtre & la vengeance ;
Et le mien, quand ton bras vient de m'assassiner,
M'ordonne de te plaindre & de te pardonner.

ALVARES.

Ah, mon fils ! tes vertus égalent ton courage.

ALZIRE.

Quel changement, grand Dieu, quel étonnant langage !

ZAMORE.

Quoi, tu veux me forcer moi-même au repentir !

GUSMAN.

Je veux plus, je te veux forcer à me chérir.
Alzire n'a vécu que trop infortunée,
Et par mes cruautés, & par mon hyménée.
Que ma mourante main la remette en tes bras.
Vivez sans me haïr, gouvernez vos Etats,
Et de vos murs détruits rétablissant la gloire,
De mon nom, s'il se peut, bénissez la mémoire.

A Alvarès.

Daignez servir de pere à ces époux heureux !
Que du Ciel par vos soins le jour luise sur eux !
Aux clartés des Chrétiens si son ame est ouverte,
Zamore est votre fils, & repare ma perte.

ZAMORE.

Je demeure immobile, égaré, confondu ;
Quoi donc, les vrais Chrétiens auraient tant de vertu !
Ah ! la Loi qui t'oblige à cet effort suprême,
Je commence à le croire, est la Loi d'un Dieu même.
J'ai connu l'amitié, la constance, la foi ;
Mais tant de grandeur d'ame est au dessus de moi :
Tant de vertu m'accable, & son charme m'attire ;
Honteux d'être vengé, je t'aime & je t'admire.

Il se jette à ses pieds.

ALZIRE.

Seigneur, en rougissant je tombe à vos genoux :
Alzire en ce moment voudrait mourir pour vous.
Entre Zamore & vous mon ame déchirée,
Succombe au repentir dont elle est dévorée.
Je me sens trop coupable, & mes tristes erreurs....

GUSMAN.

Tout vous est pardonné, puisque je vois vos pleurs.
Pour la derniere fois, approchez-vous, mon pere,
Vivez long-tems heureux, qu'Alzire vous soit chere.
Zamore, sois Chrétien ; je suis content, je meurs.

ALVARES *à Monteze.*

Je vois le doigt de Dieu marqué dans nos malheurs.
Mon cœur désespéré se soumet, s'abandonne
Aux volontés d'un Dieu, qui frappe & qui pardonne.

Fin du cinquième & dernier Acte.

MÉROPE,
TRAGEDIE.

Représentée en 1743. le 20. Février

LETTRE
DU PERE
DE TOURNEMINE,
JESUITE,

Au Pere Brumoy, sur la Tragédie de Mérope.

JE vous renvoye, mon Reverend Pere, MEROPE, ce matin à huit heures. Vous vouliez l'avoir dès hier au soir; j'ai pris le tems de la lire avec attention. Quelques succès que lui donne le goût inconstant de Paris, elle passera jusqu'à la postérité, comme une de nos Tragédies les plus parfaites, comme un modéle de tragédie. *Aristote*, ce sage législateur du Théâtre, a mis ce sujet au premier rang des sujets tragiques. *Euripide* l'avait traité, & nous apprenons d'*Aristote*, que toutes les fois qu'on représentait sur le Théâtre de l'ingénieuse *Athènes* le *Cresfonte* d'*Euripide*, ce peuple accoutumé aux chefs-d'œuvres tragiques, était frappé, saisi, transporté d'une émotion extraordinaire. Si le goût de Paris ne s'accorde pas avec celui d'Athènes, Paris aura tort sans doute. Le *Cresfonte* d'*Euripide* est perdu : Monsieur de *Voltaire* nous le rend. Vous, mon Pere, qui nous avez donné en Français *Euripide*, tel qu'il charmait la Grece, avez reconnu dans la MEROPE de notre illustre ami, la simplicité, le naturel, le pathétique d'*Euripide*. Monsieur de *Voltaire* a conservé la simplicité du sujet ; il l'a débarrassé non-seulement d'épisodes superflus, mais encor de scènes inutiles. Le péril d'*Egiste* occupe seul le Théâtre. L'intérêt croît de scène en scène jusqu'au dénouement, dont la surprise est ménagée, préparée avec beaucoup d'art. On l'attend du petit-fils d'*Alcide*. Tout se passe sur le Théâtre comme il se passa dans Messene. Les coups de Théâtre ne sont point des situations forcées, dont le merveilleux choque la vraisemblance ; ils naissent du sujet, c'est l'événement historique vivement représenté. Peut-on n'être pas touché, enlevé, dans la scène où *Narbas* arrive au moment que *Mérope* va immoler son fils qu'elle croit venger ; dans la scène où elle ne peut sauver son fils d'une mort inévitable qu'en le faisant connaître au Tyran ? Le cinquième Acte égale ou surpasse le peu de cinquièmes Actes excellens qu'on a vûs sur le Théâtre. Tout se passe hors du Théâtre ; & l'Auteur a transporté, ce semble, toute l'action sur le Théâtre avec un art admirable. La narration d'*Isménie* n'est pas de ces narrations étudiées, hors d'œuvre, où l'esprit brille à contretems, qui ralentissent l'action, qui dégénerent en fadeur ; elle est toute action. Le trouble d'*Isménie* peint le tumulte qu'elle raconte. Je ne parle point de la verfification : le Poëte, admirable verfificateur, s'eft furpaffé ; jamais fa verfification ne fut plus belle & plus claire. Tous ceux qu'un zèle raifonnable anime contre la corruption des mœurs, qui fouhaitent la réformation du Théâtre, qui voudraient qu'imitateurs exacts des Grecs, que nous avons furpaffé dans plufieurs perfections de la Poëfie dramatique, nous euffions plus de foin d'atteindre à fa véritable fin, de rendre le Théâtre, comme il peut l'être, une école des mœurs : tous ceux qui penfent fi raifonnablement doivent être charmés de voir un auffi grand Poëte, un Poëte auffi accrédité que le fameux *Voltaire*, donner une Tragédie fans amour.

Il n'a point hazardé imprudemment une entreprife fi utile ; aux fentimens de l'amour, il fubftituë des fentimens vertueux qui n'ont pas moins de force. Quelque prévenu qu'on foit pour les Tragédies dont l'amour forme l'intrigue, il eft cependant vrai, (& nous l'avons fouvent remarqué) que les Tragédies qui ont le plus réuffi ne doivent pas leur fuccès aux fcènes amoureufes. Au contraire, tous les connaiffeurs habiles foutiennent que la galanterie romanefque a dégradé notre Théâtre, & auffi nos meilleurs Poëtes. Le grand *Corneille* l'a fenti ; il fouffrait avec peine la fervitude où le réduifait le mauvais goût dominant ; n'ofant encor bannir du Théâtre l'amour, il en a banni l'amour heureux ; il ne lui a permis ni baffeffe ni faibleffe, il l'a élevé jufqu'à l'héroïfme, aimant mieux paſſer le naturel que de s'abaiſſer à un naturel trop tendre & contagieux.

Voilà, mon Révérend Père, le jugement que votre illuſtre ami demande ; je l'ai écrit à la hâte, c'eſt une preuve de ma déférence ; mais l'amitié paternelle, qui m'attache à lui depuis ſon enfance, ne m'a point aveuglé. Faites paſſer juſqu'à lui ce que je vous écris. J'ai l'honneur d'être avec les ſentimens que vous connaiſſez, mon cher ami, mon cher fils, la gloire de votre Père, entiérement à vous. *Tournemine* Jéſuite.

Ce vingt-trois de Décembre 1738.

LETTRE
A M. LE MARQUIS
SCIPION MAFFEI,
Auteur de la Mérope Italienne, & de beaucoup d'autres Ouvrages célèbres.

MONSIEUR,

CEux dont les Italiens modernes, & les autres Peuples ont presque tout appris, les Grecs & les Romains, adressaient leurs ouvrages, sans la vaine formule d'un compliment à leurs amis & aux maîtres de l'Art. C'est à ces titres que je vous dois l'hommage de la MEROPE Française.

Les Italiens, qui ont été les restaurateurs de presque tous les beaux Arts, & les inventeurs de quelques-uns, furent les premiers qui sous les yeux de *Léon X.*, firent renaître la Tragédie ; & vous êtes le premier, Monsieur, qui dans ce siécle où l'Art des *Sophocles* commençait à être amolli par des intrigues d'amour, souvent étrangeres au sujet, ou avili par d'indignes bouffonneries qui deshonoraient le goût de votre ingénieuse Nation ; vous êtes le premier, dis-je, qui avez eu le courage & le talent de donner une Tragédie fans galanterie, une Tragédie digne des beaux jours d'Athénes, dans laquelle l'amour d'une mere fait toute l'intrigue, & où le plus tendre intérêt naît de la vertu la plus pure.

La France se glorifie d'*Athalie* : c'est le chef-d'œuvre de notre Théâtre ; c'est celui de la Poësie ; c'est de toutes les piéces qu'on jouë, la seule où l'amour ne soit pas introduit ; mais aussi elle est soutenuë par la pompe de la Religion, & par cette majesté de l'éloquence des Prophêtes. Vous n'avez point eu cette ressource, & cependant vous avez fourni cette longue carrière de cinq Actes, qui est si prodigieusement difficile à remplir sans épisodes.

J'avouë, que votre sujet me paraît beaucoup plus intéressant & plus tragique que celui d'*Athalie* ; & si notre admirable *Racine* a mis plus d'art, de poësie & de grandeur dans son chef-d'œuvre, je ne doute pas que le vôtre n'ait fait couler beaucoup plus de larmes.

Le Précepteur d'*Alexandre*, (& il faut de tels Précepteurs aux Rois) *Aristote*, cet esprit si étendu, si juste & si éclairé dans les choses qui étaient alors à la portée de l'esprit humain ; *Aristote*, dans sa Poëtique immortelle, ne balance pas à dire que la reconnoissance de *Mérope* & de son fils étaient le moment le plus intéressant de de toute la Scène Grecque. Il donnait à ce coup de Théâtre la préférence sur tous les autres. *Plutarque* dit que les Grecs, ce peuple si sensible, frémissaient de crainte que le vieillard, qui devait arrêter le bras de *Mérope*, n'arrivât pas assez-tôt. Cette piéce, qu'on jouait de son tems, & dont il nous reste très-peu de fragmens, lui paraissait la plus touchante de toutes les Tragédies d'*Euripide*, mais ce n'était pas seulement le choix du sujet qui fit le grand succès d'*Euripide*, quoiqu'en tout genre le choix soit beaucoup.

Il a été traité plusieurs fois en France, mais sans succès ; peut-être les Auteurs voulurent charger ce sujet si simple d'ornemens étrangers. C'était la *Vénus* toute nuë de *Praxitèle*, qu'ils cherchaient à couvrir de clinquant. Il faut toujours beaucoup de tems aux hommes pour leur apprendre qu'en tout ce qui est grand on doit revenir au naturel & au simple.

En 1641. lorsque le Théâtre commençait à fleurir en France, & à s'élever même fort au-dessus de celui de la Grèce, par le génie de *P. Corneille*, le Cardinal de *Richelieu*, qui recherchait toute sorte de gloire, & qui avait fait bâtir la salle des spectacles du Palais Royal, pour y représenter des piéces dont il avait fourni le dessein, y fit jouer une *Mérope* sous le nom de *Telefonte*. Le plan est, à ce qu'on croit, entièrement de lui. Il y avait une centaine de vers de sa façon ; le reste était de *Colletet*, de *Bois-Robert*, de *Démarêts* & de *Chapelain* ; mais toute la puissance du Cardinal de *Richelieu* ne pouvait donner à ces Ecrivains le génie qui leur manquait. Il n'avait peut-être pas lui-même celui du Théâtre, quoiqu'il en eût le goût; & tout ce qu'il pouvait & devait faire, c'était d'encourager le grand *Corneille*.

Mr. *Gilbert*, Réfident de la célébre Reine *Chriftine*, donna en 1643. fa *Mérope*, aujourdhui non moins connuë que l'autre. *Jean de la Chapelle*, de l'Académie Françaife, Auteur d'une *Cléopatre*, jouée avec quelque fuccès, fit repréfenter fa *Mérope* en 1683. Il ne manqua pas de remplir fa piéce d'un épifode d'amour. Il fe plaint d'ailleurs, dans la préface, de ce qu'on lui reprochait trop de merveilleux. Il fe trompait; ce n'était pas ce merveilleux qui avait fait tomber fon ouvrage; c'était en effet le défaut de génie, & la froideur de la verfification : car voilà le grand point, voilà le vice capital qui fait perir tant de Poëmes. L'art d'être éloquent en vers eft de tous les Arts le plus difficile & le plus rare. On trouvera mille génies qui fauront arranger un ouvrage, & le verfifier d'une manière commune; mais le traiter en vrais Poëtes, c'eft un talent qui eft donné à trois ou quatre hommes fur la Terre.

Au mois de Décembre 1701. Mr. *de la Grange* fit jouer fon *Amafis*, qui n'eft autre chofe que le fujet de *Mérope*, fous d'autres noms : la galanterie règne auffi dans cette piéce, & il y a beaucoup plus d'incidens merveilleux que dans celle de *la Chapelle*; mais auffi elle eft conduite avec plus d'art, plus de génie, plus d'intérêts; elle eft écrite avec plus de chaleur & de force : cependant elle

elle n'eut pas d'abord un succès éclatant, & *habent sua fata libelli*. Mais depuis elle a été rejouée avec de très-grands applaudissemens, & c'est une des piéces dont la représentation a fait le plus de plaisir au public.

Avant & après *Amasis*, nous avons eu beaucoup de Tragédies sur des sujets à-peu-près semblables, dans lesquels une mere va venger la mort de son fils sur son propre fils même, & le reconnaît dans l'instant qu'elle va le tuer. Nous étions même accoûtumés à voir sur notre Théâtre cette situation frappante, mais rarement vraisemblable, dans laquelle un personnage vient un poignard à la main pour tuer son ennemi, tandis qu'un autre personnage arrive dans l'instant même, & lui arrache le poignard. Ce coup de Théâtre avait fait réussir, du moins pour un tems, le *Camma* de *Thomas Corneille*.

Mais de toutes les piéces dont je vous parle, il n'y en a aucune qui ne soit chargée d'un petit épisode d'amour, ou plûtôt de galanterie, car il faut que tout se plie au goût dominant. Et ne croyez pas, Monsieur, que cette malheureuse coutume, d'accabler nos Tragédies d'un épisode inutile de galanterie, soit duë à *Racine*, comme on le lui reproche en Italie. C'est lui, au contraire, qui a fait ce qu'il a pu pour reformer en cela le goût de la Nation. Jamais chez lui la passion de l'amour n'est épisodique; elle est le fondement de toutes ses piéces: elle en forme le principal intérêt. C'est la passion la plus théâtrale de toutes, la plus fertile en sentimens, la plus variée: elle doit être l'ame d'un ouvrage de Théâtre, ou en être entiérement bannie. Si l'amour n'eſt pas tragique, il eſt inſipide, & s'il eſt tragique, il doit régner ſeul. Il n'eſt pas fait pour la ſeconde place. C'eſt *Rotrou*, c'eſt le grand *Corneille* même, il le faut avouer, qui en créant notre Théâtre l'ont preſque toujours défiguré par ces amours de commande, par ces intrigues galantes, qui n'étant point de vrayes paſſions, ne ſont point dignes du Théâtre ; & ſi vous demandez pourquoi on jouë ſi peu de piéces de *Pierre Corneille*, n'en cherchez point ailleurs la raiſon ; c'eſt que dans la Tragédie d'*Othon*,

Othon à la Princeſſe a fait un compliment,
Plus en homme d'eſprit qu'en véritable amant.
Il ſuivait pas à pas un effort de mémoire,
Qu'il était plus aiſé d'admirer que de croire.
Camille ſemblait même aſſez de cet avis ;
Elle aurait mieux goûté des diſcours moins ſuivis.
Di-moi donc, lorſqu'Othon s'eſt offert à Camille,
A-t'il été content ? A-t'elle été facile ?

C'eſt que dans *Pompée*, l'inutile *Cléopatre* dit que *Céſar*

Lui trace des ſoûpirs, & d'un ſtyle plaintif,
Dans ſon champ de victoire il ſe dit ſon captif.

C'eſt que *Céſar* demande à *Antoine*,

S'il a vû cette Reine adorable,

Et qu'*Antoine* répond :

Qui, Seigneur, je l'ai vûë, elle eſt incomparable.

C'eſt que dans *Sertorius*, le vieux *Sertorius* même eſt amoureux à la fois par politique & par goût, & dit :

J'aime ailleurs ; à mon âge il ſied ſi mal d'aimer,
Que je le cache même à qui m'a ſû charmer,
Et que d'un front ridé les replis jauniſſans
Ne ſont pas un grand charme à captiver les ſens.

C'eſt que dans *Œdipe*, *Théſée* débute par dire à *Dircé* :

Quelque ravage affreux qu'étale ici la peſte,
L'abſence aux vrais amans eſt encor plus funeſte.

Enfin, c'eſt que jamais un tel amour ne fait verſer de larmes ; & quand l'amour n'émeut pas, il refroidit.

Je ne vous dis ici, Monſieur, que ce que tous les connaiſſeurs, les véritables gens de goût, ſe diſent tous les jours en converſation ; ce que vous avez entendu pluſieurs fois chez moi ; enfin ce qu'on penſe, & ce que perſonne n'oſe encore imprimer. Car vous ſavez comment les hommes ſont faits ; ils écrivent preſque tous contre leur propre ſentiment, de peur de choquer le préjugé reçu. Pour moi, qui n'ai jamais mis dans la littérature aucune politique, je vous dis hardiment la vérité, & j'ajoute, que je reſpecte plus *Corneille*, & que je connais mieux le grand mérite de ce pere du Théâtre, que ceux qui le louent au hazard de ſes défauts.

On a donné une *Mérope* sur le Théâtre de Londres en 1731. Qui croirait qu'une intrigue d'amour y entrât encore ? Mais depuis le règne de *Charles II*. l'amour s'était emparé du Théâtre d'Angleterre, & il faut avouer qu'il n'y a point de Nation au Monde qui ait peint si mal cette passion. L'amour ridiculement amené & traité de même, est encor le défaut le moins monstrueux de la *Mérope* Anglaise. Le jeune *Egiste*, tiré de sa prison par une fille-d'honneur amoureuse de lui, est conduit devant la Reine, qui lui présente une coupe de poison & un poignard, & qui lui dit : Si tu n'avales le poison, ce poignard va servir à tuer ta maîtresse. Le jeune-homme boit, & on l'emporte mourant. Il revient au cinquième Acte annoncer froidement à *Mérope*, qu'il est son fils, & qu'il a tué le Tyran. *Mérope* lui demande comment ce miracle s'est operé ? Une amie de la fille-d'honneur, répondit-il, avait mis du jus de pavot, au lieu de poison, dans la coupe. Je n'étais qu'endormi quand on m'a cru mort : j'ai appris, en m'éveillant, que j'étais votre fils, & sur le champ j'ai tué le Tyran. Ainsi finit la Tragédie.

Elle fut sans doute mal reçuë : mais n'est-il pas bien étrange qu'on l'ait représentée ? N'est-ce pas une preuve que le Théâtre Anglais n'est pas encor épuré ? Il semble que la même cause, qui prive les Anglais du génie de la Peinture & de la Musique, leur ôte aussi celui de la Tragédie. Cette Isle, qui a produit les plus grands Philosophes de la Terre, n'est pas aussi fertile pour les beaux Arts ; & si les Anglais ne s'appliquent sérieusement à suivre les préceptes de leurs excellens citoyens, *Addisson* & *Pope*, ils n'approcheront pas des autres Peuples en fait de goût & de littérature.

Mais tandis que le sujet de *Mérope* était ainsi défiguré dans une partie de l'Europe, il y avait long-tems qu'il était traité en Italie selon le goût des Anciens. Dans ce seiziéme siécle, qui sera fameux dans tous les siécles, le Comte de *Torelli* avait donné sa *Mérope* avec des chœurs. Il paraît que si Mr. *de la Chapelle* a outré tous les défauts du Théâtre Français, qui sont l'air romanesque, l'amour inutile, & les épisodes ; & que si l'Auteur Anglais a poussé à l'excès la barbarie, l'indécence & l'absurdité, l'Auteur Italien avait outré les défauts des Grecs, qui sont le vuide d'action, & la déclamation. Enfin, Monsieur, vous avez évité tous ces écueils, vous qui avez donné à vos compatriotes des modèles en plus d'un genre : vous leur avez donné dans votre *Mérope* l'exemple d'une Tragédie simple & intéressante.

J'en fus saisi dès que je la lus : mon amour pour ma patrie ne m'a jamais fermé les yeux sur le mérite des étrangers ; au contraire, plus je suis bon citoyen, plus je cherche à enrichir mon pays des trésors qui ne sont point nés dans son sein. Mon envie de traduire votre *Mérope* redoubla, lorsque j'eus l'honneur de vous connaître à Paris en 1733. Je m'apperçus qu'en aimant l'Auteur, je me sentais encor plus d'inclination pour l'ouvrage ; mais quand je voulus y travailler, je vis qu'il était abſolument impoſſible de la faire paſſer ſur notre Théâtre Français. Notre délicateſſe eſt devenuë exceſſive : nous ſommes peut-être des *Sibarites* plongés dans le luxe, qui ne pouvons ſupporter cet air naïf & ruſtique, ces détails de la vie champêtre, que vous avez imités du Théâtre Grec.

Je craindrais qu'on ne ſouffrit pas chez nous le jeune *Egiſte* faiſant préſent de ſon anneau à celui qui l'arrête, & qui s'empare de cette bague. Je n'oſerais hazarder de faire prendre un Héros pour un voleur, quoique la circonſtance où il ſe trouve autoriſe cette mépriſe.

Nos uſages, qui probablement permettent tant de choſes que les vôtres n'admettent point, nous empêcheraient de repréſenter le Tyran de *Mérope*, l'aſſaſſin de ſon époux & de ſes fils, feignant d'avoir, après quinze ans, de l'amour pour cette Reine ; même je n'oſerais pas faire dire par *Mérope* au Tyran : *Pourquoi donc ne m'avez-vous pas parlé d'amour auparavant, dans le tems que la fleur de la jeuneſſe ornait encor mon viſage ?* Ces entretiens ſont naturels ; mais notre Parterre, quelquefois ſi indulgent, & d'autres fois ſi délicat, pourrait les trouver trop familiers, & voir même de la coquetterie où il n'y a au fond que de la raiſon.

Notre Théâtre Français ne ſouffrirait pas non-plus que *Mérope* fit lier ſon fils ſur la ſcène à une colonne, ni qu'elle courût ſur lui deux fois, le javelot & la hache à la main, ni que le jeune-homme s'enfuit deux fois devant elle, en demandant la vie à son Tyran.

Nos usages permettraient encor moins que la confidente de *Mérope* engageât le jeune *Egiste* à dormir sur la scène, afin de donner le tems à la Reine de venir l'y assassiner. Ce n'est pas, encor une fois, que tout cela ne soit dans la Nature ; mais il faut que vous pardonniez à notre Nation, qui exige que la Nature soit toujours présentée avec certains traits de l'art ; & ces traits sont bien différens à Paris & à Verone.

Pour donner une idée sensible de ces différences, que le génie des Nations cultivées met entre les mêmes Arts, permettez-moi, Monsieur, de vous rappeller ici quelques traits de votre célèbre ouvrage, qui me paraissent dictés par la pure Nature. Celui qui arrête le jeune *Cresfonte*, & qui lui prend sa bague, lui dit :

Or dunque in tuo paese i servi
Han di coteste gemme ? Un bel paese
Sia questo tuo ; nel nostro una tal gemma
Ad un dito real non sconverrebbe.

Je vai prendre la liberté de traduire cet endroit en vers blancs, comme votre piéce est écrite ; parce que le tems qui me presse ne me permet pas le long travail qu'exige la rime.

» Les esclaves chez vous portent de tels joyaux !
» Votre pays doit être un beau pays, sans doute ;
» Chez nous de tels anneaux ornent la main des Rois.

Le confident du Tyran lui dit, en parlant de la Reine, qui refuse d'épouser, après vingt ans, l'assassin reconnu de sa famille :

La donna, comme sai, ricusa & brama.
„ La femme, comme on sait, nous refuse & désire.

La suivante de la Reine répond au Tyran, qui la presse de disposer sa maîtresse au mariage :

. . . . . . *Dissimulato in vano*
Soffre di febre assalto ; alquanti giorni
Donare è forza a rinfrancar suoi spiriti.

„ On ne peut vous cacher que la Reine a la fiévre ;
„ Accordez quelque tems pour lui rendre ses forces.

Dans votre quatriéme Acte, le vieillard *Polidore* demande à un homme de la Cour de *Mérope*, qui il est ? Je suis *Eurises* le fils de *Nicandre*, répond-il. *Polidore* alors en parlant de *Nicandre*, s'exprime comme le *Nestor* d'*Homère*.

——————————— *Egli era umano*
E liberal ; quando appariva, tutti
Faceangli onor ; io mi ricordo ancora
Di quanto ei festeggiò con bella pompa
Le sue nozze con Silvia, ch' era figlia
D'Olimpia e di Glicon fratel d'Ipparco.
Tu dunque sei quel Fanciullin' che in Corte
Silvia condur solea quasi per pompa :
Parvi l'altri hieri : o quanto siete presti,
Quanto voi v'affrettare, ò giovinetti,
A farvi adulti ed à gridar tacendo
Che noi diam loco !

A Mr. MAFFEI.

» Oh! qu'il était humain! qu'il était libéral!
» Que dès qu'il paraissait, on lui faisait d'honneurs!
» Je me souviens encor du festin qu'il donna,
» De tout cet appareil, alors qu'il épousa
» La fille de Glicon & de cette Olimpie,
» La belle-sœur d'Hipparque. Eurises, c'est donc vous?
» Vous cet aimable enfant, que si souvent Sylvie
» Se faisait un plaisir de conduire à la Cour?
» Je croi que c'est hier. O que vous êtes prompte!
» Que vous croissez, jeunesse! & que dans vos
　　beaux jours
» Vous nous avertissez de vous céder la place!

Et dans un autre endroit, le même vieillard, invité d'aller voir la cérémonie du mariage de la Reine, répond :

――――――――――― O curiosa
Punto io non son, passò stagione. Assai
Veduti ho sacrificii, io mi ricordo
Di quello ancora quando il Rè Cresfonta
Incominciò à regnar. Quella fu pompa.
Ora più non si fanno a questi tempi
Di cotai sacrificj. Più di cento
Fur le bestie svenare. I Sacerdoti
Risplendean tutti, ed ove ti volgessi
Altro non si vedea che argento ed oro.

» ―――――――――― Je suis sans curiosité.
» Le tems en est passé, mes yeux ont assez vû
» De ces apprêts d'hymen, & de ces sacrifices.
» Je me souviens encor de cette pompe auguste,
» Qui jadis en ces lieux marqua les premiers jours
» Du règne de Cresfonte. Ah! le grand appareil!
» Il n'est plus aujourdhui de semblables spectacles.

» Plus de cent animaux y furent immolés :
» Tous les Prêtres brillaient, & les yeux éblouis
» Voyaient l'argent & l'or partout étinceller.

Tous ces traits sont naïfs : tout y est convenable à ceux que vous introduisez sur la scène, & aux mœurs que vous leur donnez. Ces familiarités naturelles eussent été, à ce que je croi, bien reçuës dans Athènes ; mais Paris, & notre Parterre, veulent une autre espèce de simplicité. Notre ville pourrait même se vanter d'avoir un goût plus cultivé qu'on ne l'avait dans Athènes : car enfin, il me semble qu'on ne représentait d'ordinaire des piéces de Théâtre dans cette première ville de la Grèce, que dans quatre fêtes solemnelles, & Paris a plus d'un spectacle tous les jours de l'année. On ne comptait dans Athènes que dix-mille citoyens ; & notre ville est peuplée de près de huit-cent-mille habitans, parmi lesquels je croi qu'on peut compter trente mille juges des ouvrages dramatiques, & qui jugent presque tous les jours.

Vous avez pû, dans votre Tragédie, traduire cette élégante & simple comparaison de *Virgile* :

Qualis populea mœrens Philomela sub umbra,
Amissos queritur fœtus.

Si je prenais une telle liberté, on me renverrait au Poëme épique, tant nous avons affaire à un Maître dur, qui est le public.

Nescis, heu nescis nostra fastidia Roma :
Et pueri nasum Rhinocerontis habent.

Les Anglais ont la coutume de finir presque tous leurs Actes par une comparaison; mais nous exigeons, dans une Tragédie, que ce soit les Héros qui parlent, & non le Poëte; & notre public pense que dans une grande crise d'affaires, dans un conseil, dans une passion violente, dans un danger pressant, les Princes, les Ministres ne font point de comparaisons poëtiques.

Comment pourrais-je encor faire parler souvent ensemble des personnages subalternes ? Ils servent chez vous à préparer des scènes intéressantes entre les principaux Acteurs ; ce sont les avenuës d'un beau Palais : mais notre public impatient veut entrer tout d'un coup dans le Palais. Il faut donc se plier au goût d'une Nation, d'autant plus difficile, qu'elle est depuis long-tems rassasiée de chefs-d'œuvres.

Cependant, parmi tant de détails que notre extrême sévérité reprouve, combien de beautés je regrettais ! Combien me plaisait la simple Nature, quoique sous une forme étrangère pour nous ? Je vous rens compte, Monsieur, d'une partie des raisons qui m'ont empêché de vous suivre en vous admirant.

Je fus obligé, à regret, d'écrire une *Mérope* nouvelle : je l'ai donc faite différemment ; mais je suis bien loin de croire l'avoir mieux faite. Je me regarde avec vous comme un voyageur à qui un Roi d'Orient aurait fait présent des plus riches étoffes : ce Roi devrait permettre que le voyageur s'en fît habiller à la mode de son pays.

Ma *Mérope* fut achevée au commencement de 1736. à-peu-près telle qu'elle est aujourdhui. D'autres études m'empêchèrent de la donner au Théâtre ; mais la raison, qui m'en éloignait le plus, était la crainte de la faire paraître après d'autres piéces heureuses, dans lesquelles on avait vû, depuis peu, le même sujet sous des noms différens. Enfin j'ai hazardé ma Tragédie, & notre Nation a fait connaître qu'elle ne dédaignait pas de voir la même matière différemment traitée. Il est arrivé à notre Théâtre ce qu'on voit tous les jours dans une galerie de peinture, où plusieurs tableaux représentent le même sujet. Les connaisseurs se plaisent à remarquer les diverses manières ; chacun saisit, selon son goût, le caractère de chaque Peintre ; c'est une espèce de concours, qui sert, à la fois, à perfectionner l'Art, & à augmenter les lumiéres du public.

Si la *Mérope* Française a eu le même succès que la *Mérope* Italienne, c'est à vous, Monsieur, que je le dois ; c'est à cette simplicité, dont j'ai toujours été idolâtre, qui dans votre ouvrage m'a servi de modèle. Si j'ai marché dans une route différente, vous m'y avez toujours servi de guide.

J'aurais souhaité pouvoir, à l'exemple des Italiens & des Anglais, employer l'heureuse facilité des vers blancs, & je me suis souvenu plus d'une fois de ce passage du *Rucellaï*.

Tu sai purche l'imagin' della voce
Che risponde da i sassi, dove l'Echo alberga,

Sempre nemica fù del nostro regno,
E fù inventrice delle prime rime.

Mais je me suis apperçû, & j'ai dit, il y a long-tems, qu'une telle tentative n'aurait jamais de succès en France, & qu'il y aurait beaucoup plus de faiblesse que de force, à éluder un joug qu'ont porté les Auteurs de tant d'ouvrages qui dureront autant que la Nation Française. Notre Poësie n'a aucune des libertés de la vôtre, & c'est peut-être une des raisons pour lesquelles les Italiens nous ont précédé de plus de trois siécles dans cet Art si aimable & si difficile.

Je voudrais, Monsieur, pouvoir vous suivre dans vos autres connaissances, comme j'ai eu le bonheur de vous imiter dans la Tragédie. Que n'ai-je pû me former sur votre goût dans la science de l'Histoire, non pas dans cette science vague & stérile des faits & des dattes, qui se borne à savoir en quel tems mourut un homme inutile ou funeste au monde ; science uniquement de Dictionnaire, qui chargerait la mémoire sans éclairer l'esprit. Je veux parler de cette histoire de l'esprit humain, qui apprend à connaître les mœurs, qui nous trace de faute en faute, & de préjugé en préjugé, les effets des passions des hommes ; qui nous fait voir ce que l'ignorance, ou un savoir mal entendu, ont causé de maux, & qui suit sur-tout le fil du progrès des Arts, à travers ce choc effroyable de tant de Puissances, & ce bouleversement de tant d'Empires.

C'est par-là que l'Histoire m'est précieuse, & elle me le devient davantage, par la place que vous tiendrez parmi ceux qui ont donné de nouveaux plaisirs & de nouvelles lumières aux hommes. La postérité apprendra avec émulation, que votre patrie vous a rendu les honneurs les plus rares, & que Vérone vous a élevé une statuë, avec cette inscription, AU MARQUIS SCIPION MAFFEI, VIVANT : Inscription aussi belle, en son genre, que celle qu'on lit à Montpellier : *A Louis XIV. après sa mort.*

Daignez ajoûter, Monsieur, aux hommages de vos concitoyens, celui d'un étranger, que sa respectueuse estime vous attache autant que s'il était né à Vérone.

LETTRE
DE MONSIEUR
DE LA LINDELLE
A M. DE VOLTAIRE.

MONSIEUR,

VOus avez eu la politesse de dédier votre Tragédie de *Mérope* à Mr. *Maffei*, & vous avez rendu service aux gens de lettres d'Italie & de France, en remarquant, avec la grande connaissance que vous avez du Théâtre, la différence qui se trouve établie entre les bienséances de la Scène Française, & celles de la Scène Italienne.

Le goût que vous avez pour l'Italie, & les ménagemens que vous avez eu pour Mr. *Maffei*, ne vous ont pas permis de remarquer les défauts véritables de cet Auteur; mais moi qui n'ai en vuë que la vérité, & le progrès des Arts, je ne craindrai point de dire ce que pense le public éclairé, & ce que vous ne pouvez vous empêcher de penſer vous-même.

L'Abbé *des Fontaines* avait déja relevé quelques fautes palpables de la *Mérope* de Mr. *Maffei* ; mais à ſon ordinaire, avec plus de groſſièreté que de juſteſſe, il avait mêlé les bonnes critiques avec les mauvaiſes. Ce Satyrique décrié n'avait ni aſſez de connaiſſance de la langue Italienne, ni aſſez de goût pour porter un jugement ſain & exempt d'erreur.

Voici ce que penſent les Littérateurs les plus judicieux que j'ai conſultés en France & delà les monts. La *Mérope* leur paraît ſans contredit le ſujet le plus touchant & le plus vraiment tragique, qui ait jamais été au Théâtre ; il eſt fort au-deſſus de celui d'*Athalie*, en ce que la Reine *Athalie* ne veut pas aſſaſſiner le petit *Joas*, & qu'elle eſt trompée par le Grand-Prêtre qui veut venger ſur elle des crimes paſſés ; au lieu que dans la *Mérope*, c'eſt une mère qui en vengeant ſon fils, eſt ſur le point d'aſſaſſiner ce fils même, ſon amour & ſon eſpérance. L'intérêt de *Mérope* eſt tout autrement touchant que celui de la Tragédie d'*Athalie* ; mais il paraît que Mr. *Maffei* s'eſt contenté de ce que préſente naturellement ſon ſujet, & qu'il n'y a mis aucun art théâtral.

1. Les ſcènes ſouvent ne ſont point liées, & le Théâtre ſe trouve vuide ; défaut qui ne ſe pardonne pas aujourdhui aux moindres Poëtes.

2. Les Acteurs arrivent, & partent ſouvent ſans raiſon ; défaut non moins eſſentiel.

3. Nulle vraisemblance, nulle dignité, nulle bienséance, nul art dans le Dialogue, & cela dès la première scène, où l'on voit un Tyran raisonner paisiblement avec *Mérope*, dont il a égorgé le mari & les enfans, & lui parler d'amour; cela serait sifflé à Paris par les moins connaisseurs.

4. Tandis que le Tyran parle d'amour si ridiculement à cette vieille Reine, on annonce qu'on a trouvé un jeune homme coupable d'un meurtre: mais on ne sait point, dans le cours de la piéce, qui ce jeune homme a tué. Il prétend, que c'est un voleur qui voulait lui prendre ses habits. Quelle petitesse! quelle bassesse! quelle stérilité! Cela ne serait pas supportable dans une farce de la Foire.

5. Le Barigel, ou le Capitaine des Gardes, ou le Grand-Prévôt, il n'importe, interroge le meurtrier, qui porte au doigt un bel anneau, ce qui fait une scène du plus bas comique, laquelle est écrite d'une manière digne de la scène.

6. La mère s'imagine d'abord que le voleur, qui a été tué, est son fils. Il est pardonnable à une mère de tout craindre; mais il fallait à une Reine mère d'autres indices un peu plus nobles.

7. Au milieu de ces craintes le Tyran *Polifonte* raisonne de son prétendu amour avec la suivante de *Mérope*. Ces scènes froides & indécentes, qui ne sont imaginées que pour remplir un Acte, ne seraient pas souffertes sur un Théâtre Tragique régulier. Vous vous êtes contenté, Monsieur, de re-

marquer modestement une de ces scènes, dans laquelle la suivante de *Mérope* prie le Tyran de ne pas presser les nôces ; parce que, dit-elle, sa Maîtresse a *un assaut de fièvre* : & moi, Monsieur, je vous dis hardiment, au nom de tous les connaisseurs, qu'un tel dialogue, & une telle réponse, ne sont dignes que du Théâtre d'*Arlequin*.

8. J'ajoûterai encor, que quand la Reine, croyant son fils mort, dit, qu'elle veut arracher le cœur au meurtrier, & le déchirer avec les dents, elle parle en *Cannibale* plus encor qu'en mère affligée, & qu'il faut de la décence partout.

9. *Egiste*, qui a été annoncé comme un voleur, & qui a dit, qu'on l'avait voulu voler lui-même, est encor pris pour un voleur une seconde fois ; il est mené devant la Reine malgré le Roi, qui pourtant prend sa défense. La Reine le lie à une colomne, le veut tuer avec un dard, & avant de le tuer elle l'interroge. *Egiste* lui dit, que son père est un vieillard ; & à ce mot de vieillard la Reine s'attendrit. Voilà-t'il pas une bonne raison, de changer d'avis, & de soupçonner, qu'*Egiste* pourrait bien être son fils ? Voilà-t'il pas un indice bien marqué ? Est-il donc si étrange qu'un jeune homme ait un père âgé. *Maffei* a substitué cette faute, & ce manque d'art & de génie, à une autre faute plus grossière qu'il avait faite dans la première édition. *Egiste* disait à la Reine : *Ah ! Polidore, mon père*. Et ce *Polidore* était en effet l'homme à qui *Mérope* avait confié *Egiste*. Au nom de *Polidore*, la Reine ne

devait plus douter qu'*Egiste* ne fût son fils ; la piéce était finie. Ce défaut a été ôté ; mais on y a substitué un défaut encor plus grand.

10. Quand la Reine est ridiculement & sans raison en suspens sur ce mot de *Vieillard*, arrive le Tyran, qui prend *Egiste* sous sa protection. Le jeune homme, qu'on devait représenter comme un Héros, remercie le Roi de lui avoir donné la vie, & le remercie avec un avilissement & une bassesse, qui fait mal au cœur, & qui dégrade entiérement *Egiste*.

11. Ensuite *Mérope* & le Tyran passent leur tems ensemble. *Mérope* évapore sa colère en injures, qui ne finissent point. Rien n'est plus froid que ces scènes de déclamation qui manquent de nœud, d'embarras, de passion contrastée. Ce sont des scènes d'écolier. Toute scène qui n'est pas une espèce d'action est inutile.

12. Il y a si peu d'art dans cette piéce, que l'Auteur est toûjours forcé d'employer des confidentes & des confidens pour remplir son Théâtre. Le quatriéme Acte commence encor par une scène froide & inutile entre le Tyran & la suivante : ensuite cette suivante rencontre le jeune *Egiste*, je ne sai comment, & lui persuade de se reposer dans le vestibule, afin que, quand il sera endormi, la Reine puisse le tuer tout à son aise. En effet il s'endort comme il l'a promis. Belle intrigue ! & la Reine vient pour la seconde fois une hache à la main pour tuer le jeune homme qui dormait exprès. Cette situation répétée deux fois est le

comble de la stérilité, comme le sommeil du jeune homme est le comble du ridicule. Mr. *Maffei* prétend qu'il y a beaucoup de génie & de variété dans cette situation répétée ; parce que la première fois la Reine arrive avec un dard, & la seconde fois avec une hache : quel effort de génie !

13. Enfin le vieillard *Polidore* arrive tout à propos, & empêche la Reine de faire le coup : on croirait que ce beau moment devrait faire naître mille incidens intéressans entre la mère & le fils, entre eux deux & le Tyran. Rien de tout cela ; *Egiste* s'enfuit, & ne voit point sa mère ; il n'a aucune scène avec elle ; ce qui est encor un défaut de génie insupportable. *Mérope* demande au vieillard, quelle récompense il veut ; & ce vieux fou la prie de le rajeunir. Voilà à quoi passe son tems une Reine qui devrait courir après son fils. Tout cela est bas, déplacé & ridicule au dernier point.

14. Dans le cours de la pièce, le Tyran veut toûjours épouser ; & pour y parvenir, il fait dire à *Mérope*, qu'il va faire égorger tous les domestiques & les courtisans de cette Princesse, si elle ne lui donne la main. Quelle ridicule idée ! quel extravagant que ce Tyran ! Mr. *Maffei* ne pouvait-il trouver un meilleur prétexte pour sauver l'honneur de la Reine, qui a la lâcheté d'épouser le meurtrier de sa famille.

15. Autre puérilité de Collège. Le Tyran dit à son confident : *Je sai l'art de régner ; je ferai mourir les audacieux ; je lâcherai la bride à tous les vices ; j'inviterai mes sujets à com-*

mettre les plus grands crimes, en pardonnant aux plus coupables ; j'expoferai les gens de bien à la fureur des fcélerats &c. Quel homme a jamais penfé & prononcé de telles fottifes ? Cette déclamation de Régent de fixiéme ne donne-t'elle pas une jolie idée d'un homme qui fait gouverner ?

On a reproché au grand *Racine* d'avoir dans *Athalie* fait dire à *Mathan* trop de mal de lui-même. Encor *Mathan* parle-t'il raifonnablement ; mais ici c'eft le comble de la folie de prétendre que de tout mettre en combuftion foit l'art de régner : c'eft l'art d'être déthrôné, & on ne peut fans rire lire de pareilles abfurdités. M. *Maffei* eft un étrange politique.

En un mot, Monfieur, l'ouvrage de *Maffei*, eft un très-beau fujet, & une très-mauvaife piéce. Tout le monde convient à Paris, que la repréfentation n'en ferait pas achevée, & tous les gens fenfés d'Italie en font très-peu de cas. C'eft très-vainement, que l'Auteur dans fes voyages n'a rien négligé pour engager les plus mauvais Ecrivains à traduire fa Tragédie : il lui était bien plus aifé de payer un Traducteur que de rendre fa piéce bonne.

RÉPONSE
DE
M. DE VOLTAIRE
A M. DE LA LINDELLE.

La lettre que vous m'avez fait l'honneur de m'écrire, Monsieur, doit vous valoir le nom d'hypercritique, qu'on donnait à *Scaliger*. Vous me paroissez bien redoutable ; & si vous traitez ainsi Mr. *Maffei*, que n'ai-je point à craindre de vous ? J'avouë, que vous avez trop raison sur bien des points. Vous vous êtes donné la peine de ramasser beaucoup de ronces & d'épines ; mais pourquoi ne vous êtes-vous pas donné le plaisir de cueillir les fleurs ? Il y en a sans doute dans la Piéce de Mr. *Maffei*, & que j'ose croire immortelles. Telles sont les scènes de la mère & du fils, & le récit de la fin. Il me semble que ces morceaux sont bien touchans & bien pathétiques. Vous prétendez, que c'est le sujet seul qui en fait la beauté ; mais, Monsieur, n'était-ce pas le même sujet dans les autres Auteurs, qui ont traité la *Mérope* ? Pourquoi avec les mêmes secours n'ont-ils pas eu le même succès ? Cette seule raison ne prouve-t'elle pas, que Mr. *Maffei* doit autant à son génie qu'à son sujet ?

Je ne vous le diſſimulerai pas. Je trouve que Mr. *Maffei* a mis plus d'art que moi dans la manière dont il s'y prend pour faire penſer à *Mérope* que ſon fils eſt l'aſſaſſin de ſon fils même. Je n'ai pu me ſervir comme lui d'un anneau, parce que depuis l'*anneau royal* dont *Boileau* ſe moque dans ſes Satyres, cela ſemblerait trop petit ſur notre Théâtre. Il faut ſe plier aux uſages de ſon ſiécle & de ſa Nation : mais par cette raiſon-là-même il ne faut pas condamner légérement les Nations étrangères.

Ni Mr. *Maffei* ni moi n'expoſons des motifs bien néceſſaires pour que le Tyran *Polifonte* veuille abſolument épouſer *Mérope*. C'eſt peut-être là un défaut du ſujet ; mais je vous avouë, que je crois, qu'un tel défaut eſt fort léger, quand l'intérêt qu'il produit eſt conſidérable. Le grand point eſt d'émouvoir & de faire verſer des larmes. On a pleuré à Vérone & à Paris : voilà une grande réponſe aux Critiques. On ne peut être parfait ; mais qu'il eſt beau de toucher avec ſes imperfections ! Il eſt vrai qu'on pardonne beaucoup de choſes en Italie, qu'on ne paſſerait pas en France ; premiérement parce que les goûts, les bienſéances, les Théâtres n'y ſont pas les mêmes ; ſecondement, parce que les Italiens, n'ayant point de ville où l'on repréſente tous les jours des Piéces dramatiques, ne peuvent être auſſi exercés que nous en ce genre. Le beau monſtre de l'Opéra étouffe chez eux *Melpomène* ; & il y a tant de caſtrati, qu'il n'y a plus de place pour les *Eſopus* & les

Roscius. Mais si jamais les Italiens avaient un Théâtre régulier, je crois qu'ils iraient plus loin que nous. Leurs Théâtres sont mieux entendus, leur langue plus maniable, leurs vers blancs plus aisés à faire, leur Nation plus sensible. Il leur manque l'encouragement, l'abondance & la paix, &c.

ACTEURS.

MEROPE, Veuve de Cresfonte Roi de Messène.

EGISTE, Fils de Mérope.

POLIFONTE, Tyran de Messène.

NARBAS, Vieillard.

EURICLES, Favori de Mérope.

EROX, Favori de Polifonte.

ISMENIE, Confidente de Mérope.

La Scène est à Messène, dans le Palais de Mérope.

MEROPE,
TRAGEDIE.

ACTE PREMIER.

SCENE I.
MEROPE, ISMENIE.

ISMENIE.

Rande Reine, écartez ces horribles images ;
Goûtez des jours sereins nés du sein des orages.
Les Dieux nous ont donné la victoire & la paix :
Ainsi que leur courroux, ressentez leurs bienfaits
Messène, après quinze ans de guerres intestines,
Lève un front moins timide, & sort de ses ruïnes.
Vos yeux ne verront plus tous ces Chefs ennemis,
Divisés d'intérêts, & pour le crime unis,
Par les saccagemens, le sang & le ravage;
Du meilleur de nos Rois disputer l'héritage.

Nos Chefs, nos citoyens, raſſemblés ſous vos yeux,
Les organes des Loix, les Miniſtres des Dieux,
Vont, libres dans leur choix, décerner la Couronne.
Sans doute elle eſt à vous, ſi la vertu la donne.
Vous ſeule avez ſur nous d'irrévocables droits ;
Vous, veuve de Creſfonte, & fille de nos Rois ;
Vous, que tant de conſtance, & quinze ans de miſere,
Font encor plus auguſte, & nous rendent plus chères
Vous, pour qui tous les cœurs en ſecret réunis....

MEROPE.

Quoi ! Narbas ne vient point ! Reverrai-je mon fils ?

ISMENIE.

Vous pouvez l'eſpérer ; déja, d'un pas rapide,
Vos eſclaves en foule ont couru dans l'Elide.
La paix a de l'Elide ouvert tous les chemins.
Vous avez mis ſans doute en de fidèles mains
Ce dépôt ſi ſacré, l'objet de tant d'allarmes.

MEROPE.

Me rendrez-vous mon fils, Dieux témoins de mes
    larmes ?
Egiſte eſt-il vivant ? Avez-vous conſervé
Cet enfant malheureux, le ſeul que j'ai ſauvé ?
Ecartez loin de lui la main de l'homicide.
C'eſt votre fils, hélas ! c'eſt le pur ſang d'Alcide.
Abandonnerez-vous ce reſte précieux
Du plus juſte des Rois, & du plus grand des Dieux,
L'image de l'époux, dont j'adore la cendre !

ISMENIE.

Mais quoi ! cet intérêt, & ſi juſte, & ſi tendre,
De tout autre intérêt peut-il vous détourner ?

MEROPE.

Je ſuis mère : & tu peux encor t'en étonner ?

ISMENIE.

Du ſang dont vous ſortez l'auguſte caractère
Sera-t-il effacé par cet amour de mère ?

TRAGEDIE.

Son enfance était chère à vos yeux éplorés ;
Mais vous avez peu vû ce fils que vous pleurez.

MEROPE.

Mon cœur a vû toujours ce fils que je regrette ;
Ses périls nourriſſaient ma tendreſſe inquiette :
Un ſi juſte intérêt s'accrut avec le tems.
Un mot ſeul de Narbas, depuis plus de quatre ans,
Vint dans la ſolitude, où j'étais retenuë,
Porter un nouveau trouble à mon ame éperduë.
Egiſte, écrivait-il, mérite un meilleur ſort ;
Il eſt digne de vous, & des Dieux dont il ſort :
En butte à tous les maux, ſa vertu le ſurmonte :
Eſpérez tout de lui : mais craignez Polifonte.

ISMENIE.

De Polifonte au-moins prévenez les deſſeins ;
Laiſſez paſſer l'Empire en vos auguſtes mains.

MEROPE.

L'Empire eſt à mon fils. Périſſe la marâtre !
Périſſe le cœur dur, de ſoi-même idolâtre,
Qui peut goûter en paix, dans le ſuprême rang,
Le barbare plaiſir d'hériter de ſon ſang !
Si je n'ai plus de fils, que m'importe un Empire ?
Que m'importe ce Ciel, ce jour que je reſpire ?
Je dûs y renoncer, alors que dans ces lieux
Mon époux fut trahi des mortels & des Dieux.
O perfidie ! ô crime ! ô jour fatal au monde !
O mort, toujours préſente à ma douleur profonde !
J'entens encor ces voix, ces lamentables cris,
Ces cris : » Sauvez le Roi, ſon épouſe & ſes fils.
Je vois ces murs ſanglans, ces portes embraſées,
Sous ces lambris fumans ces femmes écraſées,
Ces eſclaves fuyans le tumulte, l'effroi,
Les armes, les flambeaux, la mort autour de moi.
Là, nageant dans ſon ſang, & ſouillé de pouſſière
Tournant encor vers moi ſa mourante paupière,

220 MEROPE,

Cresfonte en expirant me ferra dans fes bras ;
Là, deux fils malheureux, condamnés au trépas,
Tendres, & premiers fruits d'une union fi chère,
Sanglans & renverfés fur le fein de leur père,
A peine foulevaient leurs innocentes mains.
Hélas ! ils m'imploraient contre leurs affaffins.
Egifte échappa feul : un Dieu prit fa défenfe.
Veille fur lui, grand Dieu, qui fauvas fon enfance :
Qu'il vienne ; que Narbas le ramène à mes yeux,
Du fond de fes déferts au rang de fes ayeux !
J'ai fupporté quinze ans mes fers & fon abfence ;
Qu'il règne au lieu de moi : voilà ma récompenfe.

SCENE II.

MEROPE, ISMENIE, EURICLES.

MEROPE.

EH bien ! Narbas ? mon fils ?

EURICLES.

Vous me voyez confus.
Tant de pas, tant de foins ont été fuperflus.
On a couru, Madame, aux rives du Penée,
Dans les champs d'Olympie, aux murs de Salmonée ;
Narbas eft inconnu ; le fort dans ces climats
Dérobe à tous les yeux la trace de fes pas.

MEROPE.

Hélas ! Narbas n'eft plus ; j'ai tout perdu, fans doute.

ISMENIE.

Vous croyez tous les maux que votre ame redoute ;
Peut-être, fur les bruits de cette heureufe paix,
Narbas ramène un fils fi cher à nos fouhaits.

TRAGEDIE.

EURICLES.

Peut-être sa tendresse, éclairée & discrète,
A caché son voyage, ainsi que sa retraite :
Il veille sur Egiste ; il craint ces assassins,
Qui du Roi votre époux ont tranché les destins.
De leurs affreux complots il faut tromper la rage.
Autant que je l'ai pû j'assure son passage ;
Et j'ai sur ces chemins de carnage abreuvés,
Des yeux toûjours ouverts, & des bras éprouvés.

MEROPE.

Dans ta fidélité j'ai mis ma confiance.

EURICLES.

Hélas ! que peut pour vous ma triste vigilance ?
On va donner son Thrône ; en vain ma faible voix,
Du sang qui le fit naître a fait parler les droits.
L'injustice triomphe, & ce Peuple à sa honte,
Aux mépris de nos loix, penche vers Polifonte.

MEROPE.

Et le sort jusques-là pourrait nous avilir ?
Mon fils dans ses Etats reviendrait pour servir ?
Il verrait son sujet au rang de ses ancêtres ?
Le sang de Jupiter aurait ici des Maîtres ?
Je n'ai donc plus d'amis ? Le nom de mon époux,
Insensibles sujets, a donc péri pour vous ?
Vous avez oublié ses bienfaits & sa gloire ?

EURICLES.

Le nom de votre époux est cher à leur mémoire ;
On regrette Cresfonte, on le pleure, on vous plaint ;
Mais la force l'emporte, & Polifonte est craint.

MEROPE.

Ainsi donc par mon Peuple en tout tems accablée,
Je verrai la justice à la brigue immolée,
Et le vil intérêt, cet arbitre du sort,
Vend toûjours le plus faible aux crimes du plus fort !
Allons, & rallumons dans ces ames timides

Ces regrets mal éteints du sang des Héraclides :
Flatons leur espérance, excitons leur amour ;
Parlez, & de leur Maître annoncez le retour.

EURICLES.

Je n'ai que trop parlé ; Polifonte en allarmes,
Craint déja votre fils, & redoute vos larmes.
La fière ambition, dont il est dévoré,
Est inquiette, ardente, & n'a rien de sacré.
S'il chassa les brigands de Pilos & d'Amphrise ;
S'il a sauvé Messène, il croit l'avoir conquise.
Il agit pour lui seul, il veut tout asservir :
Il touche à la Couronne ; & pour mieux la ravir,
Il n'est point de rempart que sa main ne renverse,
De loix qu'il ne corrompe, & de sang qu'il ne verse :
Ceux, dont la main cruelle égorgea votre époux,
Peut-être ne sont pas plus à craindre pour vous.

MEROPE.

Quoi ! par-tout sous mes pas le sort creuse un abîme !
Je vois autour de moi le danger & le crime !
Polifonte un sujet de qui les attentats...

EURICLES.

Dissimulez, Madame, il porte ici ses pas.

SCENE III.

MEROPE, POLIFONTE, EROX.

POLIFONTE.

MAdame, il faut enfin que mon cœur se déploye ;
Ce bras qui vous servit m'ouvre au Throne une voye,
Et les Chefs de l'Etat, tout prêts de prononcer,
Me font entre nous deux l'honneur de balancer.
Des partis opposés qui désolaient Messènes,

Qui versaient tant de sang, qui formaient tant de
    haines,
Il ne reste aujourdhui que le vôtre & le mien.
Nous devons l'un à l'autre un mutuel soutien :
Nos ennemis communs, l'amour de la patrie,
Le devoir, l'intérêt, la raison, tout nous lie :
Tout vous dit qu'un guerrier, vengeur de votre
    époux,
S'il aspire à régner, peut aspirer à vous.
Je me connais, je sai, que, blanchi sous les armes,
Ce front triste & sévère a pour vous peu de charmes:
Je sai que vos appas, encor dans leur printems,
Pourraient s'affaroucher de l'hyver de mes ans ;
Mais la raison d'Etat connait peu ces caprices :
Et de ce front guerrier les nobles cicatrices
Ne peuvent se couvrir que du bandeau des Rois.
Je veux le Sceptre & vous, pour prix de mes exploits.
N'en croyez pas, Madame, un orgueil téméraire ;
Vous êtes de nos Rois & la fille & la mere ;
Mais l'Etat veut un Maître & vous devez songer
Que pour garder vos droits il les faut partager.

MEROPE.

Le Ciel, qui m'accabla du poids de sa disgrace,
Ne m'a point préparée à ce comble d'audace.
Sujet de mon époux, vous m'osez proposer
De trahir sa mémoire, & de vous épouser ?
Moi, j'irais de mon fils, du seul bien qui me reste,
Déchirer avec vous l'héritage funeste ?
Je mettrais en vos mains sa mere & son Etat,
Et le bandeau des Rois sur le front d'un soldat ?

POLIFONTE.

Un soldat tel que moi peut justement prétendre
A gouverner l'Etat, quand il l'a sû défendre.
Le premier qui fut Roi fut un soldat heureux.
Qui sert bien son pays n'a pas besoin d'ayeux.

Je n'ai plus rien du sang qui m'a donné la vie :
Ce sang s'est épuisé, versé pour la patrie :
Ce sang coula pour vous : & malgré vos refus,
Je crois valoir au moins les Rois que j'ai vaincus.
Et je n'offre en un mot à votre ame rebelle
Que la moitié d'un Throne où mon parti m'appelle.

MEROPE.

Un parti ! Vous barbare, au mépris de nos loix !
Est-il d'autre parti que celui de vos Rois ?
Est-ce-là cette foi, si pure & si sacrée,
Qu'à mon époux, à moi, votre bouche a jurée ?
La foi que vous devez à ses Mânes trahis,
A sa veuve éperduë, à son malheureux fils,
A ces Dieux dont il sort, & dont il tient l'Empire !

POLIFONTE.

Il est encor douteux si votre fils respire.
Mais quand du sein des morts il viendrait en ces lieux,
Redemander son Throne à la face des Dieux,
Ne vous y trompez pas, Messène veut un Maître
Eprouvé par le tems, digne en effet de l'être ;
Un Roi qui la défende : & j'ose me flater
Que le vengeur du Throne a seul droit d'y monter.
Egiste, jeune encor, & sans expérience,
Etalerait en vain l'orgueil de sa naissance ;
N'ayant rien fait pour nous, il n'a rien mérité.
D'un prix bien différent ce Throne est acheté.
Le droit de commander n'est plus un avantage,
Transmis par la nature, ainsi qu'un héritage ;
C'est le fruit des travaux & du sang épandu ;
C'est le prix du courage : & je crois qu'il m'est dû.
Souvenez-vous du jour où vous fûtes surprise
Par ces lâches brigands de Pilos & d'Amphrise :
Revoyez votre époux, & vos fils malheureux,
Presque en votre présence assassinés par eux ?

Revoyez

TRAGEDIE.

Revoyez-moi, Madame, arrêtant leur furie,
Chassant vos ennemis, défendant la patrie :
Voyez ces murs enfin par mon bras délivrés :
Songez que j'ai vengé l'époux que vous pleurez.
Voilà mes droits, Madame, & mon rang & mon titre.
La valeur fit ces droits : le Ciel en est l'arbitre.
Que votre fils revienne ; il apprendra sous moi,
Les leçons de la gloire, & l'art de vivre en Roi ;
Il verra si mon front soutiendra la Couronne.
Le sang d'Alcide est beau, mais n'a rien qui m'étonne.
Je recherche un honneur, & plus noble, & plus grand ;
Je songe à ressembler au Dieu dont il descend :
En un mot, c'est à moi de défendre la mere,
Et de servir au fils & d'exemple & de pere.

MEROPE.

N'affectez point ici des soins si généreux,
Et cessez d'insulter à mon fils malheureux.
Si vous osez marcher sur les traces d'Alcide,
Rendez donc l'héritage au fils d'un Héraclide.
Ce Dieu, dont vous seriez l'injuste successeur,
Vengeur de tant d'Etats, n'en fut point ravisseur.
Imitez sa justice, ainsi que sa vaillance :
Défendez votre Roi, secourez l'innocence :
Découvrez, rendez-moi ce fils que j'ai perdu,
Et méritez sa mere à force de vertu :
Dans vos murs relevés rappellez votre Maître.
Alors jusques à vous je descendrais peut-être.
Je pourrais m'abaisser ; mais je ne peux jamais
Devenir la complice & le prix des forfaits.

SCENE IV.
POLIFONTE, EROX.

EROX.

Seigneur, attendez-vous que son ame fléchisse ?
Ne pouvez-vous régner qu'au gré de son caprice ?
Vous avez sû du Throne applanir le chemin ;
Et pour vous y placer vous attendez sa main ?

POLIFONTE.

Entre ce Throne & moi je vois un précipice ;
Il faut que ma fortune y tombe ou le franchisse.
Mérope attend Egiste : & le peuple aujourdhui,
Si son fils reparaît, peut se tourner vers lui.
En vain, quand j'immolai son pere & ses deux freres,
De ce Throne sanglant je m'ouvris les barrières :
En vain, dans ce palais, où la sédition
Remplissait tout d'horreur & de confusion,
Ma fortune a permis qu'un voile heureux & sombre
Couvrît mes attentats du secret de son ombre :
En vain, du sang des Rois, dont je suis l'oppresseur,
Les peuples abusés m'ont crû le défenseur.
Nous touchons au moment où mon sort se décide.
S'il reste un rejetton de la race d'Alcide,
Si ce fils, tant pleuré, dans Messène est produit,
De quinze ans de travaux j'ai perdu tout le fruit.
Croi-moi, ces préjugés de sang & de naissance
Reviveront dans les cœurs, y prendront sa défense.
Le souvenir du pere, & cent Rois pour ayeux,
Cet honneur prétendu d'être issu de nos Dieux,
Les cris, le désespoir d'une mere éplorée,
détruiront ma puissance encor mal assurée.
Egiste est l'ennemi dont il faut triompher.

Jadis dans son berceau je voulus l'étouffer.
De Narbas à mes yeux l'adroite diligence
Aux mains qui me servaient arracha son enfance :
Narbas, depuis ce tems, errant loin de ces bords,
A bravé ma recherche, a trompé mes efforts.
J'arrêtai ses couriers, ma juste prévoyance
De Mérope & de lui rompit l'intelligence.
Mais je connais le sort, il peut se démentir ;
De la nuit du silence un secret peut sortir ;
Et des Dieux quelquefois la longue patience
Fait sur nous à pas lents descendre la vengeance.

EROX.

Ah ! livrez-vous sans crainte à vos heureux destins.
La prudence est le Dieu qui veille à vos desseins.
Vos ordres sont suivis : déja vos satellites
D'Elide & de Messène occupent les limites.
Si Narbas reparaît, si jamais à leurs yeux
Narbas ramène Egiste, ils périssent tous deux.

POLIFONTE.

Mais, me répons-tu bien de leur aveugle zèle ?

EROX.

Vous les avez guidés par une main fidèle :
Aucun d'eux ne connaît ce sang qui doit couler,
Ni le nom de ce Roi qu'ils doivent immoler.
Narbas leur est dépeint comme un traître, un transfuge,
Un criminel errant, qui demande un refuge ;
L'autre, comme un esclave, & comme un meurtrier,
Qu'à la rigueur des Loix il faut sacrifier.

POLIFONTE.

Eh bien, encor ce crime ! Il m'est trop nécessaire ;
Mais en perdant le fils, j'ai besoin de la mere ;
J'ai besoin d'un hymen utile à ma grandeur,
Qui détourne de moi le nom d'usurpateur,
Qui fixe enfin les vœux de ce peuple infidelle.

Qui m'apporte pour dot l'amour qu'on a pour elle.
Je lis au fond des cœurs ; à peine ils font à moi :
Echauffés par l'espoir, ou glacés par l'effroi,
L'intérêt me les donne, il les ravit de même.
Toi, dont le fort dépend de ma grandeur suprême,
Appui de mes projets, par tes soins dirigés,
Erox, va réunir les esprits partagés ;
Que l'avare en secret te vende son suffrage ;
Assure au courtisan ma faveur en partage ;
Du lâche qui balance échauffe les esprits :
Promets, donne, conjure, intimide, éblouis.
Ce fer aux pieds du Throne en vain m'a sû conduire;
C'est encor peu de vaincre, il faut savoir séduire,
Flater l'hydre du peuple, au frein l'accoûtumer,
Et pousser l'art enfin jusqu'à m'en faire aimer.

Fin du premier Acte.

ACTE II.

SCENE I.

MEROPE, EURICLES, ISMENIE.

MEROPE.

Quoi ! l'Univers se taît sur le destin d'Egiste !
Je n'entens que trop bien ce silence si triste.
Aux frontières d'Elide enfin n'a-t'on rien sû ?

EURICLES.

On n'a rien découvert, & tout ce qu'on a vû,
C'est un jeune étranger, de qui la main sanglante
D'un meurtre encor récent paraissait dégouttante :
Enchaîné par mon ordre, on l'amène au Palais.

MEROPE.

Un meurtre ! Un inconnu ! Qu'a-t'il fait, Euriclès ?
Quel sang a-t'il versé ? Vous me glacez de crainte.

EURICLES.

Triste effet de l'amour dont votre ame est atteinte !
Le moindre événement vous porte un coup mortel;
Tout sert à déchirer ce cœur trop maternel :
Tout fait parler en vous la voix de la Nature.
Mais de ce meurtrier la commune avanture
N'a rien dont vos esprits doivent être agités.
De crimes, de brigands ces bords sont infectés ;
C'est le fruit malheureux de nos guerres civiles.

La justice est sans force ; & nos champs, & nos villes,
Redemandent aux Dieux, trop long-tems négligés,
Le sang des citoyens l'un par l'autre égorgés.
Ecartez des terreurs dont le poids vous afflige.
MEROPE.
Quel est cet inconnu ? Répondez-moi, vous dis-je.
EURICLES.
C'est un de ces mortels du sort abandonnés,
Nourris dans la bassesse, aux travaux condamnés ;
Un malheureux sans nom, si l'on croit l'apparence.
MEROPE.
N'importe ; quel qu'il soit, qu'il vienne en ma
   présence.
Le témoin le plus vil, & les moindres clartés,
Nous montrent quelquefois de grandes vérités.
Peut-être j'en crois trop le trouble qui me presse ;
Mais ayez-en pitié, respectez ma faiblesse :
Mon cœur a tout à craindre, & rien à négliger.
Qu'il vienne, je le veux, je veux l'interroger.
EURICLES.
(à Isménie.)
Vous serez obéïe. Allez, & qu'on l'amène.
Qu'il paraisse à l'instant aux regards de la Reine.
MEROPE.
Je sens que je vai prendre un inutile soin :
Mon désespoir m'aveugle, il m'emporte trop loin,
Vous savez s'il est juste. On comble ma misère ;
On détrhone le fils ; on outrage la mere.
Polifonte, abusant de mon triste destin,
Ose enfin s'oublier jusqu'à m'offrir sa main.
EURICLES.
Vos malheurs sont plus grands que vous ne pouvez
   croire.
Je sai que cet hymen offense votre gloire :
Mais je voi qu'on l'exige ; & le sort irrité

TRAGEDIE.

Vous fait de cet opprobre une néceſſité.
C'eſt un cruel parti ; mais c'eſt le ſeul , peut-être ,
Qui pourrait conſerver le Throne à ſon vrai Maître.
Tel eſt le ſentiment des Chefs & des ſoldats ;
Et l'on croit...

MEROPE.

Non , mon fils ne le ſouffrirait-pas.
L'exil , où ſon enfance a langui condamnée ,
Lui ſerait moins affreux que ce lâche hyménée.

EURICLES.

Il le condamnerait , ſi , paiſible en ſon rang,
Il n'en croyait ici que les droits de ſon ſang ;
Mais ſi par les malheurs ſon ame était inſtruite ,
Sur ſes vrais intérêts s'il réglait ſa conduite ,
De ſes triſtes amis s'il conſultait la voix ,
Et la néceſſité ſouveraine des loix ,
Il verrait que jamais ſa malheureuſe mere
Ne lui donna d'amour une marque plus chere.

MEROPE.

Ah ! que me dites-vous ?

EURICLES.

De dures vérités ,
Que m'arrachent mon zèle & vos calamités.

MEROPE.

Quoi ! Vous me demandez que l'intérêt ſurmonte
Cette invincible horreur que j'ai pour Polifonte !
Vous , qui me l'avez peint de ſi noires couleurs !

EURICLES.

Je l'ai peint dangereux , je connais ſes fureurs ;
Mais il eſt tout-puiſſant ; mais rien ne lui réſiſte ;
Il eſt ſans héritier , & vous aimez Egiſte.

MEROPE.

Ah ! c'eſt ce même amour , à mon cœur précieux ,
Qui me rend Polifonte encor plus odieux.
Que parlez-vous toujours , & d'hymen , & d'Empire ?

Parlez-moi de mon fils ; dites-moi s'il respire.
Cruel ! apprenez-moi...
EURICLES.
Voici cet étranger,
Que vos tristes soupçons brûlaient d'interroger.

SCENE II.
MEROPE, EURICLES, EGISTE *enchaîné*, ISMENIE, Gardes.

EGISTE, *dans le fond du Théâtre, à Isménie.*

Est-ce là cette Reine auguste & malheureuse,
Celle de qui la gloire, & l'infortune affreuse,
Retentit jusqu'à moi dans le fond des déserts ?
ISMENIE.
Rassurez vous, c'est elle.
EGISTE.
O Dieu de l'Univers !
Dieu, qui formas ses traits, veille sur ton image.
La vertu sur le Throne est ton plus digne ouvrage.
MEROPE.
C'est-là ce meurtrier ? Se peut-il qu'un mortel
Sous des dehors si doux ait un cœur si cruel ?
Approche, malheureux, & dissipe tes craintes.
Répon-moi: de quel sang tes mains sont-elles teintes?
EGISTE.
O Reine ! pardonnez. Le trouble, le respect,
Glacent ma triste voix tremblante à votre aspect.
(*à Euricles.*)
Mon ame en sa présence, étonnée, attendrie...
MEROPE.
Parle. De qui ton bras a-t'il tranché la vie !

TRAGEDIE.

EGISTE.

D'un jeune audacieux, que les arrêts du fort,
Et ſes propres fureurs, ont conduit à la mort.

MEROPE.

D'un jeune homme ! Mon ſang s'eſt glacé dans mes veines.
Ah ! … T'était-il connu ?

EGISTE.

Non : les champs de Meſſènes,
Ses murs, leurs citoyens, tout eſt nouveau pour moi.

MEROPE.

Quoi ! Ce jeune inconnu s'eſt armé contre toi ?
Tu n'aurais employé qu'une juſte défenſe ?

EGISTE.

J'en atteſte le Ciel ; il ſait mon innocence.
Aux bords de la Pamiſe, en un Temple ſacré,
Où l'un de vos ayeux, Hercule, eſt adoré,
J'oſais prier pour vous ce Dieu vengeur des crimes,
Je ne pouvais offrir, ni préſens, ni victimes;
Né dans la pauvreté, j'offrais de ſimples vœux,
Un cœur pur & ſoumis, préſent des malheureux,
Il ſemblait que le Dieu, touché de mon hommage,
Au-deſſus de moi-même élevât mon courage.
Deux inconnus armés m'ont abordé ſoudain,
L'un dans la fleur des ans, l'autre vers ſon déclin.
Quel eſt donc, m'ont-ils dit, le deſſein qui te guide?
Et quels vœux formes-tu pour la race d'Alcide ?
L'un & l'autre à ces mots ont levé le poignard;
Le Ciel m'a ſecouru dans ce triſte hazard.
Cette main du plus jeune a puni la furie ;
Percé de coups, Madame, il eſt tombé ſans vie :
L'autre a fui lâchement, tel qu'un vil aſſaſſin.
Et moi, je l'avoûerai, de mon ſort incertain,
Ignorant de quel ſang j'avais rougi la terre,
Craignant d'être puni d'un meurtre involontaire,

J'ai traîné dans les flots ce corps enfanglanté :
Je fuyais ; vos foldats m'ont bientôt arrêté :
Ils ont nommé *Mérope*, & j'ai rendu les armes.

EURICLES.

Eh ! Madame, d'où vient que vous verfez des larmes ?

MEROPE.

Te le dirai-je ? Hélas ! tandis qu'il m'a parlé ,
Sa voix m'attendriffait, tout mon cœur s'eft troublé.
Cresfonte, ô Ciel !... j'ai cru... Que j'en rougis de honte !
Oui , j'ai cru démêler quelques traits de Cresfonte.
Jeux cruels du hazard, en qui me montrez-vous
Une fi fauffe image , & des rapports fi doux ?
Affreux reffouvenir , quel vain fonge m'abufe !

EURICLES.

Rejettez donc, Madame, un foupçon qui l'accufe ;
Il n'a rien d'un barbate , & rien d'un impofteur.

MEROPE.

Les Dieux ont fur fon front imprimé la candeur.
Demeurez ; en quel lieu le Ciel vous fit-il naître ?

EGISTE.

En Elide.

MEROPE.

Qu'entens-je ! en Elide ! Ah ! peut-être...
L'Elide... répondez... Narbas vous eft connu ?
Le nom d'Egifte au moins jufqu'à vous eft venu ?
Quel était votre état, votre rang, votre pere ?

EGISTE.

Mon pere eft un vieillard accablé de mifere ;
Policlète eft fon nom ; mais Egifte , Narbas,
Ceux dont vous me parlez , je ne les connais pas.

MEROPE.

O Dieux ! vous vous jouez d'une trifte mortelle.
J'avais de quelque efpoir une faible étincelle :
J'entrevoyais le jour, & mes yeux affligés

Dans la profonde nuit sont déja replongés.
Et quel rang vos parens tiennent-ils dans la Grèce?
EGISTE.
Si la vertu suffit pour faire la noblesse,
Ceux dont je tiens le jour, Policlète, Sirris,
Ne sont point des mortels dignes de vos mépris:
Leur sort les avilit ; mais leur sage constance
Fait respecter en eux l'honorable indigence.
Sous ses rustiques toits, mon pere vertueux
Fait le bien, suit les loix, & ne craint que les Dieux.
MEROPE.
Chaque mot qu'il me dit, est plein de nouveaux charmes :
Pourquoi donc le quitter, pourquoi causer ses larmes ?
Sans doute il est affreux d'être privé d'un fils.
EGISTE.
Un vain désir de gloire a séduit mes esprits.
On me parlait souvent des troubles de Messène,
Des malheurs dont le Ciel avait frappé la Reine,
Surtout de ses vertus dignes d'un autre prix :
Je me sentais ému par ces tristes récits.
De l'Elide en secret dédaignant la mollesse,
J'ai voulu dans la guerre exercer ma jeunesse,
Servir sous vos drapeaux & vous offrir mon bras ;
Voilà le seul dessein qui conduisit mes pas.
Ce faux instinct de gloire égara mon courage :
A mes parens, flétris sous les rides de l'âge,
J'ai de mes jeunes ans dérobé les secours :
C'est ma première faute, elle a troublé mes jours.
Le Ciel m'en a puni : le Ciel inexorable
M'a conduit dans le piége, & m'a rendu coupable.
MEROPE.
Il ne l'est point, j'en crois son ingénuité :

Le mensonge n'a point cette simplicité.
Tendons à sa jeunesse une main bienfaisante ;
C'est un infortuné que le Ciel me présente.
Il suffit qu'il soit homme, & qu'il soit malheureux.
Mon fils peut éprouver un sort plus rigoureux.
Il me rappelle Egiste ; Egiste est de son âge :
Peut-être, comme lui, de rivage en rivage,
Inconnu, fugitif, & par-tout rebuté,
Il souffre le mépris qui suit la pauvreté.
L'opprobre avilit l'ame, & flétrit le courage.
Pour le sang de nos Dieux quel horrible partage !
Si du moins...

SCENE III.

MEROPE, EGISTE, EURICLES, ISMENIE.

ISMENIE.

AH ! Madame, entendez-vous ces cris ?
Savez-vous bien ?...

MEROPE.
Quel trouble allarme tes esprits ?
ISMENIE.
Polifonte l'emporte, & nos peuples volages
A son ambition prodiguent leurs suffrages.
Il est Roi, c'en est fait.
EGISTE.
J'avais cru que les Dieux
Auraient placé Mérope au rang de ses ayeux.
Dieux ! Que plus on est grand, plus vos coups sont
    à craindre !
Errant, abandonné, je suis le moins à plaindre.

Tout homme a ses malheurs.
(*On emmène Egiste.*)

EURICLES à *Mérope*.

Je vous l'avais prédit :
Vous avez trop bravé son offre & son crédit.

MEROPE.

Je vois toute l'horreur de l'abîme où nous sommes.
J'ai mal connu les Dieux, j'ai mal connu les hommes.
J'en attendais justice ; ils la refusent tous.

EURICLES.

Permettez que du moins j'assemble autour de vous
Ce peu de nos amis, qui dans un tel orage
Pourraient encor sauver les débris du naufrage,
Et vous mettre à l'abri des nouveaux attentats
D'un Maître dangereux, & d'un peuple d'ingrats.

SCENE IV.

MEROPE, ISMENIE.

ISMENIE.

L'Etat n'est point ingrat ; non, Madame, on vous aime ;
On vous conserve encor l'honneur du Diadême :
On veut que Polifonte, en vous donnant la main,
Semble tenir de vous le pouvoir souverain.

MEROPE.

On ose me donner au Tyran qui me brave ;
On a trahi le fils, on fait la mere esclave.

ISMENIE.

Le peuple vous rappelle au rang de vos ayeux ;
Suivez sa voix, Madame, elle est la voix des Dieux.

MEROPE.

Inhumaine, tu veux que Mérope avilie,
Rachete un vain honneur à force d'infamie !

SCENE V.
MEROPE, EURICLES, ISMENIE.

EURICLES.

Madame, je reviens en tremblant devant vous;
Préparez ce grand cœur aux plus terribles
coups.
Rappellez votre force à ce dernier outrage.

MEROPE.
Je n'en ai plus, les maux ont laſſé mon courage;
Mais, n'importe; parlez.

EURICLES.
C'en eſt fait; & le ſort...
Je ne puis achever.

MEROPE.
Quoi! mon fils!

EURICLES.
Il eſt mort;
Il eſt trop vrai; déja cette horrible nouvelle
Conſterne vos amis, & glace tout leur zèle.

MEROPE.
Mon fils eſt mort!

ISMENIE.
O Dieux!

EURICLES.
D'indignes aſſaſſins,
Des piéges de la mort ont ſemé les chemins.
Le crime eſt conſommé.

MEROPE.
Quoi! ce jour que j'abhorre,
Ce Soleil luit pour moi! Mérope vit encore!

TRAGEDIE.

Il n'est plus ! Quelles mains ont déchiré son flanc ?
Quel monstre a répandu les restes de mon sang ?
EURICLES.
Hélas ! cet étranger ! ce séducteur impie,
Dont vous-même admiriez la vertu poursuivie,
Pour qui tant de pitié naissait dans votre sein,
Lui que vous protégiez !
MEROPE.
Ce monstre est l'assassin !
EUICLES.
Oui, Madame : on en a des preuves trop certaines,
On vient de découvrir, de mettre dans les chaînes
Deux de ses compagnons, qui cachés parmi nous,
Cherchaient encor Narbas échappé de leurs coups.
Celui qui sur Egiste a mis ses mains hardies,
A pris de votre fils les dépouilles chéries,
(On apporte cette armure dans le fond du Théâtre.)
L'armure que Narbas emporta de ces lieux :
Le traître avait jetté ces gages précieux,
Pour n'être point connu par ces marques sanglantes.
MEROPE.
Ah ! que me dites-vous ! Mes mains, ces mains tremblantes
En armerent Cresfonte, alors que de mes bras
Pour la premiere fois il courut aux combats.
O dépouille trop chère, en quelles mains livrée !
Quoi ! ce monstre avait pris cette armure sacrée ?
EURICLES.
Celle qu'Egiste même apportait en ces lieux.
MEROPE.
Et teinte de son sang on la montre à mes yeux ?
Ce vieillard qu'on a vû dans le Temple d'Alcide...
EURICLES.
C'était Narbas, c'était son déplorable guide ;
Polifonte l'avoue.

MEROPE.
     Affreufe vérité !
Hélas ! de l'affaffin le bras enfanglanté,
Pour dérober aux yeux fon crime & fon parjure,
Donne à mon fils fanglant les flots pour fépulture.
Je vois tout. O mon fils, quel horrible deftin !
EURICLES.
Voulez-vous tout favoir de ce lâche affaffin ?

SCENE VI.
MEROPE, EURICLES, ISMENIE, EROX, Gardes de Polifonte.

EROX.

Madame, par ma voix, permettez que mon Maître,
Trop dédaigné de vous, trop méconnu peut-être,
Dans ces cruels momens vous offre fon fecours.
Il a fu que d'Egifte on a tranché les jours ;
Et cette part qu'il prend aux malheurs de la Reine.

MEROPE.
Il y prend part, Erox, & je le croi fans peine ;
Il en jouit du moins, & les deftins l'ont mis
Au Thrône de Crefonte, au Thrône de mon fils.

EROX.
Il vous offre ce Thrône ; agréez qu'il partage
De ce fils, qui n'eft plus le fanglant héritage,
Et que dans vos malheurs il mette à vos genoux
Un front que la Couronne a fait digne de vous ;
Mais il faut dans mes mains remettre le coupable :
Le droit de le punir eft un droit refpectable
C'eft le devoir des Rois ; le glaive de Thémis,

TRAGEDIE. 241

Ce grand soutien du Thrône à lui seul est commis :
A vous, comme à son peuple, il veut rendre justice.
Le sang des assassins est le vrai sacrifice
Qui doit de votre hymen ensanglanter l'Autel.

MEROPE.

Non, je veux que ma main porte le coup mortel.
Si Polifonte est Roi, je veux que sa puissance
Laisse à mon désespoir le soin de ma vengeance.
Qu'il régne, qu'il posséde & mes biens & mon rang ;
Tout l'honneur que je veux, c'est de venger mon sang.
Ma main est à ce prix ; allez, qu'il s'y prépare :
Je la retirerai du sein de ce barbare,
Pour la porter fumante aux Autels de nos Dieux.

EROX.

Le Roi, n'en doutez point, va remplir tous vos vœux.
Croyez qu'à vos regrets son cœur sera sensible.

SCENE VII.

MEROPE, EURICLES, ISMENIE.

MEROPE.

Non, ne m'en croyez point ; non, cet hymen horrible,
Cet hymen que je crains, ne s'accomplira pas.
Au sein du meurtrier j'enfoncerai mon bras ;
Mais ce bras à l'instant m'arrachera la vie.

EURICLES.

Madame, au nom des Dieux...

MEROPE.

Ils m'ont trop pourſuivie!
Irai-je à leurs Autels, objet de leur courroux,
Quand ils m'ôtent un fils, demander un époux,
Joindre un Sceptre étranger au Sceptre de mes pères,
Et les flambeaux d'hymen aux flambeaux funéraires?
Moi vivre, moi lever mes regards éperdus
Vers ce Ciel outragé que mon fils ne voit plus!
Sous un Maître odieux, dévorant ma triſteſſe,
Attendre dans les pleurs une affreuſe vieilleſſe!
Quand on a tout perdu, quand on n'a plus d'eſpoir,
La vie eſt un opprobre, & la mort un devoir.

Fin du ſecond Acte.

ACTE III.

SCENE I.
NARBAS.

O Douleur! ô regrets! ô vieillesse pesante!
Je n'ai pû retenir cette fougue imprudente,
Cette ardeur d'un Héros, ce courage emporté,
S'indignant dans mes bras de son obscurité.
Je l'ai perdu ; la mort me l'a ravi peut-être.
De quel front aborder la mere de mon Maître ?
Quels maux sont en ces lieux accumulés sur moi !
Je reviens sans Egiste, & Polifonte est Roi !
Cet heureux artisan de fraudes & de crimes,
Cet assassin farouche, entouré de victimes,
Qui nous persécutant de climats en climats,
Sema par-tout la mort, attachée à nos pas :
Il régne, il affermit le Throne qu'il profane !
Il y jouït en paix du Ciel qui le condamne.
Dieux ! cachez mon retour à ses yeux pénétrans,
Dieux ! dérobez Egiste au fer de ses Tyrans.
Guidez moi vers sa mere, & qu'à ses pieds je meure,
Je vois, je reconnais cette triste demeure,
Où le meilleur des Rois a reçu le trépas,
Où son fils tout sanglant fut sauvé dans mes bras.
Hélas ! après quinze ans d'exil & de misere,
Je viens coûter encor des larmes à sa mere,

A qui me déclarer ? Je cherche dans ces lieux
Quelque ami dont la main me conduise à ses yeux;
Aucun ne se présente à ma débile vûë.
Je vois près d'une tombe une foule éperduë :
J'entens des cris plaintifs. Hélas ! dans ce Palais
Un Dieu persécuteur habite pour jamais.

SCENE II.

NARBAS, ISMENIE, Suivante de la Reine *dans le fond du Théâtre, où l'on découvre le Tombeau de Cresfonte.*

ISMENIE.

Quel est cet inconnu dont la vûë indiscréte
Ose troubler la Reine , & percer sa retraite ?
Est-ce de nos Tyrans quelque Ministre affreux ,
Dont l'œil vient épier les pleurs des malheureux ?

NARBAS.

Oh ! qui que vous soyez, excusez mon audace :
C'est un infortuné qui demande une grace.
Il peut servir Mérope ; il voudrait lui parler.

ISMENIE.

Ah ! quel tems prenez-vous pour oser la troubler?
Respectez la douleur d'une mere éperduë ;
Malheureux étranger, n'offensez point sa vûë ;
Eloignez-vous.

NARBAS.

Hélas ! au nom des Dieux vengeurs ,
Accordez cette grace à mon âge , à mes pleurs.
Je ne suis point , Madame, étranger dans Messene.
Croyez, si vous servez, si vous aimez la Reine ,
Que mon cœur à son sort attaché comme vous,
De sa longue infortune a senti tous les coups.

TRAGEDIE.

Quelle est donc cette tombe en ces lieux élevée,
Que j'ai vu de vos pleurs en ce moment lavée ?
ISMENIE.
C'est la tombe d'un Roi, des Dieux abandonné,
D'un Héros, d'un époux, d'un pere infortuné,
De Cresfonte.
NARBAS *allant vers le tombeau.*
    O mon Maître ! ô cendres que j'adore !
ISMENIE.
L'épouse de Cresfonte est plus à plaindre encore.
NARBAS.
Quels coups auraient comblé ses malheurs inouis ?
ISMENIE.
Le coup le plus terrible ; on a tué son fils.
NARBAS.
Son fils Egiste, ô Dieux ! le malheureux Egiste !
ISMENIE.
Nul mortel en ces lieux n'ignore un sort si triste.
NARBAS.
Son fils ne ferait plus ?
ISMENIE.
    Un barbare assassin
Aux portes de Messene a déchiré son sein.
NARBAS.
O désespoir ! ô mort, que ma crainte a prédite !
Il est assassiné ? Mérope en est instruite ?
Ne vous trompez-vous pas ?
ISMENIE.
    Des signes trop certains
Ont éclairé nos yeux sur ces affreux destins.
C'est vous en dire assez ; sa perte est assurée.
NARBAS.
Quel fruit de tant de soins !
ISMENIE.
   Au désespoir livrée,

Mérope va mourir ; son courage est vaincu :
Pour son fils seulement Mérope avait vécu.
Des nœuds qui l'arrêtaient sa vie est dégagée :
Mais avant de mourir elle sera vengée ;
Le sang de l'assassin par sa main doit couler ;
Au tombeau de Cresfonte elle va l'immoler.
Le Roi qui l'a permis cherche à flater sa peine ;
Un des siens en ces lieux doit aux pieds de la Reine
Amener à l'instant ce lâche meurtrier,
Qu'au sang d'un fils si cher on va sacrifier.
Mérope cependant, dans sa douleur profonde,
Veut de ce lieu funeste écarter tout le monde.

NARBAS *s'en allant.*

Hélas ! s'il est ainsi, pourquoi me découvrir ?
Aux pieds de ce tombeau je n'ai plus qu'à mourir.

SCENE III.

ISMENIE *seule.*

CE vieillard est sans doute un citoyen fidéle ;
Il pleure, il ne craint point de marquer un vrai zéle :
Il pleure : & tout le reste, esclave des Tyrans,
Détourne loin de nous des yeux indifférens.
Quel si grand intérêt prend-il à nos allarmes ?
La tranquille pitié fait verser moins de larmes.
Il montrait pour Egiste un cœur trop paternel !
Hélas ! courons à lui... Mais quel objet cruel !

SCENE IV.

MEROPE, ISMENIE, EURICLES, EGISTE *enchaîné*, Gardes, Sacrificateurs.

MEROPE *auprès du tombeau.*

Qu'on amène à mes yeux cette horrible victime,
Inventons des tourmens qui soient égaux au crime ;
Ils ne pourront jamais égaler ma douleur.

EGISTE.

On m'a vendu bien cher un instant de faveur.
Secourez-moi, grands Dieux, à l'innocent propices.

EURICLES.

Avant que d'expirer, qu'il nomme ses complices.

MEROPE *avançant.*

Oui, sans doute, il le faut. Monstre ! qui t'a porté
A ce comble de crime, à tant de cruauté ?
Que t'ai-je fait ?

EGISTE.

Les Dieux, qui vengent le parjure,
Sont témoins si ma bouche a connu l'imposture.
J'avais dit à vos pieds la simple vérité.
J'avais déja fléchi votre cœur irrité ;
Vous étendiez sur moi votre main protectrice ;
Qui peut avoir si-tôt lassé votre justice ?
Et quel est donc ce sang qu'a versé mon erreur ?
Quel nouvel intérêt vous parle en sa faveur ?

MEROPE.

Quel intérêt ? barbare !

EGISTE.

Hélas ! sur son visage
J'entrevois de la mort la douloureuse image :

Que j'en suis attendri ! J'aurais voulu cent fois
Racheter de mon sang l'état où je la vois.
MEROPE.
Le cruel ? à quel point on l'instruisit à feindre !
Il m'arrache la vie, & semble encor me plaindre.
(Elle se rejette dans les bras d'Isménie.)
EURICLES.
Madame, vengez-vous, & vengez à la fois
Les Loix, & la Nature, & le sang de nos Rois.
EGISTE.
A la Cour de ces Rois telle est donc la justice ?
On m'accueille, on me flate, on résout mon supplice.
Quel destin m'arrachait à mes tristes forêts ?
Vieillard infortuné, quels seront vos regrets ?
Mère trop malheureuse, & dont la voix si chére
M'avait prédit.
MEROPE.
Barbare ! Il te reste une mère.
Je serais mère encor sans toi, sans ta fureur.
Tu m'as ravi mon fils.
EGISTE.
Si tel est mon malheur,
S'il était votre fils, je suis trop condamnable.
Mon cœur est innocent, mais ma main est coupable.
Que je suis malheureux ! Le Ciel sait qu'aujourdhui
J'aurais donné ma vie, & pour vous, & pour lui.
MEROPE.
Quoi, traître ! quand ta main lui ravit cette armure.
EGISTE.
Elle est à moi.
MEROPE.
Comment ? que dis-tu ?
EGISTE.
Je vous jure,
Par vous, par ce cher fils, par vos divins ayeux,

TRAGEDIE.

Que mon pere en mes mains mit ce don précieux.
MEROPE.
Qui ? ton pere ? En Elide ? En quel trouble il me jette !
Son nom ? parle : réponds.
EGISTE.
Son nom est Policlete :
Je vous l'ai déja dit.
MEROPE.
Tu m'arraches le cœur.
Quelle indigne pitié suspendait ma fureur ?
C'est est trop ; secondez la rage qui me guide.
Qu'on traîne à ce tombeau ce monstre, ce perfide.
(Levant le poignard.)
Mânes de mon cher fils, mes bras ensanglantés....
NARBAS *paraissant avec précipitation.*
Qu'allez-vous faire ? ô Dieux !
MEROPE.
Qui m'appelle ?
NARBAS.
Arrêtez.
Hélas ! il est perdu, si je nomme sa mere,
S'il est connu.
MEROPE.
Meurs, traître.
NARBAS.
Arrêtez.
EGISTE *tournant les yeux vers Narbas.*
O mon pere !
MEROPE.
Son pere !
EGISTE *à Narbas.*
Hélas ! que vois-je ? où portez-vous vos pas ?
Venez-vous être ici témoin de mon trépas ?

MEROPE,
NARBAS.
Ah ! Madame, empêchez qu'on acheve le crime.
Euricles, écoutez, écartez la victime ;
Que je vous parle.

EURICLES *emmene Egiste & ferme le fond du Théâtre.*
O Ciel !

MEROPE *s'avançant.*
Vous me faites trembler :
J'allais venger mon fils.

NARBAS *se jettant à genoux.*
Vous alliez l'immoler.
Egiste...

MEROPE *laissant tomber le poignard.*
Eh bien ! Egiste ?

NARBAS.
O Reine infortunée !
Celui dont votre main tranchait la destinée,
C'est Egiste...

MEROPE.
Il vivrait ?

NARBAS.
C'est lui, c'est votre fils.

MEROPE *tombant dans les bras d'Isménie.*
Je me meurs !

ISMENIE.
Dieux puissans !

NARBAS *à Isménie.*
Rappellez ses esprits.
Hélas ! ce juste excès de joye & de tendresse,
Ce trouble si soudain, ce remords qui la presse,
Vont consumer ses jours usés par la douleur.

MEROPE *revenant à elle.*
Ah, Narbas ! est-ce vous ? est-ce un songe trompeur ?
Quoi ! c'est vous ? c'est mon fils ? qu'il vienne,
qu'il paraisse.

NARBAS.
Redoutez, renfermez cette juste tendresse.
          (à *Ismenie*.)
Vous, cachez à jamais ce secret important ;
Le salut de la Reine & d'Egiste en dépend.
MEROPE.
Ah ! quel nouveau danger empoisonne ma joye ?
Cher Egiste ! quel Dieu défend que je te voye ?
Ne m'est-il donc rendu que pour mieux m'affliger ?
NARBAS.
Ne le connaissant pas, vous alliez l'égorger ;
Et si son arrivée est ici découverte,
En le reconnaissant vous assurez sa perte.
Malgré la voix du sang, feignez, dissimulez ;
Le crime est sur le Throne, on vous poursuit, trem-
          blez.

✶✶✶✶✶✶✶✶✶✶✶✶✶✶✶✶✶✶✶✶✶✶✶

SCENE V.
MEROPE, EURICLES, NARBAS, ISMENIE.

EURICLES.
Ah ! Madame, le Roi commande qu'on saisisse.
MEROPE.
Qui ?
EURICLES.
Ce jeune étranger qu'on destine au supplice.
MEROPE *avec transport*.
Eh bien ! cet étranger, c'est mon fils, c'est mon sang;
Narbas, on va plonger le couteau dans son flanc !
Courons tous.

MEROPE,
NARBAS.

Demeurez.

MEROPE.

C'est mon fils qu'on entraîne.
Pourquoi ? quelle entreprise exécrable & soudaine !
Pourquoi m'ôter Egiste ?

EURICLES.

Avant de vous venger,
Polifonte, dit-il, prétend l'interroger.

MEROPE.

L'interroger ! qui ? lui ? sait-il quelle est sa mère ?

EURICLES.

Nul ne soupçonne encor ce terrible mystère.

MEROPE.

Courons à Polifonte, implorons son appui.

NARBAS.

N'implorez que les Dieux, & ne craignez que lui.

EURICLES.

Si les droits de ce fils font au Roi quelque ombrage,
De son salut au moins votre hymen est le gage.
Prêt à s'unir à vous d'un éternel lien,
Votre fils aux Autels va devenir le sien.
Et dût sa politique en être encor jalouse,
Il faut qu'il serve Egiste alors qu'il vous épouse.

NARBAS.

Il vous épouse ! lui ? quel coup de foudre ! ô Ciel !

MEROPE.

C'est mourir trop long-tems dans ce trouble cruel.
Je vais.

NARBAS.

Vous n'irez point, ô mère déplorable !
Vous n'accomplirez point cet hymen exécrable.

EURICLES.

Narbas, elle est forcée à lui donner la main.
Il peut venger Cresfonte.

TRAGEDIE.

NARBAS.
　　　　　Il en est l'assassin.
　　MEROPE.
Lui ? ce traître !
　　　NARBAS.
　　Oui, lui-même : oui, ses mains sanguinaires
Ont égorgé d'Egiste & le père, & les frères :
Je l'ai vû sur mon Roi, j'ai vu porter les coups,
Je l'ai vû tout couvert du sang de votre époux.
　　MEROPE.
Ah Dieux !
　　　NARBAS.
　　J'ai vû ce monstre entouré de victimes :
Je l'ai vû contre vous accumuler les crimes.
Il déguisa sa rage à force de forfaits ;
Lui-même aux ennemis il ouvrit ce Palais ;
Il y porta la flamme ; & parmi le carnage,
Parmi les traits, les feux, le trouble, le pillage,
Teint du sang de vos fils, mais des brigands vain-
　　　queur,
Assassin de son Prince, il parut son vengeur.
D'ennemis, de mourans, vous étiez entourée :
Et moi perçant à peine une foule égarée,
J'emportai votre fils dans mes bras languissans.
Les Dieux ont pris pitié de ses jours innocens :
Je l'ai conduit seize ans de retraite en retraite :
J'ai pris pour me cacher le nom de Policlète ;
Et lorsqu'en arrivant je l'arrache à vos coups,
Polifonte est son Maître, & devient votre époux !
　　MEROPE.
Ah ! tout mon sang se glace à ce récit horrible.
　　EURICLES.
On vient : c'est Polifonte.
　　MEROPE.
　　　　　　O Dieux ! est-il possible ?
　　　(à Narbas.)

Va, dérobe sur-tout ta vuë à sa fureur.

NARBAS.

Hélas ! si votre fils est cher à votre cœur,
Avec son assassin dissimulez, Madame.

EURICLES.

Renfermons ce secret dans le fond de notre ame.
Un seul mot peut le perdre.

MEROPE à *Euricles*.

Ah ! cours ; & que tes yeux
Veillent sur ce dépôt si cher, si précieux.

EURICLES.

N'en doutez point.

MEROPE.

Hélas ! j'espère en ta prudence :
C'est mon fils, c'est ton Roi. Dieux ! ce monstre
s'avance.

SCENE VI.

MEROPE, POLIFONTE, EROX, ISMENIE, Suite.

POLIFONTE.

LE Throne vous attend, & les Autels sont prêts ;
L'hymen qui va nous joindre unit nos intérêts.
Comme Roi, comme époux, le devoir me com-
  mande,
Que je venge le meurtre, & que je vous défende.
Deux complices déja par mon ordre saisis,
Vont payer de leur sang, le sang de votre fils.
Mais malgré tous mes soins, votre lente vengeance
A bien mal secondé ma prompte vigilance.
J'avais à votre bras remis cet assassin ;
Vous-même, disiez-vous, deviez percer son sein.

TRAGEDIE.

MEROPE.

Plût aux Dieux que mon bras fût le vengeur du crime !

POLIFONTE.

C'est le devoir des Rois, c'est le soin qui m'anime.

MEROPE.

Vous ?

POLIFONTE.

Pourquoi donc, Madame, avez-vous différé ?
Votre amour pour un fils serait-il altéré ?

MEROPE.

Puissent ses ennemis périr dans les supplices !
Mais si ce meurtrier, Seigneur, a des complices,
Si je pouvais par lui reconnaître le bras,
Le bras dont mon époux a reçu le trépas...
Ceux dont la race impie a massacré le pere,
Poursuivront à jamais, & le fils, & la mere.
Si l'on pouvait...

POLIFONTE.

C'est-là ce que je veux savoir ;
Et déja le coupable est mis en mon pouvoir.

MEROPE.

Il est entre vos mains ?

POLIFONTE.

Oui, Madame, & j'espère
Percer en lui parlant ce ténébreux mystère.

MEROPE.

Ah ! barbare ! ... A moi seule il faut qu'il soit remis.
Rendez-moi ... Vous savez que vous l'avez promis.
à part.
O mon sang ! ô mon fils ! quel sort on vous prépare ?
(à Polifonte.)
Seigneur, ayez pitié.

POLIFONTE.

Quel transport vous égare ?

Il mourra.

MEROPE.
Lui?
POLIFONTE.
Sa mort pourra vous confoler.
MEROPE.
Ah ! je veux à l'inftant le voir & lui parler.
POLIFONTE.
Ce mélange inouï d'horreur & de tendreffe,
Ces tranfports dont votre ame à peine eft la maîtreffe,
Ces difcours commencés, ce vifage interdit,
Pourraient de quelque ombrage allarmer mon efprit.
Mais puis-je m'expliquer avec moins de contrainte ?
D'un déplaifir nouveau votre ame femble atteinte.
Qu'a donc dit ce Vieillard que l'on vient d'amener ?
Pourquoi fuit-il mes yeux ? que dois-je en foup-
  çonner ?
Quel eft-il ?
MEROPE.
Eh ! Seigneur, à peine fur le Throne,
La crainte, le foupçon déja vous environne ?
POLIFONTE.
Partagez donc ce Throne : & fûr de mon bonheur,
Je verrai les foupçons exilés de mon cœur.
L'Autel attend déja Mérope & Polifonte.
MEROPE *en pleurant*.
Les Dieux vous ont donné le Throne de Cresfonte;
Il y manquait fa femme, & ce comble d'horreur,
Ce crime épouvantable.
ISMENIE.
Eh ! Madame !
MEROPE.
Ah ! Seigneur,
Pardonnez ... Vous voyez une mere éperduë.
Les Dieux m'ont tout ravi, les Dieux m'ont con-
  onduë.

Pardonnez

TRAGEDIE.

Pardonnez... De mon fils rendez-moi l'assassin.
POLIFONTE.
Tout son sang, s'il le faut, va couler sous ma main.
Venez, Madame.
MEROPE.
O Dieux ! Dans l'horreur qui me presse,
Secourez une mère, & cachez sa faiblesse.

Fin du troisiéme Acte.

ACTE IV.

SCENE I.

POLIFONTE, EROX.

POLIFONTE.

A Ses emportemens, je croirais qu'à la fin
Elle a de son époux reconnu l'assassin :
Je croirais que ses yeux ont éclairé l'abîme,
Où dans l'impunité s'était caché mon crime.
Son cœur avec effroi se refuse à mes vœux ;
Mais ce n'est pas son cœur, c'est sa main que je veux.
Telle est la loi du peuple ; il le faut satisfaire.
Cet hymen m'asservit & le fils & la mere ;
Et par ce nœud sacré qui la met dans mes mains,
Je n'en fais qu'une esclave utile à mes desseins.
Qu'elle écoute à son gré son impuissante haine :
Au char de ma fortune il est tems qu'on l'enchaîne.
Mais vous, au meurtrier vous venez de parler ?
Que pensez-vous de lui ?

EROX.

Rien ne peut le troubler.
Simple dans ses discours, mais ferme, invariable,
La mort ne fléchit point cette ame impénétrable.
J'en suis frappé, Seigneur, & je n'attendais pas
Un courage aussi grand dans un rang aussi bas.

TRAGEDIE.

J'avoûrai qu'en secret moi-même je l'admire.
POLIFONTE.
Quel est-il, en un mot ?
EROX.
Ce que j'ose vous dire,
C'est qu'il n'est point sans doute un de ces assassins
Disposés en secret pour servir vos desseins.
POLIFONTE.
Pouvez-vous en parler avec tant d'assurance ?
Leur conducteur n'est plus. Ma juste défiance
A pris soin d'effacer, dans son sang dangereux,
De ce secret d'Etat les vestiges honteux ;
Mais ce jeune inconnu me tourmente & m'attriste.
Me répondez-vous bien qu'il m'ait défait d'Egiste ?
Croirai-je que toujours soigneux de m'obéir,
Le sort jusqu'à ce point m'ait voulu prévenir ?
EROX.
Mérope dans les pleurs mourant désespérée,
Est de votre bonheur une preuve assurée,
Et tout ce que je voi le confirme en effet :
Plus fort que tous nos soins, le hazard a tout fait.
POLIFONTE.
Le hazard va souvent plus loin que la prudence ;
Mais j'ai trop d'ennemis, & trop d'expérience,
Pour laisser le hazard arbitre de mon sort.
Quel que soit l'étranger, il faut hâter sa mort.
Sa mort sera le prix de cet hymen auguste ;
Elle affermit mon Throne : il suffit, elle est juste.
Le peuple sous mes loix pour jamais engagé,
Croira son Prince mort, & le croira vengé.
Mais répondez : Quel est ce vieillard téméraire,
Qu'on dérobe à ma vuë avec tant de mistère ?
Mérope allait verser le sang de l'assassin :
Ce vieillard, dites-vous, a retenu sa main.
Que voulait-il ?

E 2

MEROPE,

EROX.

Seigneur, chargé de sa misére,
De ce jeune étranger ce vieillard est le pére :
Il venait implorer la grace de son fils.

POLIFONTE.

Sa grace ? Devant moi je veux qu'il soit admis.
Ce vieillard me trahit, croi-moi, puisqu'il se cache.
Ce secret m'importune, il faut que je l'arrache.
Le meurtrier surtout excite mes soupçons.
Pourquoi, par quel caprice, & par quelles raisons
La Reine qui tantôt pressait tant son supplice,
N'ose-t-elle achever ce juste sacrifice ?
La pitié paraissait adoucir ses fureurs ;
Sa joie éclatait même à travers ses douleurs.

EROX.

Qu'importe sa pitié, sa joie & sa vengeance?

POLIFONTE.

Tout m'importe : & de tout je suis en défiance.
Elle vient : qu'on m'amène ici cet étranger,

SCENE II.

POLIFONTE, EROX, EGISTE, EURI-
CLES, MEROPE, ISMENIE, Gardes.

MEROPE.

Remplissez vos sermens, songez à me venger;
Qu'à mes mains, à moi seule, on laisse la victime.

POLIFONTE.

La voici devant vous. Votre intérêt m'anime.
Vengez-vous ; baignez-vous au sang du criminel;
Et sur son corps sanglant je vous mène à l'Autel.

MEROPE.

Ah Dieux !

TRAGEDIE.

EGISTE à *Polifonte*.

Tu vends mon sang à l'hymen de la Reine ?
Ma vie est peu de chose, & je mourrai sans peine :
Mais je suis malheureux, innocent, étranger.
Si le Ciel t'a fait Roi, c'est pour me proteger.
J'ai tué justement un injuste adversaire.
Mérope veut ma mort ; je l'excuse, elle est mère.
Je bénirai ses coups prêts à tomber sur moi :
Et je n'accuse ici qu'un Tyran tel que toi.

POLIFONTE.

Malheureux, oses-tu, dans ta rage insolente ?...

MEROPE.

Eh ! Seigneur, excusez sa jeunesse imprudente.
Elevé loin des Cours, & nourri dans les bois,
Il ne sait pas encor ce qu'on doit à des Rois.

POLIFONTE.

Qu'entens-je ! quel discours ! quelle surprise extrême !
Vous le justifier ?

MEROPE.

Qui moi, Seigneur ?

POLIFONTE.

Vous-même.

De cet égarement sortirez-vous enfin ?
De votre fils, Madame, est-ce ici l'assassin ?

MEROPE.

Mon fils de tant de Rois le déplorable reste,
Mon fils enveloppé dans un piége funeste,
Sous les coups d'un barbare....

ISMENIE.

O Ciel ! que faites-vous ?

POLIFONTE.

Quoi ! vos regards sur lui se tournent sans courroux ?
Vous tremblez à sa vuë, & vos yeux s'attendrissent ?
Vous voulez me cacher les pleurs qui les remplissent ?

MEROPE.
Je ne les cache point ; ils paraiffent affez :
La caufe en eft trop jufte, & vous la connaiffez.
POLIFONTE.
Pour en tarir la fource il eft tems qu'il expire.
Qu'on l'immole, foldats.
MEROPE *s'avançant*.
      Cruel ! qu'ofez-vous dire ?
EGISTE.
Quoi ? de pitié pour moi tous vos fens font faifis !
POLIFONTE.
Qu'il meure.
MEROPE.
  Il eft...
POLIFONTE.
    Frappez.
MEROPE *se jettant entre Egifte & les foldats*.
      Barbare ! il eft mon fils.
EGISTE.
Moi ! votre fils ?
MEROPE *en l'embraffant*.
     Tu l'es ; & ce Ciel que j'attefte,
Ce Ciel qui t'a formé dans un fein fi funefte,
Et qui trop tard, hélas ! a deffillé mes yeux,
Te remet dans mes bras pour nous perdre tous deux.
EGISTE.
Quel miracle, grands Dieux ! que je ne puis com-
 prendre !
POLIFONTE.
Une telle impofture a de quoi me furprendre.
Vous, fa mère ? Qui ? vous, qui demandiez fa mort ?
EGISTE.
Ah ! fi je meurs fon fils, je rens grace à mon fort.
MEROPE.
Je fuis fa mère. Hélas ! mon amour m'a trahie.

TRAGEDIE.

Oui, tu tiens dans tes mains le secret de ma vie :
Tu tiens le fils des Dieux enchaîné devant toi,
L'héritier de Cresfonte, & ton Maître, & ton Roi.
Tu peux, si tu le veux, m'accuser d'imposture :
Ce n'est pas aux Tyrans à sentir la nature.
Ton cœur nourri de sang n'en peut être frappé.
Oui, c'est mon fils, te dis-je, au carnage échappé.

POLIFONTE.

Que prétendez-vous dire, & sur quelles allarmes ?

EGISTE.

Va, je me croi son fils ; mes preuves sont ses larmes.
Mes sentimens, mon cœur, par la gloire animé,
Mon bras qui t'eût puni s'il n'était désarmé.

POLIFONTE.

Ta rage auparavant sera seule punie.
C'est trop.

MEROPE *se jettant à ses genoux.*

Commencez donc par m'arracher la vie :
Ayez pitié des pleurs dont mes yeux sont noyés.
Que vous faut-il de plus ? Mérope est à vos pieds :
Mérope les embrasse, & craint votre colère.
A cet effort affreux jugez si je suis mère :
Jugez de mes tourmens ; ma détestable erreur
Ce matin de mon fils allait percer le cœur.
Je pleure à vos genoux mon crime involontaire.
Cruel ! vous qui vouliez lui tenir lieu de père,
Qui deviez protéger ses jours infortunés,
Le voilà devant vous, & vous l'assassinez,
Son père est mort, hélas ! par un crime funeste ;
Sauvez le fils : je puis oublier tout le reste :
Sauvez le sang des Dieux, & de vos Souverains ;
Il est seul sans défense, il est entre vos mains.
Qu'il vive, c'est assez. Heureuse en mes misères,
Lui seul il me rendra mon époux, & ses frères,
Vous voyez avec moi ses ayeux à genoux,
Votre Roi dans les fers.

EGISTE.

                O Reine, levez-vous,
Et daignez me prouver que Cresfonte est mon père,
En cessant d'avilir & sa veuve, & ma mère.
Je sai peu de mes droits quelle est la dignité;
Mais le Ciel m'a fait naître avec trop de fierté,
Avec un cœur trop haut, pour qu'un Tyran l'abaisse.
De mon premier état j'ai bravé la bassesse,
Et mes yeux du présent ne sont point éblouïs.
Je me sens né des Rois, je me sens votre fils.
Hercule, ainsi que moi, commença sa carrière ;
Il sentit l'infortune en ouvrant la paupière ;
Et les Dieux l'ont conduit à l'immortalité,
Pour avoir comme moi vaincu l'adversité.
S'il m'a transmis son sang, j'en aurai le courage.
Mourir digne de vous, voilà mon héritage.
Cessez de le prier, cessez de démentir
Le sang des demi-Dieux dont on me fait sortir.

POLIFONTE à *Mérope*.

Eh bien, il faut ici nous expliquer sans feinte.
Je prens part aux douleurs dont vous êtes atteinte :
Son courage me plait ; je l'estime, & je crois
Qu'il mérite en effet d'être du sang des Rois.
Mais une vérité d'une telle importance
N'est pas de ces secrets qu'on croit sans évidence.
Je le prens sous ma garde, il m'est déja remis ;
Et s'il est né de vous, je l'adopte pour fils.

EGISTE.

Vous m'adopter ?

MEROPE.

         Hélas !

POLIFONTE.

                  Réglez sa destinée.
Vous achetiez sa mort avec mon hyménée.
La vengeance à ce point a pû vous captiver

TRAGEDIE.

L'amour fera-t'il moins, quand il faut le sauver ?
MEROPE.
Quoi, barbare !
POLIFONTE.
Madame, il y va de sa vie.
Votre ame en sa faveur parait trop attendrie,
Pour vouloir exposer à mes justes rigueurs,
Par d'imprudens refus, l'objet de tant pleurs.
MEROPE.
Seigneur, que de son sort il soit du moins le maître.
Daignez....
POLIFONTE.
C'est votre fils, Madame, ou c'est un traître.
Je dois m'unir à vous pour lui servir d'appui :
Ou je dois me venger, & de vous, & de lui.
C'est à vous d'ordonner sa grace ou son supplice.
Vous êtes en un mot sa mère ou sa complice.
Choisissez ; mais sachez qu'au sortir de ces lieux
Je ne vous en croirai qu'en présence des Dieux.
Vous, soldats, qu'on le garde ; & vous, que l'on me suive.

(*à Mérope.*)

Je vous attens ; voyez si vous voulez qu'il vive.
Déterminez d'un mot mon esprit incertain ;
Confirmez sa naissance en me donnant la main.
Votre seule réponse, ou le sauve, ou l'opprime.
Voilà mon fils, Madame, ou voilà ma victime.
Adieu.
MEROPE.
Ne m'ôtez pas la douceur de le voir ;
Rendez-le à mon amour, à mon vain désespoir.
POLIFONTE.
Vous le verrez au Temple.
EGISTE, *que les soldats emmenent.*
O Reine auguste & chère !

MEROPE,

O vous que j'ofe à peine encor nommer ma mère,
Ne faites rien d'indigne, & de vous, & de moi;
Si je fuis votre fils, je fai mourir en Roi.

SCENE III.

MEROPE *feule*.

CRuels, vous l'enlevez ; en vain je vous implore :
Je ne l'ai donc revû que pour le perdre encore ?
Pourquoi m'exauciez-vous, ô Dieu trop imploré ?
Pourquoi rendre à mes vœux ce fils tant défiré ?
Vous l'avez arraché d'une terre étrangère,
Victime refervée au bourreau de fon père.
Ah ! privez-moi de lui ; cachez fes pas errans,
Dans le fond des déferts, à l'abri des Tyrans.

SCENE IV.

MEROPE, NARBAS, EURICLES.

MEROPE.

SAis-tu l'excès d'horreur où je me vois livrée ?
NARBAS.
Je fai que de mon Roi la perte eft affurée,
Que déja dans les fers Egifte eft retenu,
Qu'on obferve mes pas.
MEROPE.
     C'eft moi qui l'ai perdu.
NARBAS.
Vous !
MEROPE.
Tout revelé, Mais, Narbas, quelle mère ;

Prête à perdre son fils, peut le voir & se taire ?
J'ai parlé, c'en est fait : & je dois désormais
Réparer ma faiblesse à force de forfaits.
NARBAS.
Quels forfaits dites-vous ?

SCENE V.
MEROPE, NARBAS, EURICLES, ISMENIE.
ISMENIE.

Voici l'heure, Madame,
Qu'il vous faut rassembler les forces de votre ame.
Un vain peuple qui vole après la nouveauté,
Attend votre hyménée avec avidité.
Le Tyran règle tout ; il semble qu'il apprête
L'appareil du carnage, & non pas d'une fête.
Par l'or de ce Tyran, le Grand-Prêtre inspiré,
A fait parler le Dieu dans son Temple adoré.
Au nom de vos ayeux, & du Dieu qu'il atteste,
Il vient de déclarer cette union funeste.
Polifonte, dit-il, a reçu vos sermens ;
Messène en est témoin, les Dieux en sont garans.
Le peuple a répondu par des cris d'allegresse,
Et ne soupçonnant pas le chagrin qui vous presse,
Il célèbre à genoux cet hymen plein d'horreur :
Il bénit le Tyran qui vous perce le cœur.
MEROPE.
Et mes malheurs encor font la publique joie ?
NARBAS.
Pour sauver votre fils quelle funeste voie !

MEROPE.
C'eſt un crime effroyable, & déja tu frémis.
NARBAS.
Mais ç'en eſt un plus grand de perdre votre fils.
MEROPE.
Eh bien, le déſeſpoir m'a rendu mon courage.
Courons tous vers le Temple où m'attend mon outrage.
Montrons mon fils au peuple, & plaçons-le à leurs yeux,
Entre l'Autel & moi, ſous la garde des Dieux.
Il eſt né de leur ſang, ils prendront ſa défenſe ;
Ils ont aſſez long tems trahi ſon innocence.
De ſon lâche aſſaſſin je peindrai les fureurs ;
L'horreur & la vengeance empliront tous les cœurs.
Tyrans, craignez les cris & les pleurs d'une mère.
On vient. Ah ! je friſſonne. Ah ! tout me déſeſpére.
On m'appelle, & mon fils eſt au bord du cercueil ;
Le Tyran peut encor l'y plonger d'un coup d'œil.
(*Aux Sacrificateurs.*)
Miniſtres rigoureux du monſtre qui m'opprime,
Vous venez à l'Autel entraîner la victime.
O vengeance ! ô tendreſſe ! ô nature ! ô devoir !
Qu'allez-vous ordonner d'un cœur au déſeſpoir ?

Fin du quatrieme Acte.

ACTE V.

SCENE I.
EGISTE, NARBAS, EURICLES.
NARBAS.

LE Tyran nous retient au Palais de la Reine,
Et notre destinée est encor incertaine.
Je tremble pour vous seul. Ah, mon Prince! ah, mon fils!
Souffrez qu'un nom si doux me soit encor permis.
Ah! vivez. D'un Tyran désarmez la colère;
Conservez une tête, hélas! si nécessaire,
Si long-tems menacée, & qui m'a tant coûté.

EURICLES.
Songez que pour vous seul abaissant sa fierté,
Mérope de ses pleurs daigne arroser encore
Les parricides mains d'un Tyran qu'elle abhorre.

EGISTE.
D'un long étonnement à peine revenu,
Je croi renaître ici dans un monde inconnu.
Un nouveau sang m'anime, un nouveau jour m'éclaire.
Qui, moi, né de Mérope? & Cresfonte est mon père!
Son assassin triomphe, il commande, & je sers!
Je suis le sang d'Hercule, & je suis dans les fers!

MEROPE,

NARBAS.

Plût aux Dieux qu'avec moi le petit-fils d'Alcide
Fût encor inconnu dans les champs de l'Elide !

EGISTE.

Eh quoi ! Tous les malheurs aux humains reservés,
Faut-il si jeune encor les avoir éprouvés ?
Les ravages, l'exil, la mort, l'ignominie,
Dès ma première aurore ont assiégé ma vie.
De déferts en déferts, errant, perfécuté,
J'ai langui dans l'opprobre & dans l'obfcurité.
Le Ciel fait cependant, si parmi tant d'injures
J'ai permis à ma voix d'éclater en murmures.
Malgré l'ambition qui dévorait mon cœur,
J'embraffai les vertus qu'exigeait mon malheur.
Je respectai, j'aimai jufqu'à votre misère ;
Je n'aurais point aux Dieux demandé d'autre père.
Ils m'en donnent un autre, & c'eft pour m'outrager.
Je fuis fils de Cresfonte, & ne puis le venger.
Je retrouve une mère, un Tyran me l'arrache :
Un détestable hymen à ce monftre l'attache :
Je maudis dans vos bras le jour où je fuis né :
Je maudis le fecours que vous m'avez donné.
Ah, mon père ! Ah ! pourquoi, d'une mère égarée,
Reteniez-vous tantôt la main défefpérée ?
Mes malheurs finiffaient, mon fort était rempli.

NARBAS.

Ah ! vous êtes perdu : le Tyran vient ici.

SCENE II.

POLIFONTE, EGISTE, NARBAS,
EURICLES, Gardes.

POLIFONTE.

REtirez-vous ; (*) & toi dont l'aveugle jeuneſſe
Inſpire une pitié qu'on doit à la faibleſſe,
Ton Roi veut bien encor, pour la derniere fois,
Permettre à tes deſtins de changer à ton choix.
Le préſent, l'avenir, & juſqu'à ta naiſſance,
Tout ton être, en un mot, eſt dans ma dépendance.
Je puis au plus haut rang d'un ſeul mot t'élever,
Te laiſſer dans les fers, te perdre ou te ſauver.
Elevé loin des Cours, & ſans expérience,
Laiſſe-moi gouverner ta farouche imprudence.
Croi-moi, n'affecte point, dans ton ſort abattu,
Cet orgueil dangereux que tu prens pour vertu.
Si dans un rang obſcur le deſtin t'a fait naître,
Conforme à ton état, ſois humble avec ton Maître.
Si le hazard heureux t'a fait naître d'un Roi,
Ren-toi digne de l'être, en ſervant près de moi.
Une Reine en ces lieux te donne un grand exemple ;
Elle a ſubi mes Loix, & marche vers le Temple.
Sui ſes pas & les miens, viens aux pieds de l'Autel,
Me jurer à genoux un hommage éternel,
Puiſque tu crains les Dieux, atteſte leur puiſſance,
Pren-les tous à témoin de ton obéiſſance.
La porte des grandeurs eſt ouverte pour toi.
Un refus te perdra, choiſis, & répon-moi.

(*) Ils s'éloignent un peu.

EGISTE.

Tu me vois désarmé, comment puis-je répondre ?
Tes discours, je l'avouë, ont de quoi me confondre;
Mais rends-moi seulement ce glaive que tu crains,
Ce fer que ta prudence écarte de mes mains:
Je répondrai pour lors, & tu pourras connaître,
Qui de nous deux, perfide, est l'esclave ou le maître;
Si c'est à Polifonte à régler mes destins,
Et si le fils des Rois punit les assassins.

POLIFONTE.

Faible & fier ennemi, ma bonté t'encourage :
Tu me crois assez grand pour oublier l'outrage,
Pour ne m'avilir pas jusqu'à punir en toi
Un esclave inconnu qui s'attaque à son Roi.
Eh bien ! cette bonté, qui s'indigne & se lasse,
Te donne un seul moment pour obtenir ta grace.
Je t'attens aux Autels, & tu peux y venir.
Vien recevoir la mort, ou jurer d'obéir.
Gardes, auprès de moi vous pourrez l'introduire ;
Qu'aucun autre ne sorte, & n'ose le conduire.
Vous, Narbas, Euriclès, je le laisse en vos mains,
Tremblez, vous répondrez de ses caprices vains.
Je connais votre haine, & j'en sai l'impuissance ;
Mais je me fie au moins à votre expérience.
Qu'il soit né de Mérope, ou qu'il soit votre fils,
D'un conseil imprudent sa mort sera le prix.

SCENE III.
EGISTE, NARBAS, EURICLES.

EGISTE.

AH ! je n'en recevrai que du sang qui m'anime.
Hercule, instrui mon bras à me venger du crime !
Eclaire mon esprit du sein des Immortels :
Polifonte m'appelle aux pieds de tes Autels ;
Et j'y cours.

NARBAS.
Ah ! mon Prince, êtes-vous las de vivre ?

EURICLES.
Dans ce péril, du moins, si nous pouvions vous
    suivre !
Mais laissez-nous le tems d'éveiller un parti,
Qui tout faible qu'il est, n'est point anéanti.
Souffrez....

EGISTE.
En d'autre tems mon courage tranquille,
Au frein de vos leçons serait souple & docile.
Je vous croirais tous deux ; mais dans un tel mal-
    heur,
Il ne faut consulter que le Ciel & son cœur.
Qui ne peut se résoudre, aux conseils s'abandonne ;
Mais le sang des Héros ne croit ici personne.
Le sort en est jetté... Ciel ! qu'est-ce que je voi ?
Mérope.

SCENE IV.

MEROPE, EGISTE, NARBAS, EURICLES, Suite.

MEROPE.

LE Tyran m'ose envoyer vers toi ;
Ne croi pas que je vive après cet hymenée :
Mais cette honte horrible, où je suis entraînée,
Je la subis pour toi, je me fais cet effort ;
Fai-toi celui de vivre, & commande à ton sort.
Cher objet des terreurs dont mon ame est atteinte,
Toi pour qui je connais & la honte & la crainte,
Fils des Rois & des Dieux, mon fils, il faut servir.
Pour savoir se venger, il faut savoir souffrir.
Je sens que ma faiblesse & t'indigne & t'outrage ;
Je t'en aime encor plus, & je crains davantage.
Mon fils . . .

EGISTE.
Osez me suivre.

MEROPE.
     Arrête. Que fait-tu ?
Dieux ! je me plains à vous de son trop de vertu.

EGISTE.
Voyez-vous en ces lieux le tombeau de mon père ?
Entendez-vous sa voix ? Etes-vous Reine & mère ?
Si vous l'êtes, venez.

MEROPE.
    Il semble que le Ciel
T'élève en ce moment au-dessus d'un mortel.
Je respecte mon sang, je vois le sang d'Alcide.
Ah ! parle : rempli-moi de ce Dieu qui te guide.

TRAGEDIE.

Il te presse, il t'inspire. O mon fils ! mon cher fils !
Achève, & rends la force à mes faibles esprits.

EGISTE.
Auriez-vous des amis dans ce Temple funeste ?
MEROPE.
J'en eus quand j'étais Reine, & le peu qui m'en reste,
Sous un joug étranger baisse un front abattu ;
Le poids de mes malheurs accable leur vertu.
Polifonte est haï ; mais c'est lui qu'on couronne :
On m'aime, & l'on me fuit.
EGISTE.
    Quoi ! tout vous abandonne !
Ce monstre est à l'Autel ?
MEROPE.
    Il m'attend.
EGISTE.
      Ses soldats
A cet Autel horrible accompagnent ses pas ?
MEROPE.
Non : la porte est livrée à leur troupe cruelle ;
Il est environné de la foule infidelle
Des mêmes Courtisans que j'ai vûs autrefois
S'empresser à ma fuite, & ramper sous mes loix.
Et moi de tous les siens à l'Autel entourée,
De ces lieux à toi seul je peux ouvrir l'entrée.
EGISTE.
Seul je vous y suivrai ; j'y trouverai des Dieux,
Qui punissent le meurtre, & qui sont mes ayeux.
MEROPE.
Ils t'ont trahi quinze ans.
EGISTE.
    Ils m'éprouvaient sans doute.
MEROPE.
Eh ! quel est ton dessein ?

EGISTE.

Marchons, quoi qu'il en coûte.
Adieu, tristes amis, vous connaîtrez du moins,
Que le fils de Mérope a mérité vos soins.

(*à Narbas en l'embrassant.*)

Tu ne rougiras point, croi-moi, de ton ouvrage;
Au sang qui m'a formé tu rendras témoignage.

SCENE V.

NARBAS, EURICLES.

NARBAS.

Que va-t'il faire ? Hélas ! tous mes soins sont trahis ;
Les habiles Tyrans ne sont jamais punis.
J'espérais que du tems la main tardive & sûre
Justifirait les Dieux en vengeant leur injure,
Qu'Egiste reprendrait son Empire usurpé ;
Mais le crime l'emporte, & je meurs détrompé.
Egiste va se perdre à force de courage :
Il désobéira, la mort est son partage.

EURICLES.

Entendez-vous ces cris dans les airs élancés ?

NARBAS.

C'est le signal du crime.

EURICLES.

Ecoutons.

NARBAS.

Frémissez.

EURICLES.

Sans doute qu'au moment d'épouser Polifonte,
La Reine en expirant a prévenu sa honte.

TRAGEDIE.

Tel était son dessein dans son mortel ennui.
NARBAS.
Ah! son fils n'est donc plus. Elle eût vécu pour lui.
EURICLES.
Le bruit croît, il redouble, il vient comme un tonnerre,
Qui s'approche en grondant, & qui fond sur la Terre.
NARBAS.
J'entens de tous côtés les cris des combattans,
Les sons de la trompette, & les voix des mourans.
Du Palais de Mérope on enfonce la porte.
EURICLES.
Ah! ne voyez-vous pas cette cruelle escorte,
Qui court, qui se dissipe, & qui va loin de nous?
NARBAS.
Va-t'elle du Tyran servir l'affreux courroux?
EURICLES.
Autant que mes regards au loin peuvent s'étendre,
On se mêle, on combat.
NARBAS.
    Quel sang va-t'on répandre?
De Mérope & du Roi le nom remplit les airs.
EURICLES.
Graces aux immortels! les chemins sont ouverts.
Allons voir à l'instant s'il faut mourir ou vivre.
      (*Il sort.*)
NARBAS.
Allons. D'un pas égal que ne puis-je vous suivre?
O Dieux! rendez la force à ces bras énervés,
Pour le sang de mes Rois autrefois éprouvés :
Que je donne du moins les restes de ma vie.
Hâtons-nous.

SCENE VI.

NARBAS, ISMENIE, Peuple.

NARBAS.

Quel spectacle! Est-ce vous, Isménie?
Sanglante, inanimée, est-ce vous que je vois?
ISMENIE.
Ah! laissez-moi reprendre & la vie & la voix.
NARBAS.
Mon fils est il vivant? Que devient notre Reine?
ISMÉNIE.
De mon saisissement je reviens avec peine;
Par les flots de ce Peuple entraînée en ces lieux...
NARBAS.
Que fait Egiste?
ISMENIE.
Il est... le digne fils des Dieux,
Egiste! Il a frappé le coup le plus terrible.
Non, d'Alcide jamais la valeur invincible
N'a d'un exploit si rare étonné les humains.
NARBAS.
O mon fils! ô mon Roi, qu'ont élevé mes mains!
ISMENIE.
La victime était prête, & de fleurs couronnée;
L'Autel étincellait des flambeaux d'hyménée;
Polifonte, l'œil fixe, & d'un front inhumain,
Présentait à Mérope une odieuse main;
Le Prêtre prononçait les paroles sacrées;
Et la Reine au milieu des femmes éplorées,
S'avançant tristement, tremblante entre mes bras,
Au lieu de l'hyménée invoquait le trépas;

Le peuple observait tout dans un profond silence.
Dans l'enceinte sacrée en ce moment s'avance
Un jeune homme, un Héros semblable aux Immortels :
Il court, c'était Egiste ; il s'élance aux Autels ;
Il monte, il y saisit, d'une main assurée,
Pour les fêtes des Dieux la hache préparée.
Les éclairs sont moins prompts ; je l'ai vû de mes yeux ;
Je l'ai vû qui frappait ce monstre audacieux.
Meurs, Tyran, disait-il ; Dieux, prenez vos victimes.
Erox, qui de son Maître a servi tous les crimes,
Erox, qui dans son sang voit ce monstre nager,
Lève une main hardie, & pense le venger.
Egiste se retourne, enflammé de furie ;
A côté de son Maître il le jette sans vie.
Le Tyran se relève, il blesse le Héros ;
De leur sang confondu j'ai vû couler les flots.
Déja la garde accourt avec des cris de rage.
Sa mère... Ah ! que l'amour inspire de courage !
Quel transport animait ses efforts & ses pas !
Sa mère... Elle s'élance au milieu des soldats.
C'est mon fils, arrêtez, cessez, troupe inhumaine ;
C'est mon fils ; déchirez sa mère, & votre Reine,
Ce sein qui l'a nourri, ces flancs qui l'ont porté.
A ces cris douloureux le peuple est agité.
Un gros de nos amis, que son danger excite,
Entre elle & ces soldats vole & se précipite.
Vous eussiez vû soudain les Autels renversés,
Dans des ruisseaux de sang leurs débris dispersés ;
Les enfans écrasés dans les bras de leurs mères ;
Les frères méconnus, immolés par leurs frères ;
Soldats, Prêtres, amis, l'un sur l'autre expirans ;
On marche, on est porté sur les corps des mourans ;
On veut fuir ; on revient, & la foule pressée

D'un bout du Temple à l'autre eſt vingt fois repouſſée.
De ces flots confondus le flux impétueux
Roule, & dérobe Egiſte & la Reine à mes yeux.
Parmi les combattans je vole enſanglantée ;
J'interroge à grands cris la foule épouvantée.
Tout ce qu'on me répond redouble mon horreur.
On s'écrie : il eſt mort, il tombe, il eſt vainqueur.
Je cours, je me conſume, & le peuple m'entraîne,
Me jette en ce palais, éplorée, incertaine,
Au milieu des mourans, des morts & des débris.
Venez, ſuivez mes pas, joignez-vous à mes cris.
Venez : j'ignore encor, ſi la Reine eſt ſauvée,
Si de ſon digne fils la vie eſt conſervée,
Si le Tyran n'eſt plus ; le trouble, la terreur,
Tout ce déſordre horrible eſt encor dans mon cœur.

NARBAS.

Arbitre des humains, divine Providence,
Achève ton ouvrage, & ſoutien l'innocence :
A nos malheurs paſſés meſure tes bienfaits.
O Ciel ! conſerve Egiſte, & que je meure en paix.
Ah ! parmi ces ſoldats ne vois-je point la Reine ?

SCENE VII.

MEROPE, ISMENIE, NARBAS, Peuple, Soldats.

(On voit dans le fond du Théâtre le Corps de Polifonte couvert d'une robe ſanglante.)

MEROPE.

Guerriers, Prêtres, amis, citoyens de Meſſène,
Au nom des Dieux vengeurs, peuples, écoutez-moi.
Je vous le jure encor, Egiſte eſt votre Roi ;

TRAGEDIE.

Il a puni le crime, il a vengé son père.
Celui que vous voyez traîné sur la poussière,
C'est un monstre ennemi des Dieux & des humains :
Dans le sein de Cresfonte il enfonça ses mains.
Cresfonte mon époux, mon appui, votre Maître,
Mes deux fils sont tombés sous les coups de ce traître.
Il opprimait Messène, il usurpait mon rang ;
Il m'offrait une main fumante de mon sang.
(En courant vers Egiste qui arrive la hache à la main.)
Celui que vous voyez, vainqueur de Polifonte,
C'est le fils de vos Rois, c'est le sang de Cresfonte ;
C'est le mien, c'est le seul qui reste à ma douleur.
Quels témoins voulez-vous plus certains que mon
    cœur ?
Regardez ce vieillard, c'est lui dont la prudence
Aux mains de Polifonte arracha son enfance.
Les Dieux ont fait le reste.

NARBAS.

        Oui, j'atteste ces Dieux,
Que c'est-là votre Roi qui combattait pour eux.

EGISTE.

Amis, pouvez-vous bien méconnaître une mère ?
Un fils qu'elle défend ? un fils qui venge un père ?
Un Roi vengeur du crime ?

MEROPE.

        Et si vous en doutez,
Reconnaissez mon fils aux coups qu'il a portés,
A votre délivrance, à son ame intrépide.
Eh ! quel autre jamais qu'un descendant d'Alcide,
Nourri dans la misère, à peine en son printems,
Eût pû venger Messène, & punir les Tyrans ?
Il soutiendra son peuple, il vengera la Terre.
Ecoutez : le Ciel parle ; entendez son tonnerre :
Sa voix qui se déclare & se joint à mes cris,
Sa voix rend témoignage, & dit qu'il est mon fils.

SCENE VIII.

MEROPE, EGISTE, ISMENIE, NARBAS, EURICLES, Peuple.

EURICLES.

AH ! montrez-vous, Madame, à la ville calmée.
Du retour de son Roi la nouvelle semée,
Volant de bouche en bouche, a changé les esprits.
Nos amis ont parlé, les cœurs sont attendris :
Le peuple impatient verse des pleurs de joye ;
Il adore le Roi que le Ciel lui renvoye ;
Il bénit votre fils, il bénit votre amour ;
Il consacre à jamais ce redoutable jour.
Chacun veut contempler son auguste visage ;
On veut revoir Narbas ; on veut vous rendre hom-
    mage.
Le nom de Polifonte est par-tout abhorré ;
Celui de votre fils, le vôtre est adoré.
O Roi ! venez jouïr du prix de la victoire ;
Ce prix est notre amour, il vaut mieux que la gloire.

EGISTE.

Elle n'est point à moi : cette gloire est aux Dieux.
Ainsi que le bonheur, la vertu nous vient d'eux.
Allons monter au Throne, en y plaçant ma mère ;
Et vous, mon cher Narbas, soyez toûjours mon père.

Fin du cinquiéme & dernier Acte.

LE
FANATISME,
OU
MAHOMET
LE PROPHÉTE,
TRAGEDIE.

AVIS
DE L'EDITEUR.

J'AI crû rendre service aux Amateurs des Belles-Lettres, de publier une Tragédie du Fanatisme, si défigurée en France par deux éditions subreptices. Je sçai très-certainement qu'elle fut composée par l'Auteur en 1736. & que dès-lors il en envoya une copie au Prince Royal, depuis Roi de Prusse, qui cultivait les Lettres avec des succès surprenans, & qui en fait encor son délassement principal.

J'étais à Lille en 1741. quand Monsieur de Voltaire y vint passer quelques jours; il y avait la meilleure troupe d'Acteurs qui ait jamais été en Province. Elle représenta cet ouvrage d'une manière qui satisfit beaucoup une très-nombreuse assemblée; le Gouverneur de la Province & l'Intendant y assistèrent plusieurs fois. On trouva que cette piéce était d'un goût si nouveau, & ce sujet si délicat parut traité avec tant de sagesse, que plusieurs Prélats voulurent en voir une représentation par les mêmes Acteurs dans une maison particulière. Ils en jugèrent comme le public.

L'Auteur fut encor assez heureux pour faire

parvenir son manuscrit entre les mains d'un des premiers hommes de l'Europe & de l'Eglise, (a) qui soutenait le poids des affaires avec fermeté, & qui jugeait des ouvrages d'esprit avec un goût très-sûr, dans un âge où les hommes parviennent rarement, & où l'on conserve encor plus rarement son esprit & sa délicatesse. Il dit, que la piéce était écrite avec toute la circonspection convenable, & qu'on ne pouvait éviter plus sagement les écueils du sujet ; mais que pour ce qui regardait la Poësie, il y avait encor des choses à corriger. Je sai en effet, que l'Auteur les a retouchées avec beaucoup de soin. Ce fut aussi le sentiment d'un homme qui tient le même rang, & qui n'a pas moins de lumières.

Enfin, l'ouvrage approuvé d'ailleurs selon toutes les formes ordinaires, fut représenté à Paris le 9. d'Août 1742. Il y avait une loge entière remplie des premiers Magistrats de cette Ville ; des Ministres y furent présens. Ils pensèrent tous comme les hommes éclairés que j'ai déja cités.

Il se trouva (b) à cette première représentation quelques personnes qui ne furent pas de ce sentiment unanime. Soit que dans la rapidité de la représentation ils n'eussent pas suivi assez le fil de l'ouvrage, soit qu'ils fussent peu accoûtumés au Théâtre, ils furent blessés que Mahomet ordonnât un meurtre, & se servît

(a) Le Cardinal de Fleury.
(b) Le fait est que l'Abbé des Fontaines, & quelques hommes aussi méchans que lui, dénoncèrent cet ouvrage comme scandaleux & impie, & cela fit tant de bruit, que le Cardinal de Fleury Premier Ministre, qui avait lu & approuvé la piéce, fut obligé de conseiller à l'Auteur de la retirer.

de sa Religion pour encourager à l'assassinat un jeune homme qu'il fait l'instrument de son crime. Ces personnes, frappées de cette atrocité, ne firent pas assez réfléxion, qu'elle est donnée dans la piéce comme le plus horrible de tous les crimes, & que même il est moralement impossible qu'elle puisse être donnée autrement. En un mot, ils ne virent qu'un côté; ce qui est la manière la plus ordinaire de se tromper. Ils avaient raison assûrement d'être scandalisés, en ne considérant que ce côté qui les revoltait. Un peu plus d'attention les aurait aisément ramenés. Mais dans la première chaleur de leur zèle ils dirent, que la piéce était un ouvrage très-dangereux, fait pour former des Ravaillacs & des Jacques Cléments.

On est bien surpris d'un tel jugement, & ces Messieurs l'ont désavoué sans doute. Ce serait dire, qu'Hermione enseigne à assassiner un Roi, qu'Electre apprend à tuer sa mère, que Cléopatre & Médée montrent à tuer leurs enfans. Ce serait dire qu'Harpagon, forme des avares, le Joueur des joueurs, Tartuffe des hypocrites. L'injustice même contre Mahomet serait bien plus grande que contre toutes ces piéces; car le crime du faux Prophéte y est mis dans un jour beaucoup plus odieux que ne l'est aucun des vices & des déréglemens que toutes ces piéces représentent. C'est précisément contre les Ravaillacs & les Jacques Cléments que la piéce est composée; ce qui a fait dire à un homme de beaucoup d'esprit, que si Mahomet avait été écrit du tems de Henri III. & de Henri IV. cet ouvrage leur aurait sauvé la vie. Est-il possible, qu'on ait pu faire un tel reproche à l'Auteur de la HENRIADE ; lui qui a élevé sa voix si souvent dans ce Poëme & ailleurs, je ne dis pas seulement contre de tels attentats, mais contre toutes les maximes qui peuvent y conduire ?

J'avouë, que plus j'ai lu les ouvrages de cet Ecrivain, plus je les ai trouvé caractérisés par l'amour du bien public ; il inspire par-tout l'horreur contre les emportemens de la rebellion, de la persécution & du fanatisme. Y a-t'il un bon Citoyen qui n'adopte toutes les maximes de la Henriade ? Ce Poëme ne fait-il pas aimer la véritable vertu ? Mahomet me paraît écrit entiérement dans le même esprit, & je suis persuadé que ses plus grands ennemis en conviendront.

Il vit bien-tôt, qu'il se formait contre lui une cabale dangereuse ; les plus ardens avaient parlé à des hommes en place, qui ne pouvant voir la représentation de la piéce, devaient les en croire. L'illustre Molière, la gloire de la France, s'était trouvé autrefois à peu près dans le même cas, lorsqu'on joua le Tartuffe ; il eut recours directement à Louïs le Grand, dont il était connu & aimé. L'autorité de ce Monarque dissipa bien-tôt les interprétations sinistres qu'on donnait au Tartuffe. Mais les tems sont différens ; la protection qu'on accorde à des Arts tout nouveaux, ne peut pas être toûjours la même, après que ces Arts ont été long-tems cultivés. D'ailleurs, tel Artiste n'est pas à portée d'obtenir ce qu'un autre à eu aisément. Il eût fallu des mouvemens, des discussions, un nouvel examen. L'Auteur jugea plus à propos de retirer sa piéce lui-même, après la

troisième

troisiéme représentation, attendant que le tems adoucît quelques esprits prévenus ; ce qui ne peut manquer d'arriver dans une Nation aussi spirituelle & aussi éclairée que la Française. (a) On mit dans les nouvelles publiques que la Tragédie de Mahomet avait été défenduë par le Gouvernement. Je puis assurer, qu'il n'y a rien de plus faux. Non seulement il n'y a pas eu le moindre ordre donné à ce sujet, mais il s'en faut beaucoup que les premières Têtes de l'Etat, qui virent la représentation, ayent varié un moment sur la sagesse qui règne dans cet ouvrage.

Quelques personnes ayant transcrit à la hâte plusieurs scènes aux représentations, & ayant eu un ou deux rôles des Acteurs, en ont fabriqué les éditions qu'on a faites clandestinement. Il est aisé de voir à quel point elles different du véritable ouvrage que je donne ici. Cette Tragédie est précédée de plusieurs piéces intéressantes, dont une des plus curieuses, à mon gré, est la lettre que l'Auteur écrivit à Sa Majesté le Roi de Prusse, lorsqu'il repassa par la Hollande, après être allé rendre ses respects à ce Monarque. C'est dans de telles lettres, qui ne sont pas d'abord destinées à être publiques, qu'on voit les véritables sentimens des hommes. J'espère qu'elles feront aux véritables Philosophes le même plaisir qu'elles m'ont fait.

(a) Ce que l'Editeur semblait espérer en 1742. est arrivé en 1751. La piéce fut représentée alors avec un prodigieux concours. Les cabales & les persécutions cédèrent au cri public, d'autant plus qu'on commençait à sentir quelque honte d'avoir forcé à quitter sa patrie un homme qui travaillait pour elle.

Theatre. Tom. II.

T

A SA MAJESTÉ LE ROI DE PRUSSE.

A Roterdam 20. Janvier 1742.

SIRE,

JE reſſemble à préſent aux Pélerins de la *Mecque*, qui tournent leurs yeux vers cette ville après l'avoir quittée : je tourne les miens vers votre Cour. Mon cœur, pénétré des bontés de VOTRE MAJESTÉ, ne connait que la douleur de ne pouvoir vivre auprès d'Elle. Je prens la liberté de lui envoyer une nouvelle copie de cette *Tragédie de Mahomet*, dont Elle a bien voulu, il y a déja long-tems, voir les premieres eſquiſſes. C'eſt un tribut que je paye à l'amateur des Arts, au Juge éclairé, ſur-tout au Philoſophe, beaucoup plus qu'au Souverain.

VOTRE MAJESTÉ ſait quel eſprit m'animait en compoſant cet ouvrage. L'amour du Genre-humain & l'horreur du fanatiſme, deux vertus qui ſont faites pour être toujours auprès de votre Thrône, ont conduit ma plume. J'ai toûjours penſé que la

Tragédie ne doit pas être un simple spectacle, qui touche le cœur sans le corriger. Qu'importent au Genre-humain les passions & les malheurs d'un Héros de l'Antiquité, s'ils ne servent pas à nous instruire ? On avouë que la *Comédie de Tartuffe*, ce chef-d'œuvre qu'aucune Nation n'a égalé, a fait beaucoup de bien aux hommes, en montrant l'hypocrisie dans toute sa laideur. Ne peut-on pas essayer d'attaquer dans une Tragédie, cette espêce d'imposture qui met en œuvre à la fois l'hypocrisie des uns & la fureur des autres ? Ne peut-on pas remonter jusqu'à ces anciens scélerats, fondateurs illustres de la superstition & du fanatisme, qui les premiers ont pris le couteau sur l'Autel pour faire des victimes de ceux qui refusaient d'être leurs disciples.

Ceux qui diront, que les tems de ces crimes sont passés, qu'on ne verra plus de *Barcochebas*, de *Mahomets*, de *Jeans de Leyde*, &c. que les flammes des guerres de Religion sont éteintes, font, ce me semble, trop d'honneur à la Nature humaine. Le même poison subsiste encor, quoique moins développé : cette peste, qui semble étouffée, reproduit de tems en tems des germes capables d'infecter la Terre. N'a-t'on pas vu de nos jours les Prophêtes des Cevennes tuer au nom de Dieu ceux de leur secte qui n'étaient pas assez soumis ?

L'action, que j'ai peinte, est atroce ; & je ne sçai, si l'horreur a été plus loin sur aucun Théâtre. C'est un jeune homme né avec de la vertu, qui séduit par son fanatisme, assassine un vieillard qui l'aime, & qui dans l'idée de servir Dieu, se rend coupable, sans le savoir, d'un parricide; c'est un imposteur qui ordonne ce meurtre, & qui promet à l'assassin un inceste pour récompense. J'avoue que c'est mettre l'horreur sur le Théâtre; & Votre Majesté est bien persuadée, qu'il ne faut pas que la Tragédie consiste uniquement dans une déclaration d'amour, une jalousie & un mariage.

Nos Historiens même nous apprennent des actions plus atroces que celle que j'ai inventée. *Seïde* ne sait pas du moins que celui qu'il assassine est son pere; & quand il a porté le coup, il éprouve un repentir aussi grand que son crime. Mais *Mezerai* rapporte, qu'à Melun un pere tua son fils de sa main pour sa Religion, & n'en eut aucun repentir. On connaît l'avanture des deux freres *Diaz*, dont l'un était à Rome, & l'autre en Allemagne, dans les commencemens des troubles excités par *Luther*. *Barthelemi Diaz* apprenant à Rome, que son frere donnait dans les opinions de *Luther* à *Francfort*, part de Rome dans le dessein de l'assassiner, arrive & l'assassine. J'ai lu dans *Herrera*, Auteur Espagnol, que ce *Barthelemi Diaz risquait beaucoup par cette action; mais que rien n'ébranle un homme d'honneur quand la probité le conduit.* Herrera, dans une Religion toute sainte & toute ennemie de la cruauté,

LETTRE. 293

dans une Religion qui enseigne à souffrir & non à se venger, était donc persuadé que la probité peut conduire à l'assassinat & au parricide ! Et on ne s'élévera pas de tous côtés contre ces maximes infernales ?

Ce sont ces maximes qui mirent le poignard à la main du monstre qui priva la *France* de *Henri le Grand* : voilà ce qui plaça le portrait de *Jacques Clement* sur l'Autel, & son nom parmi les bienheureux ; c'est ce qui coûta la vie à *Guillaume* Prince d'*Orange*, fondateur de la liberté & de la grandeur des Hollandais. D'abord *Salcede* le blessa au front d'un coup de pistolet : & *Strada* raconte que *Salcede* (ce sont ses propres mots) n'osa entreprendre cette action qu'après avoir purifié son ame par la confession aux pieds d'un Dominicain, & l'avoir fortifiée par le Pain Céleste. *Herrera* dit quelque chose de plus insensé & de plus atroce. *Estando firme con el exemplo de nuestro Salvador Jesu Christo y de sus Sanctos.* Balthazar Girard, qui ôta enfin la vie à ce grand-homme, en usa de même que *Salcede*.

Je remarque, que tous ceux qui ont commis de bonne foi de pareils crimes étaient de jeunes gens comme *Seïde*. *Balthazar Girard* avait environ vingt ans. Quatre Espagnols, qui avaient fait avec lui serment de tuer le Prince, étaient de même âge. Le monstre qui tua *Henri III.* n'avait que vingt-quatre ans. *Poltrot*, qui assassina le grand Duc de *Guise*, en avait vingt-cinq ; c'est le tems de la séduction

& de la fureur. J'ai été presque témoin en Angleterre de ce que peut sur une imagination jeune & faible la force du fanatisme. Un enfant de seize ans, nommé *Shepherd*, se chargea d'assassiner le Roi *George I.* votre Ayeul maternel. Quelle était la cause qui le portait à cette phrénésie ? C'était uniquement que *Shepherd* n'était pas de la même Religion que le Roi. On eut pitié de sa jeunesse, on lui offrit sa grace, on le sollicita long-tems au repentir ; il persista toûjous à dire, qu'il valait mieux obéir à Dieu qu'aux hommes, & que s'il était libre, le premier usage qu'il ferait de sa liberté serait de tuer son Prince. Ainsi on fut obligé de l'envoyer au supplice comme un monstre qu'on désespérait d'apprivoiser.

J'ose dire, que quiconque a un peu vêcu avec les hommes, a pu voir quelquefois combien aisément on est prêt à sacrifier la Nature à la Superstition. Que de pères ont détesté & deshérité leurs enfans ! que de frères ont poursuivi leurs frères par ce funeste principe ! J'en ai vû des exemples dans plus d'une famille.

Si la superstition ne se signale pas toûjours par ces excès qui sont comptés dans l'histoire des crimes, elle fait dans la société tous les petits maux innombrables & journaliers qu'elle peut faire. Elle désunit les amis, elle divise les parens ; elle persécute le sage, qui n'est qu'homme de bien, par la main du fou qui est enthousiaste. Elle ne donne pas toujours de la ciguë à

Socrate, mais elle bannit *Descartes* d'une ville qui devait être l'asyle de la liberté; elle donne à *Jurieu*, qui faisait le Prophête, assez de crédit pour réduire à la pauvreté le savant & le Philosophe *Bayle*. Elle bannit, elle arrache à une florissante jeunesse qui court à ses leçons, le successeur du grand *Leibnitz*; & il faut pour le rétablir que le Ciel fasse naître un Roi Philosophe; vrai miracle qu'il fait bien rarement. En vain la raison humaine se perfectionne par la Philosophie qui fait tant de progrès en Europe. En vain, Vous sur-tout, GRAND PRINCE, vous efforcez-vous de pratiquer & d'inspirer cette Philosophie si humaine; on voit dans ce même siècle, où la raison élève son throne d'un côté, le plus absurde fanatisme dresser encor ses Autels de l'autre.

On pourra me reprocher, que donnant trop à mon zèle je fais commettre dans cette piéce un crime à *Mahomet*, dont en effet il ne fut point coupable.

Mr. le Comte de *Boulainvilliers* écrivit, il y a quelques années, la vie de ce Prophête. Il essaya de le faire passer pour un grand-homme, que la Providence avait choisi pour punir les Chrétiens, & pour changer la face d'une partie du Monde. Mr. *Sale*, qui nous a donné une excellente version de l'Alcoran en Anglais, veut faire regarder *Mahomet* comme un *Numa* & comme un *Thésée*. J'avouë, qu'il faudrait le respecter, si né Prince légitime, ou appellé au Gouvernement par le suffrage des siens, il avait donné des Loix paisibles comme *Numa*, ou défendu ses compatriotes, comme on le dit de *Théſée*. Mais qu'un Marchand de chameaux excite une ſédition dans ſa bourgade; qu'aſſocié à quelques malheureux Coracites, il leur perſuade, qu'il s'entretient avec l'Ange *Gabriel*; qu'il ſe vante d'avoir été ravi au Ciel, & d'y avoir reçu une partie de ce livre inintelligible, qui fait frémir le ſens-commun à chaque page; que pour faire reſpecter ce livre il porte dans ſa patrie le fer & la flamme; qu'il égorge les pères; qu'il raviſſe les filles; qu'il donne aux vaincus le choix de ſa Religion ou de la mort; c'eſt aſſurément ce que nul homme ne peut excuſer, à moins qu'il ne ſoit né Turc, & que la ſuperſtition n'étouffe en lui toute lumiére naturelle.

Je ſçai que *Mahomet* n'a pas tramé préciſément l'eſpêce de trahiſon qui fait le ſujet de cette Tragédie. L'Hiſtoire dit ſeulement qu'il enleva la femme de *Seïde*, l'un de ſes diſciples, & qu'il perſécuta *Abuſofian*, que je nomme *Zopire*; mais quiconque fait la guerre à ſon pays, & oſe la faire au nom de Dieu, n'eſt-il pas capable de tout? Je n'ai pas prétendu mettre ſeulement une action vraye ſur la ſcène, mais des mœurs vrayes, faire penſer les hommes comme ils penſent dans les circonſtances où ils ſe trouvent, & repréſenter enfin ce que la fourberie peut inventer de plus atroce, & ce que le fanatiſme peut exécuter de plus horrible. *Mahomet* n'eſt ici autre choſe que *Tartuffe* les armes à la main.

Je me croirai bien récompenſé de mon

travail, si quelqu'une de ces ames faibles, toûjours prêtes à recevoir les impressions d'une fureur étrangère qui n'est pas au fond de leur cœur, peut s'affermir contre ces funestes séductions par la lecture de cet ouvrage ; si après avoir eu en horreur la malheureuse obéissance de *Seïde*, elle se dit à elle-même : Pourquoi obéirai-je en aveugle à des aveugles qui me crient : Haïssez, persécutez, perdez celui qui est assez téméraire pour n'être pas de notre avis sur des choses même indifférentes que nous n'entendons pas ? Que ne puis-je servir à déraciner de tels sentimens chez les hommes ! L'esprit d'indulgence ferait des frères, celui d'intolérance peut former des monstres.

C'est ainsi que pense VOTRE MAJESTÉ. Ce serait pour moi la plus grande des consolations de vivre auprès de ce Roi Philosophe. Mon attachement est égal à mes regrets ; & si d'autres devoirs m'entraînent, ils n'effaceront jamais de mon cœur les sentimens que je dois à ce Prince, qui pense & qui parle en homme ; qui fuit cette fausse gravité sous laquelle se cachent toûjours la petitesse & l'ignorance ; qui se communique avec liberté, parce qu'il ne craint point d'être pénétré ; qui veut toûjours s'instruire, & qui peut instruire les plus éclairés.

Je serai toute ma vie avec le plus profond respect & la plus vive reconnaissance, &c.

LETTRE
DE M. DE VOLTAIRE
AU PAPE
BENOIT XIV.

Bmo. Padre,

La Santità Vostra perdonerà l'ardire che prende uno de' più infimi fedeli, ma uno de' maggiori ammiratori della virtù, di sottomettere al capo della vera Religione questa opera contro il fondatore d'una falsa e barbara setta.

A chi potrei più convenevolmente dedicare la Satira della crudeltà e degli errori d'un falso Profeta, che al Vicario ed imitatore d'un Dio di verità e di mansuetudine?

Vostra Santità mi conceda dunque di poter mettere a i suoi piedi il libretto e l'autore, e di domandare umilmente la sua protezione per l'uno, e le sue benedizioni per l'altro. In tanto profundissimamente m'inchino, e le baccio i sacri piedi.

Parigi, 17. Agosto 1745.

REPONSE
DU SOUVERAIN PONTIFE
BENOIT XIV.
A M. DE VOLTAIRE.

Benedictus P. P. XIV. dilecto filio Salutem & Apostolicam benedictionem.

SEttimane sono ci fu presentato da sua parte la sua bellissima Tragedia di Mahomet, la quale leggemmo con sommo piacere. Poi ci presentò il Cardinal Passionei in di lei nome il suo eccellente Poëma di Fontenoy.... Monsignor Leprotti ci diede poscia il distico fatto da lei sotto il nostro ritratto. Ieri mattina il Cardinal Valenti ci presentò la di lei Lettera del 17. Agosto. In questa serie d' azzioni si contengono molti capi per ciascheduno de' quali ci riconosciamo in obligo di ringraziarla. Noi gli uniamo tutti assieme, e rendiamo a lei de dovute grazie per così singolare bontà verso di noi, assicurandola che abbiamo tutta la dovuta stima del suo tanto aplaudito merito.

Publicato in Roma il di lei distico (*) sopra detto, ci fu riferito esservi stato un suo paesano

(*) Voici le Distique :
Lambertinus hic est Romæ decus & Pater orbis,
Qui mundum scriptis docuit, virtutibus ornat.

letterato che in una publica conversazione aveva detto peccare in una fillaba, avendo fatta la parola hic *breve, quando sempre deve esser longa.*

Rispondemmo che sbagliava, potendo essere la parola e breve e longa, conforme vuole il Poëta, avendola Virgilio *fatta breve in quel verso:*

Solus hic inflexit sensus animumque labantem:

Avendola fatta longa in un altro:

Hic finis Priami fatorum, hic exitus illum.

Ci sembra d'aver risposto ben expresso ancor che siano più di cinquanta anni che non abbiamo letto Virgilio. *Benche la causa sia propria della sua persona, abbiamo tanta buona idea della sua sincerità e probità che facciamo la stessa giudice sopra il punto della raggione a chi assista, se a noi o al suo oppositore, ed in tanto restiamo col dare a lei l'Apostolica benedizione.*

Datum Romæ apud Sanctam Mariam majorem 19. Sept. 1745. Pontificatus nostri anno sexto.

LETTRE
DE REMERCIMENT
DE
M. DE VOLTAIRE
AU PAPE.

NOn vengono tanto meglio figurate le fatezze di Vostra Beatitudine su i medaglioni che ho ricevuti dalla sua singolare benignità, di quello che si vedono expressi l'ingegno e l'animo suo nella Lettera della quale s'è degnata d'honorarmi ; ne pongo a i suoi piedi le più vive ed umilissime grazie.

Veramente sono in obligo di riconoscere la sua infallibilità nelle decisioni di Litteratura, si come nelle altre cose più riverende : V. S. è più prattica del Latino che quel Francese il di cui sbaglio s'è degnata di coregere : mi maraviglio come si ricordi cosi appuntino del suo Virgilio. Tra i più letterati Monarchi furono sempre segnalati i Summi Pontifici ; ma tra loro, credo che non se ne trovasse mai uno che adornasse tanta dottrina di tanti fregi di bella Letteratura ;

Agnosco rerum dominos gentemque togatam.

Se il Francese che sbaglio nel reprehendere questo hic, avesse tenuto a mente Virgilio come fa Vostra Beatitudine, avrebbe potuto citare un bene adatto verso dove hic è breve e longo insieme. Questo bel verso mi pareva un presagio de i favori à me conferiti dalla sua beneficenza. Eccolo.

Hic vir hic est tibi quem promitti sæpius audis.

Così Roma doveva gridare quando Bened. XIV. fù esaltato. In tanto baccio con somma riverenza e gratitudine i suoi sacri piedi; &c.

ACTEURS.

MAHOMET.

ZOPIRE, Scheich ou Schérif de la Mecque.

OMAR, Lieutenant de Mahomet.

SEIDE,
PALMIRE, 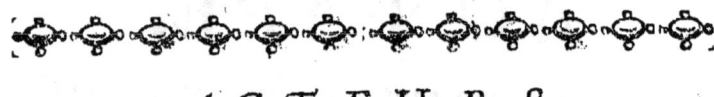 Esclaves de Mahomet.

PHANOR, Sénateur de la Mecque.

Troupe de Mecquois.

Troupe de Musulmans.

La Scène est à la Mecque.

LE FANATISME,
OU
MAHOMET LE PROPHETE,
TRAGEDIE.

ACTE PREMIER.

SCENE I.
ZOPIRE, PHANOR.

ZOPIRE.

Ui moi, baisser les yeux devant ses faux prodiges ?
Moi de ce fanatique encenser les prestiges ?
L'honorer dans la Mecque après l'avoir banni ?
Non Que des justes Dieux Zopire soit puni,
Si tu vois cette main, jusqu'ici libre & pure,
Caresser la révolte & flater l'imposture ?

PHANOR.

Nous chériſſons en vous ce zèle paternel
Du Chef auguſte & ſaint du Sénat d'Iſmaël ;
Mais ce zèle eſt funeſte ; & tant de réſiſtance,
Sans laſſer Mahomet, irrite ſa vengeance.
Contre ſes attentats vous pouviez autrefois
Lever impunément le fer ſacré des Loix,
Et des embraſemens d'une guerre immortelle
Etouffer ſous vos pieds la premiere étincelle.
Mahomet citoyen ne parut à vos yeux
Qu'un novateur obſcur, un vil ſéditieux :
Aujourdhui c'eſt un Prince : il triomphe, il domine ;
Impoſteur à la Mecque, & Prophête à Médine,
Il fait faire adorer à trente Nations
Tous ces mêmes forfaits qu'ici nous déteſtons.
Que dis-je ? en ces murs même une troupe égarée,
Des poiſons de l'erreur avec zèle enyvrée,
De ſes miracles faux ſoutient l'illuſion,
Répand le fanatiſme & la ſédition,
Appelle ſon armée, & croit qu'un Dieu terrible
L'inſpire, le conduit, & le rend invincible.
Tous nos vrais citoyens avec vous ſont unis ;
Mais les meilleurs conſeils ſont-ils toujours ſuivis ?
L'amour des nouveautés, le faux zèle, la crainte,
De la Mecque allarmée ont déſolé l'enceinte ;
Et ce peuple, en tout tems chargé de vos bienfaits,
Crie encor à ſon pere, & demande la paix.

ZOPIRE.

La paix avec ce traitre ? Ah ! peuple ſans courage,
N'en attendez jamais qu'un horrible eſclavage.
Allez, portez en pompe, & ſervez à genoux
L'idole dont le poids va vous écraſer tous.
Moi, je garde à ce fourbe une haine éternelle ;
De mon cœur ulceré la playe eſt trop cruelle ;

Lui-

Lui-même a contre moi trop de ressentimens.
Le cruel fit périr ma femme & mes enfans ;
Et moi jusqu'en son camp j'ai porté le carnage ;
La mort de son fils même honora mon courage.
Les flambeaux de la haine entre nous allumés ;
Jamais des mains du tems ne seront consumés.

PHANOR.

Ne les éteignez point : mais cachez-en la flâme :
Immolez au public les douleurs de votre ame.
Quand vous verrez ces lieux par ses mains ravagés,
Vos malheureux enfans seront-ils mieux vengés ?
Vous avez tout perdu, fils, frere, épouse, fille :
Ne perdez point l'Etat ; c'est-là votre famille.

ZOPIRE.

On ne perd les Etats que par timidité.

PHANOR.

On périt quelquefois par trop de fermeté.

ZOPIRE.

Périssons, s'il le faut.

PHANOR.

Ah ! quel triste courage,
Quand vous touchez au port, vous expose au naufrage ?
Le Ciel, vous le voyez, a remis en vos mains
De quoi fléchir encor ce Tyran des humains.
Cette jeune Palmire en ses camps élevée,
Dans vos derniers combats par vous-même enlevée,
Semble un Ange de paix descendu parmi nous,
Qui peut de Mahomet apaiser le courroux.
Déja par ses hérauts il l'a redemandée.

ZOPIRE.

Tu veux qu'à ce Barbare elle soit accordée ?
Tu veux que d'un si cher & si noble trésor
Ses criminelles mains s'enrichissent encor ?
Quoi ! lorsqu'il nous apporte & la fraude & la guerre,

Lorsque son bras enchaîne & ravage la Terre,
Les plus tendres appas brigueront sa faveur,
Et la beauté sera le prix de la fureur?
Ce n'est pas qu'à mon âge aux bornes de ma vie,
Je porte à Mahomet une honteuse envie;
Ce cœur triste & flétri, que les ans ont glacé,
Ne peut sentir les feux d'un désir insensé;
Mais soit qu'en tous les tems un objet né pour plaire,
Arrache de nos vœux l'hommage involontaire;
Soit que privé d'enfans je cherche à dissiper
Cette nuit de douleurs qui vient m'envelopper;
Je ne sçai quel penchant pour cette infortunée
Remplit le vuide affreux de mon ame étonnée.
Soit faiblesse ou raison, je ne puis sans horreur
La voir aux mains d'un monstre, artisan de l'erreur.
Je voudrais qu'à mes vœux heureusement docile,
Elle-même en secret pût chérir cet asyle;
Je voudrais que son cœur, sensible à mes bienfaits,
Détestât Mahomet autant que je le hais.
Elle veut me parler sous ces sacrés portiques,
Non loin de cet Autel de nos Dieux domestiques;
Elle vient, & son front, siége de la candeur,
Annonce en rougissant les vertus de son cœur.

※※※※※※※※※※※※※※※※※※※※※

SCENE II.
ZOPIRE, PALMIRE.

ZOPIRE.

Jeune & charmant objet, dont le sort de la guerre,
Propice à ma vieillesse, honora cette Terre,
Vous n'êtes point tombée en de barbares mains:
Tout respecte avec moi vos malheureux destins,
Votre âge, vos beautés, votre aimable innocence;

Parlez, & s'il me reste encor quelque puissance,
De vos justes désirs si je remplis les vœux,
Ces derniers de mes jours seront des jours heureux.

PALMIRE.

Seigneur, depuis deux mois sous vos loix prisonnière,
Je dus à mes destins pardonner ma misère :
Vos généreuses mains s'empressent d'effacer
Les larmes que le Ciel me condamne à verser.
Par vous, par vos bienfaits, à parler enhardie,
C'est de vous que j'attens le bonheur de ma vie.
Aux vœux de Mahomet j'ose ajoûter les miens.
Il vous a demandé de briser mes liens ;
Puissiez-vous l'écouter, & puissai-je lui dire,
Qu'après le Ciel & lui je dois tout à Zopire.

ZOPIRE.

Ainsi de Mahomet vous regrettez les fers,
Ce tumulte des camps, ces horreurs des déserts,
Cette patrie errante au trouble abandonnée.

PALMIRE.

La patrie est aux lieux où l'ame est enchaînée.
Mahomet a formé mes premiers sentimens,
Et ses femmes en paix guidaient mes faibles ans ;
Leur demeure est un Temple, où ces femmes
    sacrées
Lévent au Ciel des mains de leur Maître adorées.
Le jour de mon malheur, hélas, fut le seul jour,
Où le sort des combats a troublé leur séjour.
Seigneur ayez pitié d'une ame déchirée,
Toujours présente aux lieux dont je suis séparée.

ZOPIRE.

J'entens : vous espérez partager quelque jour
De ce Maître orgueilleux & la main & l'amour.

PALMIRE.

Seigneur, je le revère, & mon ame tremblante
Croit voir dans Mahomet un Dieu qui m'épouvante.

V 2

Non, d'un si grand hymen mon cœur n'est point flaté ;
Tant d'éclat convient mal à tant d'obscurité.

ZOPIRE.

Ah ! qui que vous soyez, il n'est point né peut-être
Pour être votre époux, encor moins votre Maître ;
Et vous semblez d'un sang fait pour donner des loix
A l'Arabe insolent qui marche égal aux Rois.

PALMIRE.

Nous ne connaissons point l'orgueil de la naissance.
Sans parens, sans patrie, esclaves dès l'enfance,
Dans notre égalité nous chérissons nos fers ;
Tout nous est étranger, hors le Dieu que je sers.

ZOPIRE.

Tout vous est étranger ! cet état peut-il plaire ?
Quoi ! vous servez un Maître, & n'avez point de pere ?
Dans mon triste Palais, seul & privé d'enfans,
J'aurais pu voir en vous l'appui de mes vieux ans.
Le soin de vous former des destins plus propices
Eût adouci des miens les longues injustices.
Mais non, vous abhorrez ma patrie & ma Loi.

PALMIRE.

Comment puis-je être à vous ? je ne suis point à moi.
Vous aurez mes regrets, votre bonté m'est chère,
Mais enfin Mahomet m'a tenu lieu de pere.

ZOPIRE.

Quel pere ! justes Dieux ! lui ? ce monstre imposteur ?

PALMIRE.

Ah, quels noms inouis lui donnez-vous, Seigneur ?
Lui, dans qui tant d'Etats adorent leur Prophête ;

TRAGEDIE.

Lui, l'Envoyé du Ciel, & son seul Interprête ?
ZOPIRE.
Etrange aveuglement des malheureux mortels !
Tout m'abandonne ici, pour dresser des Autels
A ce coupable heureux qu'épargna ma justice,
Et qui courut au Throne échappé du supplice.
PALMIRE.
Vous me faites frémir, Seigneur, & de mes jours
Je n'avais entendu ces horribles discours.
Mon penchant, je l'avoue, & ma reconnaissance,
Vous donnaient sur mon cœur une juste puissance ;
Vos blasphêmes affreux contre mon Protecteur,
A ce penchant si doux font succéder l'horreur.
ZOPIRE.
O superstition ! tes rigueurs inflexibles
Privent d'humanité les cœurs les plus sensibles
Que je vous plains, Palmire, & que sur vos erreurs
Ma pitié malgré moi me fait verser de pleurs !
PALMIRE.
Et vous me refusez !
ZOPIRE.
Oui. Je ne puis vous rendre
Au Tyran qui trompa ce cœur flexible & tendre.
Oui, je crois voir en vous un bien trop précieux,
Qui me rend Mahomet encor plus odieux.

SCENE III.
ZOPIRE, PALMIRE, PHANOR.

ZOPIRE.

Que voulez-vous, Phanor ?
PHANOR.
Aux portes de la ville,
D'où l'on voit de Moad la campagne fertile,
Omar est arrivé.
ZOPIRE.
Qui ? ce farouche Omar.
Que l'erreur aujourdhui conduit après son char,
Qui combattit long-tems le Tyran qu'il adore,
Qui vengea son pays ?
PHANOR.
Peut-être il l'aime encore.
Moins terrible à nos yeux, cet insolent guerrier,
Portant entre ses mains le glaive & l'olivier,
De la paix à nos Chefs a présenté le gage.
On lui parle, il demande, il reçoit un otage.
Seïde est avec lui.
PALMIRE.
Grand Dieu ! Destin plus doux !
Quoi ? Seïde ?
PHANOR.
Omar vient, il s'avance vers vous.
ZOPIRE.
Il le faut écouter. Allez, jeune Palmire.
(*Palmire sort.*)
Omar devant mes yeux ! qu'osera-t'il me dire ?
O Dieux de mon pays, qui depuis trois mille ans

Protégiez d'Ismaël les généreux enfans;
Soleil, sacrés flambeaux, qui dans votre carrière,
Images de ces Dieux, nous prêtez leur lumière,
Voyez & soutenez la juste fermeté
Que j'opposai toujours contre l'iniquité.

SCENE IV.
ZOPIRE, OMAR, PHANOR, Suite.

ZOPIRE.

EH bien, après six ans tu revois ta patrie,
Que ton bras défendit, que ton cœur a trahie.
Ces murs sont encor pleins de tes premiers exploits.
Déserteur de nos Dieux, déserteur de nos Loix,
Persécuteur nouveau de cette Cité sainte,
D'où vient que ton audace en profane l'enceinte ?
Ministre d'un brigand qu'on dût exterminer,
Parle ; que me veux-tu ?

OMAR.
Je veux te pardonner.
Le Prophête d'un Dieu, par pitié pour ton âge,
Pour tes malheurs passés, sur-tout pour ton courage,
Te présente une main qui pourrait t'écraser,
Et j'apporte la paix qu'il daigne proposer.

ZOPIRE.
Un vil séditieux prétend avec audace
Nous accorder la paix, & non demander grace !
Souffrirez-vous, grands Dieux, qu'au gré de ses forfaits,
Mahomet nous ravisse ou nous rende la paix !
Et vous, qui vous chargez des volontés d'un traître,
Ne rougissez-vous point de servir un tel Maître ?
Ne l'avez-vous pas vû, sans honneur & sans biens,

V 4

LE FANATISME,

Ramper au dernier rang des derniers citoyens ?
Qu'alors il était loin de tant de renommée !

OMAR.

A tes viles grandeurs ton ame accoutumée
Juge ainsi du mérite, & pèse les humains
Au poids que la fortune avait mis dans tes mains.
Ne sais-tu pas encor, homme faible & superbe,
Que l'insecte insensible, enseveli sous l'herbe,
Et l'aigle impérieux, qui plane au haut du Ciel,
Rentrent dans le néant aux yeux de l'Eternel ?
Les mortels sont égaux ; ce n'est point la naissance,
C'est la seule vertu qui fait leur différence.
Il est de ces esprits favorisés des Cieux,
Qui sont tout par eux-mêmes, & rien par leurs
    ayeux.
Tel est l'homme en un mot que j'ai choisi pour
    Maître ;
Lui seul dans l'Univers a mérité de l'être.
Tout mortel à sa loi doit un jour obéir,
Et j'ai donné l'exemple aux siécles à venir.

ZOPIRE.

Je te connais, Omar ; en vain ta politique
Vient m'étaler ici ce tableau fanatique.
En vain tu peux ailleurs éblouïr les esprits,
Ce que ton peuple adore excite mes mépris.
Banni toute imposture, & d'un coup d'œil plus sage
Regarde ce Prophête à qui tu rens hommage.
Voi l'homme en Mahomet, conçoi par quel degré
Tu fais monter aux Cieux ton fantôme adoré.
Enthousiaste ou fourbe, il faut cesser de l'être ;
Sers-toi de ta raison, juge avec moi ton Maître.
Tu verras de chameaux un grossier conducteur,
Chez sa premiere épouse insolent imposteur,
Qui sous le vain appas d'un songe ridicule,
Des plus vils des humains tente la foi crédule ;

TRAGEDIE.

Comme un séditieux à mes pieds amené,
Par quarante vieillards à l'exil condamné ;
Trop léger châtiment qui l'enhardit au crime.
De caverne en caverne il fuit avec Farime.
Ses disciples errans de cités en déserts,
Proscrits, persécutés, bannis, chargés de fers,
Promènent leur fureur qu'ils appellent divine.
De leurs venins bientôt ils infectent Médine.
Toi-même alors, toi-même, écoutant la raison,
Tu voulus dans sa source arrêter le poison.
Je te vis plus heureux, & plus juste, & plus brave,
Attaquer le Tyran dont je te vois l'esclave.
S'il est un vrai Prophète, osas-tu le punir ?
S'il est un imposteur, oses tu le servir ?

OMAR.

Je voulus le punir, quand mon peu de lumiere
Méconnut ce grand-homme entré dans la carrière:
Mais enfin quand j'ai vû, que Mahomet est né
Pour changer l'Univers à ses pieds consterné ;
Quand mes yeux éclairés du feu de son génie,
Le virent s'élever dans sa course infinie,
Eloquent, intrépide, admirable en tout lieu,
Agir, parler, punir ou pardonner en Dieu,
J'associai ma vie à ses travaux immenses ;
Des Thrones, des Autels en sont les récompenses.
Je fus, je te l'avouë, aveugle comme toi.
Ouvre les yeux, Zopire, & change ainsi que moi :
Et sans plus me vanter les fureurs de ton zéle,
Ta persécution, si vaine & si cruelle,
Nos freres gémissans, notre Dieu blasphémé,
Tombe aux pieds d'un Héros par toi-même opprimé:
Viens baiser cette main qui porte le tonnerre.
Tu me vois après lui le premier de la Terre ;
Le poste qui te reste est encor assez beau,
Pour fléchir noblement sous ce Maître nouveau.

Voi ce que nous étions, & voi ce que nous sommes.
Le peuple aveugle & faible est né pour les grands-
    hommes,
Pour admirer, pour croire, & pour nous obéir.
Vien régner avec nous, si tu crains de servir;
Partage nos grandeurs, au lieu de t'y soustraire,
Et las de l'imiter, fai trembler le vulgaire.

ZOPIRE.

Ce n'est qu'à Mahomet, à ses pareils, à toi,
Que je prétens, Omar, inspirer quelque effroi.
Tu veux que du Sénat le Schérif infidéle
Encense un imposteur, & couronne un rebelle !
Je ne te nierai point, que ce fier séducteur
N'ait beaucoup de prudence & beaucoup de valeur.
Je connais comme toi les talens de ton Maître ;
S'il était vertueux, c'est un Héros peut-être :
Mais ce Héros, Omar, est un traître, un cruel,
Et de tous les Tyrans c'est le plus criminel.
Cesse de m'annoncer sa trompeuse clémence ;
Le grand art qu'il possede est l'art de la vengeance.
Dans le cours de la guerre un funeste destin
Le priva de son fils, que fit périr ma main ;
Mon bras perça le fils, ma voix bannit le pere ;
Ma haine est inflexible, ainsi que sa colére ;
Pour rentrer dans la Mecque il doit m'exterminer:
Et le juste aux méchans ne doit point pardonner.

OMAR.

Eh bien, pour te montrer que Mahomet pardonne,
Pour te faire embrasser l'exemple qu'il te donne,
Partage avec lui-même, & donne à tes Tribus
Les dépouilles des Rois que nous avons vaincus.
Mets un prix à la paix, mets un prix à Palmire ;
Nos trésors sont à toi.

ZOPIRE.
           Tu penses me séduire ;

TRAGEDIE. 315

Me vendre ici ma honte & marchander la paix,
Per ses trésors honteux, le prix de ses forfaits ?
Tu veux que sous ses loix Palmire se remette ?
Elle a trop de vertu pour être sa sujette ;
Et je veux l'arracher aux Tyrans imposteurs,
Qui renversent les Loix & corrompent les mœurs.

OMAR.

Tu me parles toujours comme un Juge implacable,
Qui sur son Tribunal intimide un coupable.
Pense & parle en Ministre, agi, traite avec moi,
Comme avec l'Envoyé d'un grand-homme & d'un
 Roi.

ZOPIRE.

Qui l'a fait Roi ? Qui l'a couronné ?

OMAR.

       La victoire.
Ménage sa puissance, & respecte sa gloire.
Aux noms de Conquérant & de Triomphateur,
Il veut joindre le nom de Pacificateur.
Son Armée est encor aux bords du Saïbare ;
Des murs où je suis né le siége se prépare.
Sauvons, si tu m'en crois, le sang qui va couler ;
Mahomet veut ici te voir & te parler.

ZOPIRE.

Lui ! Mahomet ?

OMAR.

   Lui-même, il t'en conjure.

ZOPIRE.

        Traître !
Si de ces lieux sacrés j'étais l'unique Maître,
C'est en te punissant que j'aurais répondu.

OMAR.

Zopire, j'ai pitié de ta fausse vertu.
Mais puisqu'un vil Sénat insolemment partage
De ton gouvernement le fragile avantage,

Puisqu'il régne avec toi, je cours m'y préfenter.
ZOPIRE.
Je t'y fuis : nous verrons, qui l'on doit écouter.
Je défendrai mes Loix, mes Dieux & ma patrie ;
Viens y contre ma voix prêter ta voix impie
Au Dieu perfécuteur, effroi du Genre-humain,
Qu'un fourbe ofe annoncer les armes à la main.

A Phanor.

Toi, vien m'aider, Phanor, à repouffer un traître ;
Le fouffrir parmi nous, & l'épargner, c'eft l'être.
Renverfons fes deffeins, confondons fon orgueil,
Préparons fon fupplice, ou creufons mon cercueil,
Je vais, fi le Sénat m'écoute & me feconde,
Délivrer d'un Tyran ma patrie & le Monde.

Fin du premier Acte.

ACTE II.

SCENE I.

SEIDE, PALMIRE.

PALMIRE.

Dans ma prison cruelle est-ce un Dieu qui te guide ?
Mes maux sont-ils finis ? te revois-je, Seïde ?

SEÏDE.

O charme de ma vie, & de tous mes malheurs !
Palmire, unique objet qui m'a coûté des pleurs ;
Depuis ce jour de sang, qu'un ennemi barbare,
Près des camps du Prophête, aux bords du Saïbare,
Vint arracher sa proie à mes bras tout sanglans,
Qu'étendu loin de toi sur des corps expirans,
Mes cris mal-entendus sur cette infame rive,
Invoquèrent la mort sourde à ma voix plaintive !
O ma chère Palmire, en quel gouffre d'horreur
Tes périls & ma perte ont abîmé mon cœur !
Que mes feux, que ma crainte, & mon impatience,
Accusaient la lenteur des jours de la vengeance !
Que je hâtais l'assaut si long-tems différé,
Cette heure de carnage, où de sang enyvré
Je devais de mes mains brûler la ville impie,
Où Palmire a pleuré sa liberté ravie !
Enfin de Mahomet les sublimes desseins,

Que n'ose approfondir l'humble esprit des humains,
Ont fait entrer Omar en ce lieu d'esclavage ;
Je l'apprens, & j'y vole. On demande un otage ;
J'entre, je me présente, on accepte ma foi ;
Et je me rens captif, ou je meurs avec toi.

PALMIRE.

Seïde au moment même, avant que ta présence
Vint de mon désespoir calmer la violence,
Je me jettais aux pieds de mon fier ravisseur.
Vous voyez, ai-je dit, les secrets de mon cœur :
Ma vie est dans les camps dont vous m'avez tirée ;
Rendez-moi le seul bien dont je suis séparée.
Mes pleurs, en lui parlant, ont arrosé ses pieds ;
Ses refus ont saisi mes esprits effrayés.
J'ai senti dans mes yeux la lumière obscurcie ;
Mon cœur sans mouvement, sans chaleur & sans vie,
D'aucune ombre d'espoir n'était plus secouru ;
Tout finissait pour moi quand Seïde a paru.

SEÏDE.

Quel est donc ce mortel insensible à tes larmes ?

PALMIRE.

C'est Zopire ; il semblait touché de mes allarmes ;
Mais le cruel enfin vient de me déclarer,
Que des lieux où je suis rien ne peut me tirer.

SEÏDE.

Le barbare se trompe, & Mahomet mon Maître,
Et l'invincible Omar, & ton amant peut être,
(Car j'ose me nommer après ces noms fameux,
Pardonne à ton amant cet espoir orgueilleux)
Nous briserons ta chaîne, & tarirons tes larmes.
Le Dieu de Mahomet, protecteur de nos armes,
Le Dieu dont j'ai porté les sacrés étendarts,
Le Dieu, qui de Médine a détruit les remparts
Renversera la Mecque à nos pieds abattuë.
Omar est dans la ville, & le peuple à sa vuë

N'a point fait éclater ce trouble & cette horreur
Qu'inspire aux ennemis un ennemi vainqueur.
Au nom de Mahomet un grand dessein l'amène.
PALMIRE.
Mahomet nous chérit ; il briserait ma chaîne ;
Il unirait nos cœurs ; nos cœurs lui sont offerts ;
Mais il est loin de nous, & nous sommes aux fers.

SCENE II.
PALMIRE, SEIDE, OMAR.
OMAR.
Vos fers seront brisés, soyez pleins d'espérance.
Le Ciel vous favorise, & Mahomet s'avance.
SEIDE.
Lui !
PALMIRE.
Notre auguste père !
OMAR.
      Au Conseil assemblé
L'esprit de Mahomet par ma bouche a parlé.
„ Ce favori du Dieu, qui préside aux batailles,
„ Ce grand-homme, ai-je dit, est né dans vos murailles.
„ Il s'est rendu des Rois le Maître & le soutien,
„ Et vous lui refusez le rang de citoyen !
„ Vient-il vous enchaîner, vous perdre, vous détruire ?
„ Il vient vous protéger, mais sur-tout vous instruire.
„ Il vient dans vos cœurs même établir son pouvoir.
Plus d'un Juge à ma voix a paru s'émouvoir ;

Les esprits s'ebranlaient ; l'inflexible Zopire,
Qui craint de la raison l'inévitable empire,
Veut convoquer le peuple, & s'en faire un appui.
On l'assemble, j'y cours, & j'arrive avec lui.
Je parle aux citoyens, j'intimide, j'exhorte ;
J'obtiens qu'à Mahomet on ouvre enfin la porte.
Après quinze ans d'exil il revoit ses foyers ;
Il entre accompagné des plus braves guerriers,
D'Ali, d'Ammon, d'Hercide, & de sa noble élite ;
Il entre, & sur ses pas chacun se précipite.
Chacun porte un regard comme un cœur différent ;
L'un croit voir un Héros, l'autre voir un Tyran.
Celui ci le blasphême, & le menace encore ;
Cet autre est à ses pieds, les embrasse & l'adore.
Nous faisons retentir à ce peuple agité
Les noms sacrés de Dieu, de paix, de liberté.
De Zopire éperdu la cabale impuissante
Vomit en vain les feux de sa rage expirante.
Au milieu de leurs cris, le front calme & serein,
Mahomet marche en Maître, & l'olive à la main :
La trêve est publiée ; & le voici lui-même.

SCENE III.

MAHOMET, OMAR, ALI, HERCIDE, SEIDE, PALMIRE, Suite.

MAHOMET.

INvincibles soutiens de mon pouvoir suprême,
Noble & sublime Ali, Morad, Hercide, Hammon,
Retournez vers ce peuple, instruisez-le en mon nom.
Promettez, menacez, que la vérité règne ;
Qu'on adore mon Dieu, mais sur-tout qu'on le craigne.
Vous, Seïde, en ces lieux ?

SEÏDE,

TRAGEDIE.

SEÏDE.

O mon père! ô mon Roi!
Le Dieu qui vous inspire a marché devant moi.
Prêt à mourir pour vous, prêt à tout entreprendre,
J'ai prévenu votre ordre.

MAHOMET.

Il eût fallu l'attendre.
Qui fait plus qu'il ne doit, ne fait point me servir.
J'obéis à mon Dieu ; vous, sachez m'obéir.

PALMIRE.

Ah! Seigneur, pardonnez à son impatience.
Elevés près de vous dans notre tendre enfance,
Les mêmes sentimens nous animant tous deux.
Hélas! mes tristes jours sont assez malheureux.
Loin de vous, loin de lui, j'ai langui prisonnière ;
Mes yeux de pleurs noyés s'ouvraient à la lumière.
Empoisonneriez-vous l'instant de mon bonheur ?

MAHOMET.

Palmire, c'est assez ; je lis dans votre cœur ;
Que rien ne vous allarme, & rien ne vous étonne.
Allez ; malgré les soins de l'Autel & du Throne,
Mes yeux sur vos destins seront toûjours ouverts ;
Je veillerai sur vous comme sur l'Univers.

A Seïde.

Vous, suivez mes guerriers ; & vous, jeune Palmire :
En servant votre Dieu ne craignez que Zopire.

SCENE IV.
MAHOMET, OMAR.

MAHOMET.

Toi, reste, brave Omar ; il est tems que mon cœur
De ses derniers replis t'ouvre la profondeur.
D'un siége encor douteux la lenteur ordinaire
Peut retarder ma course, & borner ma carrière.
Ne donnons point le tems aux mortels détrompés,
De rassurer leurs yeux de tant d'éclat frappés.
Les préjugés, ami, sont les Rois du vulgaire.
Tu connais quel Oracle. & quel bruit populaire
Ont promis l'Univers à l'Envoyé d'un Dieu,
Qui, reçu dans la Mecque, & vainqueur en tout lieu,
Entrerait dans ces murs en écartant la guerre ;
Je viens mettre à profit les erreurs de la Terre :
Mais tandis que les miens, par de nouveaux efforts,
De ce peuple inconstant font mouvoir les ressorts,
De quel œil revois-tu Palmire avec Seïde ?

OMAR.

Parmi tous ces enfans enlevés par Hercide,
Qui, formés sous ton joug, & nourris dans ta loi,
N'ont de Dieu que le tien, n'ont de père que toi,
Aucun ne te servit avec moins de scrupule,
N'eut un cœur plus docile, un esprit plus crédule ;
De tous tes Musulmans ce sont les plus soumis.

MAHOMET.

Cher Omar, je n'ai point de plus grands ennemis.
Ils s'aiment ; c'est assez.

OMAR.
Blâmes-tu leurs tendresses ?

MAHOMET.
Ah! connai mes fureurs, & toutes mes faiblesses.
OMAR.
Comment?
MAHOMET.
Tu sais assez quel sentiment vainqueur
Parmi mes passions règne au fond de mon cœur.
Chargé du soin du Monde, environné d'allarmes,
Je porte l'encensoir, & le sceptre & les armes:
Ma vie est un combat, & ma frugalité
Asservit la Nature à mon austérité.
J'ai banni loin de moi cette liqueur traîtresse
Qui nourrit des humains la brutale mollesse;
Dans des sables brûlans, sur des rochers déserts,
Je supporte avec toi l'inclémence des airs.
L'amour seul me console; il est ma récompense,
L'objet de mes travaux, l'idole que j'encense,
Le Dieu de Mahomet; & cette passion
Est égale aux fureurs de mon ambition.
Je préfère en secret Palmire à mes épouses.
Conçois-tu bien l'excès de mes fureurs jalouses,
Quand Palmire à mes pieds, par un aveu fatal,
Insulte à Mahomet, & lui donne un rival?
OMAR.
Et tu n'es pas vengé?
MAHOMET.
Juge, si je dois l'être.
Pour le mieux détester apprens à le connaître.
De mes deux ennemis appren tous les forfaits:
Tous deux sont nés ici du Tyran que je hais.
OMAR.
Quoi! Zopire...
MAHOMET.
Est leur père. Hercide en ma puissance
Remit depuis quinze ans leur malheureuse enfance.

J'ai noutri dans mon sein ces serpens dangereux;
Déja sans se connaître ils m'outragent tous deux.
J'attisai de mes mains leurs feux illégitimes.
Le Ciel voulut ici rassembler tous les crimes.
Je veux... Leur pere vient, ses yeux lancent vers
　　nous
Les regards de la haine & les traits du courroux.
Observe tout, Omar, & qu'avec son escorte
Le vigilant Hercide assiége cette porte.
Revien me rendre compte, & voir s'il faut hâter,
Ou retenir les coups que je dois lui porter.

SCENE V.
ZOPIRE, MAHOMET.
ZOPIRE.

AH! quel fardeau cruel à ma douleur profonde!
Moi, recevoir ici cet ennemi du monde!
MAHOMET.
Approche, & puisqu'enfin le Ciel veut nous unir,
Voi Mahomet sans crainte, & parle sans rougir.
ZOPIRE.
Je rougis pour toi seul, pour toi dont l'artifice
A traîné ta patrie au bord du précipice;
Pour toi, de qui la main seme ici les forfaits,
Et fait naître la guerre au milieu de la paix.
Ton nom seul parmi nous divise les familles,
Les époux, les parens, les meres & les filles;
Et la trève pour toi n'est qu'un moyen nouveau,
Pour venir dans nos cœurs enfoncer le couteau.
La discorde civile est par-tout sur ta trace.
Assemblage inoui de mensonge & d'audace,
Tyran de ton païs, est-ce ainsi qu'en ce lieu

TRAGEDIE.

Tu viens donner la paix, & m'annoncer un Dieu?
MAHOMET.
Si j'avais à répondre à d'autres qu'à Zopire,
Je ne ferais parler que le Dieu qui m'inspire.
Le glaive & l'Alcoran dans mes sanglantes mains,
Imposeraient silence au reste des humains.
Ma voix ferait sur eux les effets du tonnerre,
Et je verrais leurs fronts attachés à la Terre :
Mais je te parle en homme, & sans rien déguiser :
Je me sens assez grand pour ne pas t'abuser.
Voi quel est Mahomet ; nous sommes seuls, écoute:
Je suis ambitieux ; tout homme l'est sans doute ;
Mais jamais Roi, Pontife, ou Chef, ou Citoyen,
Ne conçut un projet aussi grand que le mien.
Chaque peuple à son tour a brillé sur la Terre,
Par les Loix, par les Arts, & sur-tout par la guerre.
Le tems de l'Arabie est à la fin venu.
Ce peuple généreux, trop long-tems inconnu,
Laissait dans ses déserts ensévelir sa gloire ;
Voici les jours nouveaux marqués pour la victoire.
Voi du Nord au Midi l'Univers désolé,
La Perse encor sanglante, & son Throne ébranlé,
L'Inde esclave & timide, & l'Egypte abaissée,
Des murs de Constantin la splendeur éclipsée ;
Voi l'Empire Romain tombant de toutes parts,
Ce grand corps déchiré, dont les membres épars
Languissent dispersés sans honneur & sans vie ;
Sur ces débris du Monde élevons l'Arabie.
Il faut un nouveau culte, il faut de nouveaux fers:
Il faut un nouveau Dieu pour l'aveugle Univers.
  En Egypte Osiris, Zoroastre en Asie,
Chez les Crétois Minos, Numa dans l'Italie,
A des peuples sans mœurs, & sans culte & sans Rois,
Donnerent aisément d'insuffisantes Loix.

Je viens après mille ans changer ces loix groſſières.
J'apporte un joug plus noble aux Nations entières.
J'abolis les faux Dieux, & mon culte épuré
De ma grandeur naiſſante eſt le premier degré
Ne me reproche point de tromper ma patrie ;
Je détruis ſa faibleſſe & ſon idolâtrie.
Sous un Roi, ſous un Dieu, je viens la réunir ;
Et pour la rendre illuſtre, il la faut aſſervir.

ZOPIRE.

Voilà donc tes deſſeins ! c'eſt donc toi dont l'audace
De la Terre à ton gré prétend changer la face !
Tu veux, en apportant le carnage & l'effroi,
Commander aux humains de penſer comme toi ?
Tu ravages le Monde, & tu prétens l'inſtruire ?
Ah ! ſi par des erreurs il s'eſt laiſſé ſéduire,
Si la nuit du menſonge a pû nous égarer,
Par quels flambeaux affreux veux-tu nous éclairer ?
Quel droit as-tu reçu d'enſeigner, de prédire,
De porter l'encenſoir, & d'affecter l'empire ?

MAHOMET.

Le droit qu'un eſprit vaſte, & ferme en ſes deſſeins,
A ſur l'eſprit groſſier des vulgaires humains.

ZOPIRE.

Eh quoi ! tout factieux, qui penſe avec courage,
Doit donner aux mortels un nouvel eſclavage ?
Il a droit de tromper, s'il trompe avec grandeur ?

MAHOMET.

Oui ! Je connais ton peuple, il a beſoin d'erreur ;
Ou véritable ou faux, mon culte eſt néceſſaire.
Que t'ont produit tes Dieux ? Quel bien t'ont ils pû
    faire ?
Quels lauriers vois-tu croître au pied de leurs Au-
    tels ?
Ta Secte obſcure & baſſe avilit les mortels,
Enerve le courage, & rend l'homme ſtupide ;

La mienne élève l'ame, & la rend intrépide.
Ma Loi fait des Héros.
ZOPIRE.
Dis plutôt des brigands.
Porte ailleurs tes leçons, l'école des Tyrans.
Va vanter l'imposture à Médine où tu régnes,
Où tes Maîtres séduits marchent sous tes enseignes.
Où tu vois tes égaux à tes pieds abattus.
MAHOMET.
Des égaux, dès long-tems Mahomet n'en a plus.
Je fais trembler la Mecque, & je régne à Médine ;
Croi-moi, reçoi la paix, si tu crains ta ruïne.
ZOPIRE.
La paix est dans ta bouche, & ton cœur en est loin :
Penses-tu me tromper ?
MAHOMET.
Je n'en ai pas besoin.
C'est le faible qui trompe, & le puissant commande.
Demain j'ordonnerai ce que je te demande,
Demain je peux te voir à mon joug asservi :
Aujourdhui Mahomet veut être ton ami.
ZOPIRE.
Nous amis ! nous ? cruel ! ah quel nouveau prestige !
Connais-tu quelque Dieu qui fasse un tel prodige ?
MAHOMET.
J'en connais un puissant, & toujours écouté,
Qui te parle avec moi.
ZOPIRE.
Qui ?
MAHOMET.
La nécessité,
Ton intérêt.
ZOPIRE.
Avant qu'un tel nœud nous rassemble,
Les Enfers & les Cieux seront unis ensemble.

L'intérêt est ton Dieu, le mien est l'équité ;
Entre ces ennemis il n'est point de traité.
Quel serait le ciment, réponds-moi, si tu l'oses,
De l'horrible amitié qu'ici tu me proposes ?
Réponds ; est-ce ton fils que mon bras te ravit ?
Est-ce le sang des miens que ta main répandit ?

MAHOMET.

Oui, ce sont tes fils même. Oui, connais un mystère,
Dont seul dans l'Univers je suis dépositaire :
Tu pleures tes enfans, ils respirent tous deux.

ZOPIRE.

Ils vivraient ! qu'as-tu dit ? ô Ciel ! ô jour heureux !
Ils vivraient ! c'est de toi qu'il faut que je l'apprenne !

MAHOMET.

Elevés dans mon camp tous deux sont dans ma chaîne.

ZOPIRE.

Mes enfans, dans tes fers ! ils pourraient te servir !

MAHOMET.

Mes bienfaisantes mains ont daigné les nourrir.

ZOPIRE.

Quoi ! tu n'as point sur eux étendu ta colère ?

MAHOMET.

Je ne les punis point des fautes de leur pere.

ZOPIRE.

Acheve, éclairci-moi, parle, quel est leur sort ?

MAHOMET.

Je tiens entre mes mains & leur vie & leur mort ;
Tu n'as qu'à dire un mot, & je t'en fais l'arbitre.

ZOPIRE.

Moi, je puis les sauver ! à quel prix ? à quel titre ?
Faut-il donner mon sang ? faut-il porter leurs fers ?

MAHOMET.

Non. Mais il faut m'aider à dompter l'Univers.
Il faut rendre la Mecque, abandonner ton Temple,

De la crédulité donner à tous l'exemple,
Annoncer l'Alcoran aux peuples effrayés,
Me servir en Prophête, & tomber à mes pieds :
Je te rendrai ton fils, & je serai ton gendre.

ZOPIRE.

Mahomet, je suis pere, & je porte un cœur tendre.
Après quinze ans d'ennuis retrouver mes enfans,
Les revoir & mourir dans leurs embrassemens,
C'est le premier des biens pour mon ame attendrie :
Mais s'il faut à ton culte asservir ma patrie,
Ou de ma propre main les immoler tous deux,
Connai-moi, Mahomet, mon choix n'est pas douteux.
Adieu.

MAHOMET seul.

Fier citoyen, vieillard inexorable.
Je serai plus que toi, cruel, impitoyable.

✶✶✶✶✶✶✶✶✶✶✶✶✶✶✶✶✶✶✶✶✶✶✶✶✶✶✶

SCENE VI.
MAHOMET, OMAR.

OMAR.

Mahomet, il faut l'être, ou nous sommes perdus :
Les secrets des Tyrans me sont déja vendus.
Demain la trêve expire, & demain l'on t'arrête ;
Demain Zopire est Maître, & fait tomber ta tête.
La moitié du Sénat vient de te condamner ;
N'osant pas te combattre, on t'ose assassiner.
Ce meurtre d'un Héros, ils le nomment supplice,
Et ce complot obscur, ils l'appellent justice.

MAHOMET.

Ils sentiront la mienne. Ils verront ma fureur.

La persécution fit toujours ma grandeur.
Zopire perira.

OMAR.

Cette tête funeste,
En tombant à tes pieds, fera fléchir le reste.
Mais ne perds point de tems.

MAHOMET.

Mais, malgré mon courroux,
Je dois cacher la main qui va lancer les coups,
Et détourner pour moi les soupçons du vulgaire.

OMAR.

Il est trop méprisable.

MAHOMET.

Il faut pourtant lui plaire:
Et j'ai besoin d'un bras, qui par ma voix conduit,
Soit seul chargé du meurtre, & m'en laisse le fruit.

OMAR.

Pour un tel attentat je réponds de Seïde.

MAHOMET.

De lui?

OMAR.

C'est l'instrument d'un pareil homicide,
Otage de Zopire, il peut seul aujourdhui
L'aborder en secret, & te venger de lui.
Tes autres Favoris, zélés avec prudence,
Pour s'exposer à tout ont trop d'expérience;
Ils sont tous dans cet âge, où la maturité
Fait tomber le bandeau de la credulité.
Il faut un cœur plus simple, aveugle avec courage,
Un esprit amoureux de son propre esclavage.
La jeunesse est le tems de ces illusions;
Seïde est tout en proye aux superstitions;
C'est un lion docile à la voix qui le guide.

MAHOMET.

Le frere de Palmire?

OMAR.
Oui, lui-même. Oui, Seïde,
De ton fier ennemi le fils audacieux,
De son Maître offensé rival incestueux.
MAHOMET.
Je déteste Seïde, & son nom seul m'offense.
La cendre de mon fils me crie encor vengeance.
Mais tu connais l'objet de mon fatal amour ;
Tu connais dans quel sang elle a puisé le jour.
Tu vois, que dans ces lieux environnés d'abîmes,
Je viens chercher un Throne, un Autel, des victimes;
Qu'il faut d'un peuple fier enchanter les esprits ;
Qu'il faut perdre Zopire, & perdre encor son fils.
Allons, consultons bien mon intérêt, ma haine,
L'amour, l'indigne amour, qui malgré moi m'entraîne ;
Et la Religion, à qui tout est soumis,
Et la nécessité, par qui tout est permis.

Fin du second Acte.

ACTE III.

SCENE I.
SEIDE, PALMIRE.

PALMIRE.

Demeure Quel est donc ce secret sacrifice ?
Quel sang a demandé l'éternelle justice ?
Ne m'abandonne pas.

SEÏDE.

Dieu daigne m'appeller.
Mon bras doit le servir, mon cœur va lui parler.
Omar veut à l'instant, par un serment terrible,
M'attacher de plus près à ce Maître invincible.
Je vai jurer à Dieu de mourir pour sa Loi,
Et mes seconds sermens ne seront que pour toi.

PALMIRE.

D'où vient qu'à ce serment je ne suis point présente ?
Si je t'accompagnais, j'aurais moins d'épouvante.
Omar, ce même Omar, loin de me consoler,
Parle de trahison, de sang prêt à couler,
Des fureurs du Sénat, des complots de Zopire.
Les feux sont allumés, bien-tôt la trêve expire.
Le fer cruel est prêt, on s'arme, on va frapper ;
Le Prophète l'a dit, il ne peut nous tromper.
Je crains tout de Zopire, & je crains pour Seïde.

TRAGEDIE.

SEÏDE.

Croirai-je que Zopire ait un cœur si perfide !
Ce matin comme ôtage à ses yeux présenté,
J'admirai sa noblesse & son humanité.
Je sentais qu'en secret une force inconnuë
Enlevait jusqu'à lui mon ame prévenuë.
Soit respect pour son nom, soit qu'un dehors heu-
    reux
Me cachât de son cœur les replis dangereux ;
Soit que dans ces momens où je t'ai rencontrée,
Mon ame toute entière à son bonheur livrée,
Oubliant ses douleurs, & chassant tout effroi,
Ne connût, n'entendit, ne vit plus rien que toi.
Je me trouvais heureux d'être auprès de Zopire.
Je le hais d'autant plus, qu'il m'avait sû séduire ;
Mais, malgré le courroux dont je dois m'animer,
Qu'il est dur de haïr ceux qu'on voulait aimer !

PALMIRE.

Ah ! que le Ciel en tout a joint nos destinées !
Qu'il a pris soin d'unir nos ames enchaînées !
Hélas ! sans mon amour ; sans ce tendre lien,
Sans cet instinct charmant qui joint mon cœur au
    tien,
Sans la Religion que Mahomet m'inspire,
J'aurais eu des remords en accusant Zopire.

SEÏDE.

Laissons ces vains remords, & nous abandonnons
A la voix de ce Dieu qu'à l'envi nous servons.
Je sors. Il faut prêter ce serment redoutable ;
Le Dieu qui m'entendra nous sera favorable ;
Et le Pontife Roi, qui veille sur nos jours,
Bénira de ses mains de si chastes amours.
Adieu. Pour être à toi, je vai tout entreprendre.

SCENE II.

PALMIRE seule.

D'Un noir pressentiment je ne puis me défendre.
Cet amour dont l'idée avait fait mon bonheur,
Ce jour tant souhaité me semble un jour d'horreur.
Quel est donc ce serment qu'on attend de Seïde ?
Tout m'est suspect ici, Zopire m'intimide.
J'invoque Mahomet, & cependant mon cœur
Eprouve à son nom même une secrette horreur.
Dans les profonds respects que ce Héros m'inspire,
Je sens que je le crains presqu'autant que Zopire.
Délivre-moi, grand Dieu, de ce trouble où je suis.
Craintive je te sers, aveugle je te suis ;
Hélas ! daigne essuyer les pleurs où je me noye.

SCENE III.

MAHOMET, PALMIRE.

PALMIRE.

C'Est vous qu'à mon secours un Dieu propice envoye,
Seigneur. Seïde . . .

MAHOMET.

Eh bien, d'où vous vient cet effroi ?
Et que craint-on pour lui, quand on est près de moi?

PALMIRE.

O Ciel ! vous redoublez la douleur qui m'agite.
Quel prodige inouï ! votre ame est interdite ;
Mahomet est troublé pour la première fois.

TRAGEDIE.

MAHOMET.

Je devrais l'être au moins du trouble où je vous vois.
Est-ce ainsi qu'à mes yeux votre simple innocence
Ose avouer un feu qui peut-être m'offense ?
Votre cœur a-t-il pu, sans être épouvanté,
Avoir un sentiment que je n'ai pas dicté ?
Ce cœur que j'ai formé n'est-il plus qu'un rebelle,
Ingrat à mes bienfaits, à mes loix infidelle ?

PALMIRE.

Que dites-vous ? surprise & tremblante à vos pieds,
Je baisse en frémissant mes regards effrayés.
Eh quoi, n'avez-vous pas daigné, dans ce lieu même,
Vous rendre à nos souhaits, & consentir qu'il m'aime ?
Ces nœuds, ces chastes nœuds, que Dieu formait en nous,
Sont un lien de plus qui nous attache à vous.

MAHOMET.

Redoutez des liens formés par l'imprudence.
Le crime quelquefois suit de près l'innocence.
Le cœur peut se tromper ; l'amour & ses douceurs
Pourront couter, Palmire, & du sang & des pleurs.

PALMIRE.

N'en doutez pas, mon sang coulerait pour Seïde.

MAHOMET.

Vous l'aimez à ce point ?

PALMIRE.

Depuis le jour qu'Hercide
Nous soumit l'un & l'autre à votre joug sacré,
Cet instinct tout-puissant, de nous-même ignoré,
Dévançant la raison, croissant avec notre âge,
Du Ciel, qui conduit tout, fut le secret ouvrage.
Nos penchans, dites-vous, ne viennent que de lui.
Dieu ne saurait changer ; pourrait-il aujourdhui
Reprouver un amour, que lui-même il fit naître ?

Ce qui fut innocent peut-il cesser de l'être ?
Pourrai-je être coupable ?

MAHOMET.

Oui Vous devez trembler.
Attendez les secrets que je dois reveler ;
Attendez que ma voix veuille enfin vous apprendre
Ce qu'on peut approuver, ce qu'on doit se défendre.
Ne croyez que moi seul.

PALMIRE.

Et qui croire que vous ?
Esclave de vos loix, soumise à vos genoux,
Mon cœur d'un saint respect ne perd point l'habitude.

MAHOMET.

Trop de respect souvent mène à l'ingratitude.

PALMIRE.

Non, si de vos bienfaits je perds le souvenir,
Que Seïde à vos yeux s'empresse à m'en punir !

MAHOMET.

Seïde !

PALMIRE.

Ah ! quel courroux arme votre œil sevère ?

MAHOMET.

Allez, rassurez-vous, je n'ai point de colère.
C'est éprouver assez vos sentimens secrets ;
Reposez-vous sur moi de vos vrais intérêts.
Je suis digne du moins de votre confiance ;
Vos destins dépendront de votre obéissance.
Si j'eus soin de vos jours, si vous m'appartenez,
Méritez des bienfaits qui vous sont destinés.
Quoi que la voix du Ciel ordonne de Seïde,
Affermissez ses pas où son devoir le guide :
Qu'il garde ses sermens, qu'il soit digne de vous.

PALMIRE.

N'en doutez point, mon pere, il les remplira tous.
Je réponds de son cœur, ainsi que de moi-même.

Seïde

TRAGEDIE.

Seïde vous adore encor plus qu'il ne m'aime.
Il voit en vous son Roi, son pere, son appui ;
J'en atteste à vos pieds l'amour que j'ai pour lui.
Je cours à vous servir encourager son ame.

SCENE IV.
MAHOMET seul.

Quoi ! je suis malgré moi confident de sa flâme ?
Quoi ! sa naïveté, confondant ma fureur,
Enfonce innocemment le poignard dans mon cœur ?
Pere, enfans, destinés au malheur de ma vie,
Race toujours funeste, & toujours ennemie,
Vous allez éprouver, dans cet horrible jour,
Ce que peut à la fois ma haine & mon amour.

SCENE V.
MAHOMET, OMAR.

OMAR.

ENfin, voici le tems, & de ravir Palmire,
Et d'envahir la Mecque, & de punir Zopire.
Sa mort seule à tes pieds mettra nos citoyens ;
Tout est désespéré, si tu ne le préviens.
Le seul Seïde ici te peux servir sans doute ;
Il voit souvent Zopire, il lui parle, il l'écoute.
Tu vois cette retraite, & cet obscur détour,
Qui peut de ton Palais conduire à son séjour.
Là cette nuit Zopire à ses Dieux fantastiques
Offre un encens frivole, & des vœux chimériques.
Là, Seïde, enyvré du zèle de ta Loi,

Va l'immoler au Dieu qui lui parle par toi.

MAHOMET.

Qu'il l'immole, il le faut, il est né pour le crime,
Qu'il en soit l'instrument, qu'il en soit la victime.
Ma vengeance, mes feux, ma Loi, ma sûreté,
L'irrévocable arrêt de la fatalité,
Tout le veut : mais crois-tu que son jeune courage,
Nourri du fanatisme, en ait toute la rage ?

OMAR.

Lui seul était formé pour remplir ton dessein.
Palmire à te servir excite encor sa main.
L'amour, le fanatisme, aveuglent sa jeunesse,
Il sera furieux par excès de faiblesse.

MAHOMET.

Par les nœuds des sermens as-tu lié son cœur ?

OMAR.

Du plus saint appareil la ténébreuse horreur,
Les Autels, les sermens, tout enchaîne Seide.
J'ai mis un fer sacré dans sa main parricide,
Et la Religion le remplit de fureur.
Il vient.

SCENE VI.
MAHOMET, OMAR, SEIDE.

MAHOMET.

Enfant d'un Dieu qui parle à votre cœur,
Ecoutez par ma voix sa volonté suprême ;
Il faut venger son culte, il faut venger Dieu même.

SEIDE.

Roi, Pontife & Prophète, à qui je suis voué,
Maître des Nations par le Ciel avoué,
Vous avez sur mon être une entière puissance ;

Eclairez seulement ma docile ignorance.
Un mortel venger Dieu!
MAHOMET.
C'est par vos faibles mains
Qu'il veut épouvanter les profanes humains.
SEÏDE.
Ah! sans doute ce Dieu, dont vous êtes l'image,
Va d'un combat illustre honorer mon courage.
MAHOMET.
Faites ce qu'il ordonne, il n'est point d'autre honneur.
De ses décrets divins aveugle exécuteur,
Adorez, & frappez; vos mains seront armées
Par l'Ange de la mort, & le Dieu des armées.
SEÏDE.
Parlez : quels ennemis vous faut-il immoler?
Quel Tyran faut-il perdre, & quel sang doit couler?
MAHOMET.
Le sang du meurtrier que Mahomet abhorre,
Qui nous persécuta, qui nous poursuit encore,
Qui combattit mon Dieu, qui massacra mon fils;
Le sang du plus cruel de tous nos ennemis,
De Zopire.
SEÏDE.
De lui! quoi mon bras!
MAHOMET.
Téméraire,
On devient sacrilège alors qu'on délibère.
Loin de moi les mortels assez audacieux
Pour juger par eux-même, & pour voir par leurs yeux.
Quiconque ose penser n'est pas né pour me croire.
Obéir en silence est votre seule gloire.
Savez-vous qui je suis? Savez-vous en quels lieux
Ma voix vous a chargé des volontés des Cieux?

Si, malgré ses erreurs & son idolâtrie,
Des peuples d'Orient la Mecque est la patrie ;
Si ce Temple du Monde est promis à ma Loi,
Si Dieu m'en a créé le Pontife & le Roi ;
Si la Mecque est sacrée, en savez-vous la cause ?
Ibrahim y naquit, & sa cendre y repose ; (*)
Ibrahim, dont le bas docile à l'Eternel
Traîna son fils unique aux marches de l'Autel,
Etouffant pour son Dieu les cris de la Nature.
Et quand ce Dieu par vous veut venger son injure,
Quand je demande un sang à lui seul adressé,
Quand Dieu vous a choisi, vous avez balancé !
Allez, vil idolâtre, & né pour toujours l'être,
Indigne Musulman, chercher un autre Maître.
Le prix était tout prêt, Palmire était à vous ;
Mais vous bravez Palmire, & le Ciel en courroux.
Lâche & faible instrument des vengeances suprêmes,
Les traits que vous portez vont tomber sur vous-
    mêmes ;
Fuyez, servez, rampez sous mes fiers ennemis.

SEÏDE.

Je crois entendre Dieu ; tu parles, j'obéis.

MAHOMET.

Obéissez, frappez : teint du sang d'un impie,
Méritez par sa mort une éternelle vie.
   (A Omar.)
Ne l'abandonne pas ; &, non loin de ces lieux,
Sur tous ses mouvemens ouvre toujours les yeux.

(*) Les Musulmans croyent avoir à la Mecque le tombeau d'*Abraham*.

TRAGEDIE. 341

SCENE VII.
SEIDE *seul.*

IMmoler un vieillard, de qui je suis l'otage,
Sans armes, sans défense, appesanti par l'âge !
N'importe ; une victime amenée à l'Autel,
Y tombe sans défense, & son sang plait au Ciel.
Enfin, Dieu m'a choisi pour ce grand sacrifice ;
J'en ai fait le serment, il faut qu'il s'accomplisse.
Venez à mon secours, ô vous, de qui les bras
Aux Tyrans de la Terre ont donné le trépas ;
Ajoutez vos fureurs à mon zèle intrépide,
Affermissez ma main saintement homicide.
Ange de Mahomet, Ange exterminateur,
Mets ta férocité dans le fond de mon cœur.
Ah ! que vois-je ?

SCENE VIII.
ZOPIRE, SEIDE.

ZOPIRE.

A Mes yeux tu te troubles, Seide,
Voi d'un œil plus content le dessein qui me guide;
Otage infortuné, que le sort m'a remis,
Je te vois à regret parmi mes ennemis.
La trêve a suspendu le moment du carnage ;
Ce torrent retenu peut s'ouvrir un passage.
Je ne t'en dis pas plus ; mais mon cœur malgré
    moi,
A frémi des dangers assemblés près de toi.

Cher Seïde, en un mot, dans cette horreur publique,
Souffre que ma maison soit ton asyle unique.
Je réponds de tes jours, ils me sont précieux;
Ne me refuse pas.

SEÏDE.

O mon devoir! ô Cieux!
Ah! Zopire, est-ce vous qui n'avez d'autre envie
Que de me protéger, de veiller sur ma vie?
Prêt à verser son sang, qu'ai-je ouï? qu'ai-je vû?
Pardonne, Mahomet, tout mon cœur s'est ému.

ZOPIRE.

De ma pitié pour toi tu t'étonnes peut-être;
Mais enfin je suis homme, & c'est assez de l'être,
Pour aimer à donner ses soins compatissans
A des cœurs malheureux que l'on croit innocens.
Exterminez, grands Dieux de la Terre où nous sommes,
Quiconque avec plaisir répand le sang des hommes!

SEÏDE.

Que ce langage est cher à mon cœur combattu!
L'ennemi de mon Dieu connaît donc la vertu!

ZOPIRE.

Tu la connais bien peu, puisque tu t'en étonnes.
Mon fils, à quelle erreur hélas tu t'abandonnes!
Ton esprit fasciné par les loix d'un Tyran,
Pense que tout est crime hors d'être Musulman.
Cruellement docile aux leçons de ton Maître,
Tu m'avais en horreur avant de me connaître;
Avec un joug de fer, un affreux préjugé
Tient ton cœur innocent dans le piége engagé.
Je pardonne aux erreurs où Mahomet t'entraîne.
Mais peux-tu croire un Dieu qui commande la haine?

SEÏDE.

Ah! je sens qu'à ce Dieu je vai désobéir;

Non, Seigneur, non, mon cœur ne saurait vous haïr.
ZOPIRE.
Hélas, plus je lui parle, & plus il m'intéresse ;
Son âge, sa candeur, ont surpris ma tendresse.
Se peut-il qu'un soldat de ce monstre imposteur
Ait trouvé malgré lui le chemin de mon cœur ?
Quel es-tu ? De quel sang les Dieux t'ont-ils fait naître ?
SEÏDE.
Je n'ai point de parens, Seigneur, je n'ai qu'un Maître,
Que jusqu'à ce moment j'avais toujours servi,
Mais qu'en vous écoutant ma faiblesse a trahi.
ZOPIRE.
Quoi, tu ne connais point de qui tu tiens la vie ?
SEÏDE.
Son camp fut mon berceau, son Temple est ma patrie ;
Je n'en connais point d'autre ; & parmi ces enfans,
Qu'en tribut à mon Maître on offre tous les ans,
Nul n'a plus que Seïde éprouvé sa clémence.
ZOPIRE.
Je ne puis le blâmer de sa reconnaissance.
Oui, les bienfaits, Seïde, ont des droits sur un cœur.
Ciel ! pourquoi Mahomet fut-il son bienfaiteur ?
Il t'a servi de pere, aussi-bien qu'à Palmire ;
D'où vient que tu frémis, & que ton cœur soupire ?
Tu détournes de moi ton regard égaré ;
De quelque grand remords tu sembles déchiré.
SEÏDE.
Eh, qui n'en aurait pas dans ce jour effroyable ?
ZOPIRE.
Si tes remords sont vrais, ton cœur n'est plus coupable.

Vien, le sang va couler, je veux sauver le tien.
SEÏDE.
Juste Ciel ! & c'est moi qui repandrais le sien ?
O sermens ! ô Palmire ! ô vous, Dieu des vengeances !
ZOPIRE.
Remets-toi dans mes mains, tremble, si tu balances ;
Pour la dernière fois, vien, ton sort en dépend.

SCENE IX.
ZOPIRE, SEIDE, OMAR,
Suite.

OMAR *entrant avec précipitation.*

Traître, que faites-vous, Mahomet vous attend.
SEÏDE.
Où suis-je ? ô Ciel ! où suis-je ! & que dois-je résoudre ?
D'un & d'autre côté je vois tomber la foudre.
Où courir ? où porter un trouble si cruel ?
Où fuir ?
OMAR.
Aux pieds du Roi qu'a choisi l'Eternel.
SEÏDE.
Oui, j'y cours abjurer un serment que j'abhorre.

TRAGEDIE. 345

SCENE X.
ZOPIRE *seul.*

AH! Seïde, où vas-tu ? Mais il me fuit encore.
Il sort désespéré, frappé d'un sombre effroi,
Et mon cœur qui le suit s'échappe loin de moi.
Ses remords, ma pitié, son aspect, son absence,
A mes sens déchirés font trop de violence.
Suivons ses pas.

SCENE XI.
ZOPIRE, PHANOR.

PHANOR.

Lisez ce billet important,
Qu'un Arabe en secret m'a donné dans l'instant.

ZOPIRE.

Hercide! qu'ai-je lu ? Grands Dieux, votre clémence
Répare-t'elle enfin soixante ans de souffrance ?
Hercide veut me voir ! lui, dont le bras cruel
Arracha mes enfans à ce sein paternel !
Ils vivent ! Mahomet les tient sous sa puissance,
Et Seïde & Palmire ignorent leur naissance ?
Mes enfans ! tendre espoir, que je n'ose écouter ;
Je suis trop malheureux, je crains de me flater.
Pressentimens confus, faut-il que je vous croye ?
O mon sang, où porter mes larmes & ma joye ?
Mon cœur ne peut suffire à tant de mouvemens ;

Je cours, & je suis prêt d'embrasser mes enfans.
Je m'arrête, j'hésite, & ma douleur craintive
Prête à la voix du sang une oreille attentive.
Allons. Voyons Hercide au milieu de la nuit ;
Qu'il soit sous cette voute en secret introduit,
Au pied de cet Autel, où les pleurs de ton Maître
Ont fatigué des Dieux qui s'apaisent peut-être.
Dieux, rendez-moi mes fils ; Dieux, rendez aux vertus
Deux cœurs nés généreux, qu'un traître a corrompus.
S'ils ne sont point à moi, si telle est ma misère,
Je les veux adopter, je veux être leur pere.

Fin du troisiéme Acte.

ACTE IV.

SCENE I.
MAHOMET, OMAR.

OMAR.

Oui, de ce grand secret la trame est découverte.
Ta gloire est en danger, ta tombe est entr'ouverte.
Seïde obéira : mais avant que son cœur,
Raffermi par ta voix, eût repris sa fureur,
Seïde a révélé cet horrible mystère.

MAHOMET.

O Ciel !

OMAR.

Hercide l'aime : il lui tient lieu de pere.

MAHOMET.

Eh bien, que pense Hercide ?

OMAR.

Il paraît effrayé;
Il semble pour Zopire avoit quelque pitié.

MAHOMET.

Hercide est faible ; ami, le faible est bientôt traître.
Qu'il tremble, il est chargé du secret de son Maître.
Je sai comme on écarte un témoin dangereux.
Suis-je en tout obéi ?

OMAR.

J'ai fait ce que tu veux.

MAHOMET.

Préparons donc le reste. Il faut que dans une heure
On nous traîne au supplice, ou que Zopire meure.
S'il meurt, c'en est assez ; tout ce peuple éperdu
Adorera mon Dieu, qui m'aura défendu.
Voilà le premier pas ; mais si-tôt que Seïde
Aura rougi ses mains de ce grand homicide,
Répons-tu qu'au trépas Seïde soit livré ?
Répons-tu du poison qui lui fut préparé ?

OMAR.

N'en doute point.

MAHOMET.

    Il faut que nos mystères sombres
Soient cachés dans la mort, & couverts de ses ombres.
Mais tout prêt à frapper, prêt à percer le flanc,
Dont Palmire a tiré la source de son sang,
Pren soin de redoubler son heureuse ignorance :
Epaississons la nuit qui voile sa naissance,
Pour son propre intérêt, pour moi, pour mon bonheur.
Mon triomphe en tout tems est fondé sur l'erreur.
Elle naquit en vain de ce sang que j'abhorre.
On n'a point de parens, alors qu'on les ignore.
Les cris du sang, sa force, & ses impressions,
Des cœurs toujours trompés sont les illusions.
La nature à mes yeux n'est rien que l'habitude ;
Celle de m'obéir fit son unique étude :
Je lui tiens lieu de tout. Qu'elle passe en mes bras,
Sur la cendre des siens qu'elle ne connaît pas.
Son cœur même en secret, ambitieux peut-être,
Sentira quelque orgueil à captiver son Maître.
Mais déja l'heure approche où Seïde en ces lieux
Doit m'immoler son pere à l'aspect de ses Dieux.
Retirons-nous.

OMAR.

Tu vois sa démarche égarée ;
De l'ardeur d'obéir son ame est dévorée.

SCENE II.

MAHOMET & OMAR *sur le devant, mais retirés de côté*, SEIDE *dans le fond*.

SEÏDE.

Il le faut donc remplir ce terrible devoir ?
MAHOMET.
Viens, & par d'autres coups assurons mon pouvoir.
Il sort avec Omar.
SEÏDE *seul*.
A tout ce qu'ils m'ont dit je n'ai rien à répondre.
Un mot de Mahomet suffit pour me confondre.
Mais quand il m'accablait de cette sainte horreur,
La persuasion n'a point rempli mon cœur.
Si le Ciel a parlé, j'obéirai sans doute.
Mais quelle obéissance ! ô Ciel ! & qu'il en coûte !

SCENE III.
SEIDE, PALMIRE.

SEÏDE.

Palmire, que veux tu ? Quel funeste transport !
Qui t'amène en ces lieux consacrés à la mort ?
PALMIRE.
Seïde, la frayeur & l'amour sont mes guides ;
Mes pleurs baignent tes mains saintement homicides.
Quel sacrifice horrible, hélas ! faut-il offrir ?

A Mahomet, à Dieu, tu vas donc obéir ?
SEÏDE.
O de mes sentimens souveraine adorée,
Parlez, déterminez ma fureur égarée !
Eclairez mon esprit, & conduisez mon bras ;
Tenez-moi lieu d'un Dieu, que je ne comprends pas.
Pourquoi m'a-t'il choisi ? Ce terrible Prophête
D'un ordre irrévocable est-il donc l'interprête ?
PALMIRE.
Tremblons d'examiner. Mahomet voit nos cœurs,
Il entend nos soupirs, il observe mes pleurs.
Chacun redoute en lui la Divinité même.
C'est tout ce que je sçai, le doute est un blasphême ;
Et le Dieu qu'il annonce avec tant de hauteur,
Seïde, est le vrai Dieu, puisqu'il le rend vainqueur.
SEÏDE.
Il l'est, puisque Palmire & le croit & l'adore.
Mais mon esprit confus ne conçoit point encore,
Comment ce Dieu si bon, ce pere des humains,
Pour un meurtre effroyable a reservé mes mains.
Je ne le sçai que trop, que mon doute est un crime,
Qu'un Prêtre sans remords égorge sa victime,
Que par la voix du Ciel Zopire est condamné,
Qu'à soutenir ma loi j'étais prédestiné.
Mahomet s'expliquait, il a fallu me taire ;
Et tout fier de servir la céleste colère,
Sur l'ennemi de Dieu je portais le trépas :
Un autre Dieu peut-être a retenu mon bras.
Du moins lorsque j'ai vû ce malheureux Zopire
De ma Religion j'ai senti moins l'empire.
Vainement mon devoir au meurtre m'appellait ;
A mon cœur éperdu l'humanité parlait.
Mais avec quel courroux, avec quelle tendresse
Mahomet de mes sens accuse la faiblesse !
Avec quelle grandeur, & quelle autorité

TRAGEDIE.

Sa voix vient d'endurcir ma sensibilité !
Que la Religion est terrible & puissante !
J'ai senti la fureur en mon cœur renaissante ;
Palmire, je suis faible, & du meurtre effrayé :
De ces saintes fureurs je passe à la pitié ;
De sentimens confus une foule m'assiège ;
Je crains d'être barbare ou d'être sacrilège.
Je ne me sens point fait pour être un assassin.
Mais quoi ! Dieu me l'ordonne, & j'ai promis ma
  main ;
J'en verse encor des pleurs de douleur & de rage.
Vous me voyez, Palmire, en proye à cet orage,
Nageant dans le reflux des contrariétés,
Qui pousse & qui retient mes faibles volontés.
C'est à vous de fixer mes fureurs incertaines ;
Nos cœurs sont réunis par les plus fortes chaînes :
Mais sans ce sacrifice, à mes mains imposé,
Le nœud qui nous unit est à jamais brisé.
Ce n'est qu'à ce seul prix que j'obtiendrai Palmire.

PALMIRE.

Je suis le prix du sang du malheureux Zopire !

SEÏDE.

Le Ciel & Mahomet ainsi l'ont arrêté.

PALMIRE.

L'amour est-il donc fait pour tant de cruauté ?

SEÏDE.

Ce n'est qu'au meurtrier que Mahomet te donne.

PALMIRE.

Quelle effroyable dot !

SEÏDE.
    Mais si le Ciel l'ordonne,
Si je sers & l'amour & la Religion ?

PALMIRE.

Hélas !

LE FANATISME,

SEÏDE.
Vous connaissez la malédiction
Qui punit à jamais la désobéissance.

PALMIRE.
Si Dieu même en tes mains a remis sa vengeance,
S'il exige le sang que ta bouche a promis ?

SEÏDE.
Eh bien, pour être à toi que faut-il ?

PALMIRE.
        Je frémis.

SEÏDE.
Je t'entends, son arrêt est parti de ta bouche.

PALMIRE.
Qui moi ?

SEÏDE.
Tu l'as voulu.

PALMIRE.
      Dieu, quel arrêt farouche!
Que t'ai-je dit ?

SEÏDE.
    Le Ciel vient d'emprunter ta voix;
C'est son dernier Oracle, & j'accomplis ses Loix.
Voici l'heure où Zopire à cet Autel funeste
Doit prier en secret des Dieux que je déteste.
Palmire, éloigne-toi.

PALMIRE.
     Je ne puis te quitter.

SEÏDE.
Ne voi point l'attentat qui va s'exécuter :
Ces momens sont affreux. Va, fui, cette retraite
Est voisine des lieux qu'habite le Prophête.
Va, dis-je.

PALMIRE.
Ce Vieillard va donc être immolé !

SEÏDE

TRAGEDIE.

SEÏDE.

De ce grand sacrifice ainsi l'ordre est réglé.
Il le faut de ma main traîner sur la poussière,
De trois coups dans le sein lui ravir la lumière,
Renverser dans son sang cet Autel dispersé.

PALMIRE.

Lui mourir par tes mains ! tout mon sang s'est glacé.
Le voici. Juste Ciel...

(Le fond du Théâtre s'ouvre. On voit un Autel.)

SCENE IV.

ZOPIRE, SEIDE, PALMIRE *sur le devant.*

ZOPIRE *près de l'Autel.*

O Dieux de ma patrie !
Dieux prêts à succomber sous une secte impie,
C'est pour vous même ici que ma débile voix
Vous implore aujourdhui pour la dernière fois.
La guerre va renaître, & ses mains meurtrières
De cette faible paix vont briser les barrières.
Dieux ! si d'un scélérat vous respectez le sort...

SEÏDE *à Palmire.*

Tu l'entens qui blasphême ?

ZOPIRE.

Accordez-moi la mort ;
Mais rendez-moi mes fils à mon heure dernière,
Que j'expire en leurs bras, qu'ils ferment ma paupière.
Hélas ! si j'en croyais mes secrets sentimens,
Si vos mains en ces lieux ont conduit mes enfans...

PALMIRE *à Seide.*

Que dit-il ? ses enfans ?

ZOPIRE.

O mes Dieux que j'adore !
Je mourrais du plaisir de les revoir encore.
Arbitre des Destins, daignez veiller sur eux ;
Qu'ils pensent comme moi, mais qu'ils soient plus
   heureux !

SEIDE.

Il court à ses faux Dieux ! frappons.
Il tire son poignard.

PALMIRE.

Que vas-tu faire ?
Hélas !

SEIDE.

Servir le Ciel, te mériter, te plaire.
Ce glaive à notre Dieu vient d'être consacré.
Que l'ennemi de Dieu soit par lui massacré !
Marchons. Ne vois-tu pas dans ces demeures som-
   bres
Ces traits de sang, ce spectre, & ces errantes om-
   bres ?

PALMIRE.

Que dis-tu ?

SEIDE.

Je vous suis, ministres du trépas ;
Vous me montrez l'Autel, vous conduisez mon
   bras.
Allons.

PALMIRE.

Non, trop d'horreur entre nous deux s'assemble.
Demeure.

SEIDE.

Il n'est plus tems, avançons ; l'Autel tremble.

PALMIRE.

Le Ciel se manifeste, il n'en faut pas douter.

SEÏDE.
Me pousse-t'il au meurtre, ou vient-il m'arrêter ?
Du prophête de Dieu la voix se fait entendre,
Il me reproche un cœur trop flexible & trop tendre.
Palmire !
PALMIRE.
Eh bien ?
SEÏDE.
Au Ciel adressez tous vos vœux.
Je vai frapper.
Il sort, & va derrière l'Autel où est Zopire.
PALMIRE *seule*.
Je meurs. O moment douloureux.
Quelle effroyable voix dans mon ame s'éléve ?
D'où vient que tout mon sang malgré moi se sou-
  léve ?
Si le Ciel veut un meurtre, est-ce à moi d'en juger ?
Est-ce à moi de m'en plaindre, & de l'interroger ?
J'obéis. D'où vient donc que le remords m'accable ?
Ah ! quel cœur sait jamais s'il est juste ou coupa-
  ble ?
Je me trompe, ou les coups sont portés cette fois ;
J'entens les cris plaintifs d'une mourante voix.
Seïde... hélas...
SEÏDE *revient d'un air égaré*.
Où suis-je ? & quelle voix m'appelle ?
Je ne vois point Palmire ; un Dieu m'a privé d'elle.
PALMIRE.
Eh quoi ? méconnais-tu celle qui vit pour toi ?
SEÏDE.
Où sommes-nous ?
PALMIRE.
Eh bien, cette effroyable loi,
Cette triste promesse est-elle enfin remplie ;

Z 2

SEÏDE.
Que me dis-tu ?
PALMIRE.
Zopire a-t'il perdu la vie ?
SEÏDE.
Qui ? Zopire ?
PALMIRE.
Ah grand Dieu ! Dieu de sang alteré,
Ne persécutez point son esprit égaré.
Fuyons d'ici.
SEÏDE.
Je sens que mes genoux s'affaissent.
Il s'assied.
Ah ! je revois le jour , & mes forces renaissent.
Quoi ! c'est vous ?
PALMIRE.
Qu'as-tu fait ?
SEÏDE.
Il se relève.
Moi ! je viens d'obéir . . .
D'un bras désespéré je viens de le saisir.
Par ses cheveux blanchis j'ai traîné ma victime.
O Ciel ! tu l'as voulu , peux-tu vouloir un crime ?
Tremblant, saisi d'effroi, j'ai plongé dans son flanc
Ce glaive consacré , qui dut verser son sang.
J'ai voulu redoubler : ce vieillard vénérable
A jetté dans mes bras un cri si lamentable ;
La Nature a tracé dans ses regards mourans ,
Un si grand caractère , & des traits si touchans !
De tendresse & d'effroi mon ame s'est remplie,
Et plus mourant que lui je déteste ma vie.
PALMIRE.
Fuyons vers Mahomet , qui doit nous protéger :
Près de ce corps sanglant vous êtes en danger.
Suivez-moi.

TRAGEDIE.

SEÏDE.

Je ne puis. Je me meurs. Ah ! Palmire !

PALMIRE.

Quel trouble épouvantable à mes yeux le déchire ?

SEÏDE *en pleurant.*

Ah ! si tu l'avais vû, le poignard dans le sein,
S'attendrir à l'aspect de son lâche assassin !
Je fuyais. Croirais-tu que sa voix affaiblie,
Pour m'appeller encor a ranimé sa vie ?
Il retirait ce fer de ses flancs malheureux.
Hélas ! il m'observait d'un regard douloureux.
Cher Seïde, a-t'il dit, infortuné Seïde !
Cette voix, ces regards, ce poignard homicide,
Ce vieillard attendri, tout sanglant à mes pieds,
Poursuivent devant toi mes regards effrayés.
Qu'avons-nous fait ?

PALMIRE.

On vient, je tremble pour ta vie.
Fuis au nom de l'amour & du nœud qui nous lie.

SEÏDE.

Va, laisse-moi. Pourquoi cet amour malheureux
M'a t'il pû commander ce sacrifice affreux ?
Non, cruelle, sans toi, sans ton ordre suprême,
Je n'aurais pu jamais obéir au Ciel même.

PALMIRE.

De quel reproche horrible oses-tu m'accabler ?
Hélas ! plus que le tien mon cœur se sent troubler.
Cher amant, pren pitié de Palmire éperduë.

SEÏDE.

Palmire ! quel objet vient effrayer ma vuë ?

Zopire paraît appuyé sur l'Autel, après s'être relevé derrière cet Autel où il a reçu le coup.

PALMIRE.

C'est cet infortuné luttant contre la mort,
Qui vers nous tout sanglant se traîne avec effort.

Z 3

LE FANATISME,

SEÏDE.

Eh quoi ! tu vas à lui ?

PALMIRE.

De remords dévorée,
Je cède à la pitié dont je suis déchirée.
Je n'y puis résister, elle entraîne mes sens.

ZOPIRE *avançant & soutenu par elle.*

Hélas ! servez de guide à mes pas languissans.

Il s'assied.

Seïde, ingrat ! c'est toi qui m'arraches la vie !
Tu pleures ! ta pitié succède à ta furie !

SCENE V.

ZOPIRE, SEÏDE, PALMIRE, PHANOR.

PHANOR.

Ciel ! quels affreux objets se présentent a moi !

ZOPIRE.

Si je voyais Hercide !... Ah, Phanor, est-ce toi ?
Voilà mon assassin.

PHANOR.

O crime ! affreux mystère !
Assassin malheureux, connaissez votre père.

SEÏDE.

Qui ?

PALMIRE.

Lui ?

SEÏDE.

Mon pere !

ZOPIRE.

O Ciel !

PHANOR.

Hercide est expirant,

TRAGEDIE.

Il me voit, il m'appelle, il s'écrie en mourant :
S'il en est encor tems, préviens un parricide :
Cours arracher ce fer à la main de Seïde :
Malheureux confident d'un horrible secret,
Je suis puni, je meurs des mains de Mahomet :
Cours, hâte-toi d'apprendre au malheureux Zopire,
Que Seïde est son fils, & frere de Palmire.

SEÏDE.

Vous !

PALMIRE.

Mon frere ?

ZOPIRE.

O mes fils ! ô Nature ! ô mes Dieux !
Vous ne me trompiez pas, quand vous parliez pour eux.
Vous m'éclairiez sans doute. Ah ! malheureux Seïde !
Qui t'a pu commander cet affreux homicide ?

SEÏDE *se jettant à genoux.*

L'amour de mon devoir & de ma Nation,
Et ma reconnaissance, & ma Religion ;
Tout ce que les humains ont de plus respectable
M'inspira des forfaits le plus abominable.
Rendez, rendez ce fer à ma barbare main.

PALMIRE *à genoux arrêtant le bras de Seïde.*

Ah ! mon pere, ah ! Seigneur, plongez-le dans mon sein.
J'ai seule à ce grand crime encouragé Seïde ;
L'inceste était pour nous le prix du parricide.

SEÏDE.

Le Ciel n'a point pour nous d'assez grands châtimens.
Frappez vos assassins.

ZOPIRE *en les embrassant.*

J'embrasse mes enfans.
Le Ciel voulut mêler, dans les maux qu'il m'envoye,
Le comble des horreurs au comble de la joye.

Z 4

Je bénis mon destin, je meurs ; mais vous vivez.
O vous, qu'en expirant mon cœur a retrouvés,
Seïde, & vous Palmire, au nom de la Nature,
Par ce reste de sang qui sort de ma blessure,
Par ce sang paternel, par vous, par mon trépas,
Vengez-vous, vengez-moi ; mais ne vous perdez pas.
L'heure approche, mon fils, où la trêve rompuë
Laissait à mes desseins une libre étenduë ;
Les Dieux de tant de maux ont pris quelque pitié ;
Le crime de tes mains n'est commis qu'à moitié.
Le peuple avec le jour en ces lieux va paraître ;
Mon sang va les conduire ; ils vont punir un traître.
Attendons ces momens.

SEÏDE.

Ah ! je cours de ce pas
Vous immoler ce monstre, & hâter mon trépas ;
Me punir, vous venger.

SCENE VI.
ZOPIRE, SEIDE, PALMIRE, OMAR, Suite.

OMAR.

Qu'on arrête Seïde;
Secourez tous Zopire, enchaînez l'homicide.
Mahomet n'est venu que pour venger les Loix.

ZOPIRE.

Ciel, quel comble du crime ! & qu'est-ce que je vois ?

SEÏDE.

Mahomet me punir !

PALMIRE.

Eh quoi ! Tyran farouche,
Après ce meurtre horrible ordonné par ta bouche !
OMAR.
On n'a rien ordonné.
SEÏDE.
Va ; j'ai bien mérité
Cet exécrable prix de ma crédulité.
OMAR.
Soldats, obéissez.
PALMIRE.
Non. Arrêtez. Perfide.
OMAR.
Madame, obéissez, si vous aimez Seïde.
Mahomet vous protège, & son juste courroux,
Prêt à tout foudroyer, peut s'arrêter par vous.
Auprès de votre Roi, Madame, il faut me suivre.
PALMIRE.
Grand Dieu, de tant d'horreurs que la mort me délivre !

(*On emmène Palmire & Seïde.*)

ZOPIRE à Phanor.
On les enlève ! O Ciel ! ô pere malheureux !
Le coup qui m'assassine est cent fois moins affreux.
PHANOR.
Déja le jour renaît, tout le peuple s'avance ;
On s'arme, on vient à vous, on prend votre défense.
ZOPIRE.
Soutien mes pas, allons ; j'espère encor punir
L'hypocrite assassin qui m'ose secourir ;
Ou du moins, en mourant, sauver de sa furie
Ces deux enfans que j'aime, & qui m'ôtent la vie.

Fin du quatrieme Acte.

ACTE V.

SCENE I.

MAHOMET, OMAR. Suite *dans le fond*.

OMAR.

Zopire est expirant, & ce peuple éperdu
Levait déja son front dans la poudre abattu.
Tes Prophêtes & moi, que ton esprit inspire,
Nous désavouons tous le meurtre de Zopire.
Ici, nous l'annonçons à ce peuple en fureur,
Comme un coup du Très-haut qui s'arme en ta faveur.
Là, nous en gémissons, nous promettons vengeance,
Nous vantons ta justice, ainsi que ta clémence.
Par-tout on nous écoute, on fléchit à ton nom;
Et ce reste importun de la sédition
N'est qu'un bruit passager de flots après l'orage,
Dont le courroux mourant frape encor le rivage,
Quand la sérénité règne aux plaines du Ciel.

MAHOMET.

Imposons à ces flots un silence éternel.
As-tu fait des remparts approcher mon armée ?

OMAR.

Elle a marché la nuit vers la ville allarmée :
Osman la conduisait par des secrets chemins.

TRAGEDIE.

MAHOMET.

Faut-il toujours combattre, ou tromper les humains ?
Seïde ne fait point qu'aveugle en fa furie,
Il vient d'ouvrir le flanc dont il reçut la vie.

OMAR.

Qui pourrait l'en instruire ? un éternel oubli
Tient avec ce secret Hercide enséveli :
Seïde va le suivre, & son trépas commence ;
J'ai détruit l'instrument qu'employa ta vengeance.
Tu sais que dans son sang ses mains ont fait couler
Le poison qu'en sa coupe on avait fû mêler.
Le châtiment sur lui tombait avant le crime ;
Et tandis qu'à l'Autel il traînait sa victime,
Tandis qu'au sein d'un père il enfonçait son bras,
Dans ses veines lui-même il portait son trépas.
Il est dans la prison, & bien-tôt il expire :
Cependant en ces lieux j'ai fait garder Palmire.
Palmire à tes desseins va même encor servir ;
Croyant sauver Seïde, elle va t'obéir.
Je lui fais espérer la grace de Seïde.
Le silence est encor sur sa bouche timide :
Son cœur toujours docile, & fait pour t'adorer,
En secret seulement n'osera murmurer.
Législateur, Prophète, & Roi dans ta patrie,
Palmire achèvera le bonheur de ta vie.
Tremblante, inanimée, on l'amène à tes yeux.

MAHOMET.

Va raffembler mes Chefs, & revole en ces lieux.

SCENE II.

MAHOMET, PALMIRE, Suite de Palmire & de Mahomet.

PALMIRE.

Ciel ! où suis-je ? ah grand Dieu !

MAHOMET.

      Soyez moins consternée ;
J'ai du Peuple & de vous pesé la destinée.
Le grand événement qui vous remplit d'effroi,
Palmire, est un mystère entre le Ciel & moi.
De vos indignes fers à jamais dégagée,
Vous êtes en ces lieux, libre, heureuse & vengée.
Ne pleurez point Seïde ; & laissez à mes mains
Le soin de balancer le destin des humains.
Ne songez plus qu'au vôtre. Et si vous m'êtes chere,
Si Mahomet sur vous jetta des yeux de pere,
Sachez qu'un sort plus noble, un titre encor plus grand,
Si vous le méritez, peut-être vous attend.
Portez vos vœux hardis au faîte de la gloire ;
De Seïde & du reste étouffez la mémoire ;
Vos premiers sentimens doivent tous s'effacer,
A l'aspect des grandeurs où vous n'osiez penser.
Il faut que votre cœur à mes bontés réponde,
Et suive en tout mes Loix, lorsque j'en donne au Monde.

PALMIRE.

Qu'entens-je ? quelles Loix, ô Ciel, & quels bien-faits !
Imposteur teint de sang, que j'abjure à jamais,

TRAGEDIE. 365

Bourreau de tous les miens, va ce dernier outrage
Manquait à ma misere, & manquait à ta rage.
Le voilà donc, Grand Dieu ! ce Prophête sacré,
Ce Roi que je servis, ce Dieu que j'adorai ?
Monstre, dont les fureurs & les complots perfides
De deux cœurs innocens ont fait deux parricides :
De ma faible jeunesse infame séducteur,
Tout souillé de mon sang tu prétends à mon cœur !
Mais tu n'as pas encor assuré ta conquête ;
Le voile est déchiré, la vengeance s'apprête.
Entends-tu ces clameurs ? entends-tu ces éclats ?
Mon pere te poursuit des ombres du trépas.
Le Peuple se souleve, on s'arme en ma défense ;
Leurs bras vont à ta rage arracher l'innocence.
Puissai-je de mes mains te déchirer le flanc,
Voir mourir tous les tiens, & nager dans leur sang !
Puissent la Mecque ensemble, & Medine, & l'Asie,
Punir tant de fureur & tant d'hypocrisie !
Que le Monde par toi séduit & ravagé
Rougisse de ses fers, les brise & soit vengé !
Que ta Religion, que fonda l'imposture,
Soit l'éternel mépris de la race future !
Que l'Enfer, dont les cris menaçaient tant de fois
Quiconque osait douter de tes indignes Loix,
Que l'Enfer, que ces lieux de douleur & de rage,
Pour toi seul préparés, soient ton juste partage !
Voilà les sentimens qu'on doit à tes bienfaits,
L'hommage, les sermens, & les vœux que je fais.

MAHOMET.

Je vois qu'on m'a trahi ; mais quoi qu'il en puisse
   être,
Et qui que vous soyez, fléchissez sous un Maître.
Apprenez que mon cœur.....

SCENE III.

MAHOMET, PALMIRE, OMAR, ALI, Suite.

OMAR.

ON sait tout, Mahomet;
Hercide en expirant révéla ton secret.
Le peuple en est instruit, la prison est forcée;
Tout s'arme, tout s'émeut; une foule insensée,
Elevant contre toi ses hurlemens affreux,
Porte le corps sanglant de son Chef malheureux.
Seïde est à leur tête, & d'une voix funeste
Les excite à venger ce déplorable reste.
Ce corps souillé de sang est l'horrible signal,
Qui fait courir le Peuple à ce combat fatal.
Il s'écrie en pleurant, Je suis un parricide;
La douleur le ranime, & la rage le guide.
Il semble respirer pour se venger de toi;
On déteste ton Dieu, tes Prophêtes, ta Loi.
Ceux même qui devaient dans la Mecque allarmée
Faire ouvrir cette nuit la porte à ton armée,
De la fureur commune avec zéle enyvrés,
Viennent lever sur toi leurs bras désespérés.
On n'entend que les cris de mort & de vengeance.

PALMIRE.

Acheve, juste Ciel! & soutien l'innocence.
Frappe.

MAHOMET à Omar.

Eh bien, que crains-tu?

OMAR.

Tu vois quelques amis,
Qui contre les dangers comme moi raffermis,

TRAGEDIE.

Mais vainement armés contre un pareil orage,
Viennent tous à tes pieds mourir avec courage.

MAHOMET.

Seul je les défendrai. Rangez-vous près de moi,
Et connaissez enfin qui vous avez pour Roi.

SCENE IV.

MAHOMET, OMAR, *sa suite d'un côté,* **SEIDE,** *& le Peuple de l'autre,* **PALMIRE** *au milieu.*

SEÏDE *un poignard à la main, mais déja affoibli par le poison.*

Peuple, vengez mon pere, & courez à ce traître.

MAHOMET.

Peuples, nés pour me suivre, écoutez votre Maître.

SEÏDE.

N'écoutez point ce monstre, & suivez-moi....
Grands Dieux !
Quel nuage épaissi se répand sur mes yeux !
Il avance, il chancelle.
Frappons.... Ciel ! je me meurs.

MAHOMET.

Je triomphe.

PALMIRE *courant à lui.*

Ah ! mon frere,
N'auras-tu pu verser que le sang de ton pere ?

SEÏDE.

Avançons. Je ne puis.... Quel Dieu vient m'accabler ?
Il tombe entre les bras des siens.

MAHOMET.

Ainſi tout téméraire à mes yeux doit trembler.
Incrédules eſprits, qu'un zéle aveugle inſpire,
Qui m'oſez blaſphémer, & qui vengez Zopire,
Ce ſeul bras que la Terre apprit à redouter,
Ce bras peut vous punir d'avoir oſé douter.
Dieu, qui m'a confié ſa parole & ſa foudre,
Si je me veux venger, va vous réduire en poudre.
Malheureux ! connaiſſez ſon Prophête & ſa Loi ;
Et que ce Dieu ſoit juge entre Seïde & moi.
De nous deux à l'inſtant que le coupable expire !

PALMIRE.

Mon frere ! eh, quoi ! ſur eux ce monſtre a tant
   d'empire !
Ils demeurent glacés, ils tremblent à ſa voix.
Mahomet, comme un Dieu, leur dicte encor ſes
   Loix.
Et toi, Seïde, auſſi !

SEÏDE *entre les bras des ſiens.*

        Le Ciel punit ton frere.
Mon crime était horrible, autant qu'involontaire.
En vain la vertu même habitait dans mon cœur.
Toi, tremble, ſcélérat, ſi Dieu punit l'erreur.
Voi quel foudre il prépare aux artiſans des crimes ;
Tremble ; ſon bras s'eſſaye à frapper ſes victimes.
Détournez d'elle, ô Dieu, cette mort qui me ſuit !

PALMIRE.

Non, Peuple, ce n'eſt point un Dieu qui le pour-
   ſuit.
Non ; le poiſon ſans doute....

MAHOMET *en l'interrompant, & s'adreſſant
      au Peuple.*

             Apprenez, infidelles,
A former contre moi des trames criminelles ;
Aux vengeances des Cieux reconnaiſſez mes droits.

TRAGEDIE.

La nature & la mort ont entendu ma voix.
La mort, qui m'obéit, qui, prenant ma défense,
Sur ce front pâlissant a tracé ma vengeance,
La mort est à vos yeux, prête à fondre sur vous.
Ainsi mes ennemis sentiront mon courroux ;
Ainsi je punirai les erreurs insensées,
Les révoltes du cœur, & les moindres pensées.
Si ce jour luit pour vous, ingrats, si vous vivez,
Rendez grace au Pontife, à qui vous le devez.
Fuyez, courez au Temple apaiser ma colère.
Le Peuple se retire.

PALMIRE *revenant à elle.*

Arrêtez. Le barbare empoisonna mon frère.
Monstre : ainsi son trépas t'aura justifié :
A force de forfaits tu t'es déifié !
Malheureux assassin de ma famille entière,
Ote-moi de tes mains ce reste de lumière.
O frère ! ô triste objet d'un amour plein d'horreur !
Que je te suive au moins.
Elle se jette sur le poignard de son frère.

MAHOMET.

Qu'on l'arrête.

PALMIRE.

Je meurs,
Je cesse de te voir, imposteur exécrable.
Je me flate, en mourant, qu'un Dieu plus équitable
Réserve un avenir pour les cœurs innocens.
Tu dois régner ; le Monde est fait pour les Tyrans.

MAHOMET.

Elle m'est enlevée.... : Ah ! trop chère victime !
Je me vois arracher le seul prix de mon crime.
De ses jours pleins d'appas détestable ennemi,
Vainqueur & tout-puissant, c'est moi qui suis puni.
Il est donc des remords ! ô fureur ! ô justice !

Mes forfaits dans mon cœur ont donc mis mon supplice !
Dieu que j'ai fait servir au malheur des humains,
Adorable instrument de mes affreux desseins,
Toi, que j'ai blasphémé, mais que je crains encore,
Je me sens condamné, quand l'Univers m'adore.
Je brave en vain les traits dont je me sens frapper.
J'ai trompé les mortels, & ne puis me tromper.
Père, enfans malheureux, immolés à ma rage,
Vengez la Terre & vous, & le Ciel que j'outrage.
Arrachez-moi ce jour, & ce perfide cœur,
Ce cœur né pour haïr, qui brûle avec fureur.
Et toi, de tant de honte étouffe la mémoire ;
Cache au moins ma faiblesse, & sauve encor ma gloire ;
Je dois régir en Dieu l'Univers prévenu :
Mon Empire est détruit, si l'homme est reconnu.

Fin du cinquième & dernier Acte.

www.ingramcontent.com/pod-product-compliance
Lightning Source LLC
Chambersburg PA
CBHW050547170426
43201CB00011B/1599